近代教育と『婦女鑑』の研究

越後純子 著

吉川弘文館

目次

凡例

一、引用史料中の変体仮名は現行の平仮名の活字体に改め、漢字については、旧字体・異体字は原則として常用漢字および新字体に改めた。
二、引用史料中の圏点・ルビは原則として原文のままとしたが、一部読みやすさを考慮し省いたところがある。
三、引用に当たって、誤字と思われる字句については、行間に（ママ）と付記した。
四、引用文中の判読不能箇所は□で示し、推定できる文字がある場合は行間に丸カッコを付して記した。
五、引用文中における省略箇所は（中略）と表記した。
六、本文においては、適宜筆者によるルビを付し、文中・文末の丸カッコ内に注記もしくは補記を加えた。
七、国立国会図書館および国立教育政策研究所所蔵の教科書・書籍等のうち、デジタル画像で利用する資料についてはこれを使用した。

序章　研究の目的・課題および方法

第一節　問題の所在および研究目的

本書は、一八八七（明治二〇）年に出版された宮内省蔵版の『婦女鑑』について、多面的に考察を行い、歴史的に位置付けることを目的とするものである。

『婦女鑑』は、女性の模範的徳行を記した一二〇の話で構成されている。教材に人物の例話や伝記を用いることは古くから行われてきたことであり、特に江戸期以降、教訓書や、修身・国語などの教科における民間編集の教科書、国定教科書などに人物の伝記や例話がしばしば掲載されてきた(1)。女性に対する教育の意識が高まり、教育機会が拡大されていくに従い、近世・近代を通じてさまざまな女子用の教訓的な読み物や修身書が作成されたが、女性の徳行の例話を集めて構成した、列伝形式の女子用修身書も多数編集・刊行された。修身書には大別して、人物本位のもの、教訓本位のもの、これらを組み合わせたものがあるが、このうち人物本位のものとは、上述したような、人物の逸話や模範的徳行の話を列伝形式で記したものであり、実在の人物の具体的な行為の事例を示すことによって読者の心情に直接訴えることが可能であるため、歴史的にも盛んに編集されてきた。このような系統の修身書は、女性の目指すべき模範像が具体的に示されているという点で注目すべきである。

女性の生き方に関する理念や模範像は、意識的・無意識的にさまざまな場で示されることがあり、それは人々の意識形成に影響を与え、歴史的な積み重ねを経て今日に至っていると考えられる。真の男女共同参画社会実現に向けた模索は今なお続けられているが、その際に問題となるのが人々の意識である。その意識形成に影響を与えてきた一つの場として教育の場があり、中でも教科書等の教材に表れた模範像は直接的であり、その影響力も大きいと考えられる。この意味で、女性の模範像を具体的に示した上述のような系統の女子用修身書は、検討すべき興味深い素材であると考えられる。

ところが、列伝形式の女子用修身書についての注目度はおおむね低い。修身書における一方の系統として確かに存在しているのであるが、教訓を直接的に述べる教訓本位の書、例えば近世においては往来物、近代においては高等女学校の教科書などに書かれた教訓や言説等の検討によって女性像を考察するということが主になされてきた傾向がある。(2)

この中の小山静子の研究では、江戸期と明治啓蒙期の女性観の変化を、往来物を用いて検討している。小山は、江戸期に出版された女子用教訓書が大きく二種類に分けられることを石川松太郎の研究を参考に述べている。すなわち、「一つは江戸時代前期に編集・公刊された、『女四書』、『鑑草』(中江藤樹)、『女子訓』(熊沢蕃山)、『女訓抄』、『比売鑑』(中村惕斎)などで、中国の女訓書の直輸入であったり、仏教思想を取り入れたり、著者自身の理念などを盛り込んだりしたもの」であるが、これらはいずれも浩瀚なもので、内容も難解だったため、一般に普及するには至っていないとし、これに対し、江戸中期から編集・出版され始めた「往来物」は、寺子屋や家庭内で広く用いられていた、とし、往来物が広く普及していたという意味で女性観をさぐる上で重要な意味を持つこと、および往来物が明治維新後も新たに発行されているため、江戸から明治初期の母をめぐる言説の推移を検討するために便利、という二点をあげて、「ここでは後者の往来物を中心に検討していく」としている。[3] そして往来物の検討によって、江戸期の女訓書に母としての徳目が存在しないとしているが、小山自身も江戸前期に出版された一部の女訓書や吉田松陰の書を除いて、と断りをしているように、[4] 一部の女訓書には母役割に関する内容が扱われており、小山自身も、熊沢蕃山や中村惕斎等の一部の女訓書では母の役割の重要性が指摘されていることを指摘した研究をあげ、「これらと往来物との乖離をどのように考えてゆくのか、はたして往来物をもって江戸時代の女性観を代表させてよいのか、という問題がある」[5] と述べている。しかし小山は、そうはいっても、中国からの直輸入的色彩が濃厚であることや、内容的にかなり難解である、という二点の理由で、結局往来物を用いて論じているのである。[6]

つまり、小山自身も指摘しているように、往来物以外の女訓書を検討から除外してよいのか、という問題があるのである。筆者の問題関心から言えば、往来物以外で、その中でも教訓本位ではなく人物本位の教訓書の系統として存在している列伝形式の女訓書・女子用修身書は、もちろん普及度からすれば往来物には及ばず、難解であるが、女性の模範像が直接具体的に示されているため女性像を検討するには適当な素材であると同時に、列伝形式の修身書も明治期に新たに刊行されており、第Ⅰ部第一章および第Ⅱ部第一章でも述べるように、その一部は明治期の学校の教科書・口授用書として使用されたのである。

このような点を考えると、列伝形式の女訓書や女子用修身書は、教訓本位のものと対をなすもう一方の系統として存在した教訓書・教科書として、これまでの女子教育のたどってきた道を検討する上での重要な研究対象であると捉えることができる。

しかし、前述の通り、これまで列伝形式の女子用修身書については、教訓本位のものに比べて注目度が低く、系統立った研究がなされてこなかった。ただし、主として国文学の分野では、「孝」という徳目に注目した「孝子説話」

の研究等で扱われる等はなされていた。[7] 歴史学の分野では、江戸期の『官刻孝義録』、明治期の『明治孝節録』、民間刊行の通俗的読み物二書、女子用修身書二書と、続く論考で『幼学綱要』と『婦女鑑』を対象に女性像を検討した研究があるが（次節参照）[8]、形式としては列伝であるものの、男女共用や通俗読み物のような複数の系統のものを混在させての検討が行われている。教育学の分野では、例話に注目した研究としては、列伝形式ではないが国定教科書に多く登場した女性の抽出や[9]、例話を多く取り上げた明治期の小学校の修身教科書を扱った研究では、検討対象のほとんどを男女共用の教科書が占めているものと、複数の系統の教科書を混在させた検討がなされているものがある。[10] さまざまな系統の教科書を取り混ぜて検討するのも有効な方法ではあろうが、列伝形式の女子用修身書という一つの系統を、教育史・教科書史の視点から追う作業も、重要な意義をもつといえるであろう。

筆者はこれまで、一貫してこのような列伝形式の女訓書・女子用修身書に特に注目してきた。卒業論文「列女型女訓にみられる期待される女性像についての一考察—劉向『列女伝』との日中比較を通して—」[11] では、江戸期の列伝形式の女訓書の代表作を扱い、中国の『列女伝』との日中比較を試み、その女性像について検討した。その過程において、日本の列伝形式の女子用修身書の系譜を調べ、明治期の同類書にも注目するに至った。詳しくは第Ⅰ部第一章において述べるが、江戸期に劉向『列女伝』の影響を受けて成立した列伝形式の書物の系譜は、明治期になっても継承され、同類の書が出版されて一部は教科書としても使用されたのである。このうち、『婦女鑑』は、明治天皇の皇后（昭憲皇后）[12] の内意を受けて、宮内省文学御用掛の西村茂樹が編纂に当たり、一八八七年に宮内省蔵版として出版されたという特筆すべき成立事情を有する書である。修士論文「『婦女鑑』の成立事情と徳目構成の研究—編纂稿本と刊本の検討を中心に—」[13] では、この『婦女鑑』を取り上げ、成立事情や内容等について、編纂稿本と刊本の記述等を用いて検討を行った。本書はこれをさらに深め、より広い視点から多面的に『婦女鑑』の検討を行うものである。

『婦女鑑』を取り上げた主な理由は、以下の通りである。第一に、全六巻、一二〇話を掲載しているのは、同時期の同類書に比べて群を抜いていることである。第二に、皇后がこれを編纂させたこと、そして、明治天皇の内意によって元田永孚が中心となり宮内省で編纂された『幼学綱要』（一八八二年）の補遺として作成されたことである。このような成立事情は、同時期の列伝形式女子用修身書の中でも際立っている。第三に、皇后が華族女学校に下賜した書物であること、第四に、西村茂樹が編纂に当たったことである。このような特徴をもつ『婦女鑑』は、明治期の列伝形式女子用修身書の中でも主要な書であると考えられる。(14) しかし、『婦女鑑』は、皇后との関わりから、また『幼学綱要』の補遺という性格から注目されていたにも拘わらず、女子教育史や女性史、『幼学綱要』や西村茂樹などを論ずる上で触れられることがあるものの、それ自体を扱った詳しい研究は限られている。

列伝形式の女子用修身書の主要な書である『婦女鑑』がどのような書物であったのかをさまざまな角度から検討を加えて明らかにすることは、女性の模範像を示した列伝形式の女子用修身書の流れを歴史的に考察する作業につながるものである。すなわち、『婦女鑑』の全体像が明らかにされることで、『婦女鑑』を核としてその前後関係を見る視点が得られることとなり、『婦女鑑』との関係性の中で、その歴史的な意義について明らかにすることができると考えられる。それはひいては、これまでの女子教育がたどってきた道を明らかにし、現代の女性の置かれた問題を考える上での視点を提供することにつながると考えられるのである。さらに、西村茂樹や皇后などの関係する分野の研究にも資する意義をもつと考える。

このような展望に立ち、本書では、『婦女鑑』についてさまざまな角度から多面的に考察を加えることにより、『婦女鑑』がどのような書物・教科書であったのかを明らかにし、これを歴史的に位置付けていくこととする。

第二節　先行研究の検討

第一節でも述べた通り、そもそも『婦女鑑』に関する詳細な研究は少ない。戦前において、『教育勅語渙発関係資料集』[15]の中に『幼学綱要』および『明治孝節録』とともに『婦女鑑』が収録され、海後宗臣の解説が付されたが、『婦女鑑』そのものを扱った研究としては、孝子説話を研究した徳田進の著書[16]の中の一部や、筆者が一九九三（平成五）年に発表した『婦女鑑』の成立事情および徳目構成の検討を行った論文[17]および、西谷成憲の一九九五年に発表された論文[18]程度しかない状態が長く続いていた。その後、若桑みどりの論考[19]を始め、最近の近代皇后研究の深まりとともに、昭憲皇后が編纂させた書物としての『婦女鑑』が、皇后研究の一環の中で触れられることが増えるようになった。また、最近では、『西村茂樹全集』が増補改訂された際に収録され、『明治神宮叢書』にも収められたこともあり、それに関連した『婦女鑑』に関する解題等も見られることとなった。

以上が特徴的な点に絞った概観である。以下では、まず『婦女鑑』を対象とした研究および『婦女鑑』を収録した書における解題・解説を最初に検討し、それ以外については、『婦女鑑』がどのように説明されているかを中心に見ることとする。なお、本書の各章の内容に関する先行研究については、改めて各章において扱うこととする。

1　『婦女鑑』自体に関する研究

『婦女鑑』自体に関する研究、または著書の中で比較的まとまって『婦女鑑』を扱っている研究には、以下のものがある。

まず、徳田進の『孝子説話集の研究　近代篇（明治期）―二十四孝を中心に―』があげられる。これは国文学の研究書で、列伝形式の書物を直接の研究対象とした数少ない研究書である。この中の、「明治期の女子用伝記物と孝子譚」という章の中で、近世の女子用の列伝形式の書物等を前提として取り上げた上で、明治期の列伝形式の書物を紹介している。「前提としての近世の女子用伝記物」「婦女鑑と孝子説話」「婦女鑑以後の二分派」と、『婦女鑑』を中心に据えて以前と以後に分けて多数の書があげられており、『婦女鑑』に関しては「婦女鑑と孝子説話」という独立した節を設けて述べている。『婦女鑑』については、例えば以下のように述べている。

　これまでの教訓説話を収めた女子読物が、主として列女伝名を名乗り、事実列伝体形式を取って、孝子、節婦、賢女、良妻の類を範例として来たのに対し、一層この点を明らかにして、かつ教育上に女子の陶冶材として活用しようとするものが現われるに至った。この代表者が婦女鑑である。明治二十年七月二十一日は、明治女子教育史に大きくマークされる。(20)

さらに別の部分では、

　（明治期の女子用伝記物には―引用者註）目的から見れば近世の傾向を引き次いで、一般教養としてのもの、読物趣味としてのもの、教訓的の（ママ）ものなどがあった。これらは明治初年から二十年代までとりまぜては刊行されたが、漸次婦徳の涵養に役立つものへと主流は向かい、この最高峰が婦女鑑として具現するに至るのである。(21)

としている。列伝形式の書物を教育に活用しようとしたものの代表と『婦女鑑』を位置付けている。

しかし、徳田の研究の焦点は、書名からも窺えるように孝子説話であるため、「孝」という徳目に特に注目して孝女の例話がいかに採用され表されているかを中心に据えている。『婦女鑑』に関しても、目次は示されているが、内容に関しては孝行に関する例話のみを文例として取り上げ、『婦女鑑』の全体像が示されるには至っていない。ただし、『婦女鑑』を、単に『幼学綱要』の補遺ということのみで性格付けるのではなく、列伝形式の書という観点から論じているところは見るべき点が大きく、意義深い研究である。

次に、西谷成憲の「『婦女鑑』に関する研究　草稿本の検討を中心にして」[22]は、『婦女鑑』自体を単独で扱っているものである。この中では、『婦女鑑』の編纂経緯、草稿本（編纂稿本）の検討（概要・例話出典等）、西村茂樹の女子教育観と徳目内容（徳目の説明文）の検討、普及等について論じられている。筆者と同様、編纂稿本を使用していることが最大の特徴であり、編纂稿本にのみ記されている、徳目やその説明文、例話の出典等のことを取り上げている。特に、出典となった書物については詳しく調査しており、概観できる形となっている。また、西村茂樹の思想との関係については、西村の文明観や道徳観等の女子教育以外の面も視野に入れながらある程度検討されている。

しかし、宮内庁所蔵史料の一部が当時非公開であったため史料的に制限された状態での論考であること、編纂稿本にのみ記されている徳目の説明文を表の中に示しているが、その内容に関しての考察が無いこと、例話内容の検討がなされていないこと、例話の出典に関して未確認箇所が多くあること、普及状況の調査の範囲が狭いこと、等が指摘できる。また、筆者の一九九三年発表の論文が参照されていないこともあり、編纂稿本にある徳目の説明文に関して異なった解釈がなされている部分がある。さらに、西谷自身が今後の課題としてあげているのが、西村の西洋道徳倫理の摂取や儒教観を通しての西村の意図のさらなる考察、翻訳修身書の翻訳箇所の把握、中国の例話の掘り下げた検討および劉向の『列女伝』などが近世以降の女訓書に与えた影響、普及状況のさらなる検証と後続の女子修身書に及ぼした影響等の考察、である[23]。

このように、西谷の研究は編纂稿本を使用して『婦女鑑』について研究した数少ない研究であるが、上述のように例話内容自体を検討していないなど、不十分な点も多く指摘できる。本書ではこれらの点について、それぞれの章で明らかにしていくことに努める。なお、西谷の研究は本書の各章ごとの内容に関わってくるため、詳しくは改めて各章において示していくこととする。

次に、若桑みどりの『皇后の肖像　昭憲皇太后の表象と女性の国民化』があげられる。若桑は、皇后の表象を通して、明治国家が女性をいかに国民化し、その際にいかに皇后の表象が使用され、効果をあげたかを明らかにする、という目的意識をもってこの書を著している。明治国家が「良妻賢母という理想の女性モデル」をかかげて女性たちの心性にこれを刷り込んだ、その「女性の国民化の理想的モデル、生きた模範」が皇后であり、「明治の女性たちに、新しい国家において女性が果たすべき役割を教えた」とする。(24)若桑は、皇后の御真影の側卓の上に置かれた書物を、皇后が編纂させた『明治孝節録』と『婦女鑑』であると特定し、(25)「基本的に女性の和順・貞節という儒教的な女性道徳の教育を、女性国民に課す内容であった。教育勅語とともに下賜配布された御真影にふさわしい付属物である」とし、「貞節・和順の儒教的女性道徳の教化」の象徴物とみなしている。(26)そして、その内容について、「『明治孝節録』と『婦女鑑』のモラル」という節において論じている。ここで『婦女鑑』の例話内容まで踏み込んで検討しているのは、西谷の研究にはない点である。そして、

男女の性役割を維持する枠組みのなかで、新しい近代国家、資本主義社会に適合したレベルの高い女性を養成する必要、これが『婦女鑑』と、これに続く良妻賢母論のすべてを貫く目的のひとつである。（中略）たしかに『婦女鑑』では儒教色が弱まり啓蒙的にはなっているが、これら百二十人の女性の伝記を子細に読めば、孝貞和順の儒教的女訓は脈々と生きていることがわかる。それはあたらしい衣をきた儒教であって、皇后の洋装と同じく、着せかえられたものにすぎない。(27)

としている。若桑の研究は、『婦女鑑』の例話内容まで踏み込んでいる点で注目されるが、内容の検討を行い、新し

いタイプの女性像に関する例話を取り上げても、それらが性別役割を超えないという理由で「儒教的」とし、同時に「良妻賢母論」の目的とも一括りにしているのである。若桑は、編纂稿本にのみ記されている『婦女鑑』の徳目構成について把握していない状態で論述しているため、例話内容として取り上げているのが特定の徳目に関するものに集中していることも、このような結論を生み出すことにつながっていると考えられ、編纂稿本に示された徳目構成を参照しながら全体像を考察することが必要であると考えられる。

また、若桑と同じく『婦女鑑』の例話内容にも触れているもので、『婦女鑑』を中心に据えたものとして、菅野則子の「望まれる女性像―『幼学綱要』・『婦女鑑』を中心に―」(28)があげられる。菅野は、これ以前に発表した、『官刻孝義録』と『明治孝節録』、および幕末から明治初年にかけて民間で発行された数種の刊行物から望まれた江戸期と維新期の女性像を検討した論考(29)に続くものとして、ここで『婦女鑑』を検討している。菅野は、まず『婦女鑑』の前提としての『幼学綱要』の特徴をあげ、『幼学綱要』と江戸期の『官刻孝義録』との違い等も述べているが(30)、『幼学綱要』の「和順」の例話の多くが女性の話とはみなされていないという問題がある(31)。次に菅野は、編者西村茂樹の『日本道徳論』の中に、「善言善行」を人に知らしめることについて述べている部分があること等をあげ、このような西村の考えに照らし『婦女鑑』は「善言善行」をした模範的女性像を列記して人々に範を示すために編まれた、としているが(32)、『婦女鑑』の成立に関しては、西村が編纂するに至った経緯等を検討した上で論じる必要があると思われる。また、西村茂樹の考えが盛り込まれたであろうことを指摘しているものの(33)、『婦女鑑』の内容と西村の思想等との具体的な関係についての検討は行われていない。『婦女鑑』の徳目や内容の検討では、編纂稿本に記されている徳目分類が参照されていない、という問題があげられる。そのため、各例話で強調されている徳目を刊本の内容等から独自に推測し考察している。例話については、和漢洋別に例話内容の特徴を記し、日本と西洋については、特徴的な数話を例示している。しかし菅野の研究は、徳目や例話内容の特徴といった具体的な内容を検討しているものの、前述の通り編纂稿本を参照していないため、刊本の内容等からの分析となっている。『婦女鑑』で扱われている徳目の検討に際しては、編纂過程で徳目に沿った編纂作業が行われている以上、編纂稿本に記されている徳目分類を参照することが必要不可欠な作業であると考えられる。また、「模範的女性像」の検討においても、編纂稿本に記された徳目分類等を参照しながら例話内容と併せて分析することで、何に焦点を当てた例話かということがわかることとなり、編者の意図がより一層明確になると考えられる。

2　『婦女鑑』の解題・解説

『婦女鑑』を収録した書における『婦女鑑』の解題・解説としては、以下のものがあげられる。まず、国民精神文化研究所の『教育勅語渙発関係資料集』における、海後宗臣による解説である。第一巻には「教学大旨関係文書」と「幼学綱要頒賜関係文書」が収録されており、「両者共に教育勅語渙発以前の資料であつて、渙発に直接関連を持つたものではないが、何れも国民教育に関する明治天皇の御叡慮を奉体しまつるに欠くべからざる文書であるので、本集に収め[34]」た、とあり、教育勅語と直接関連をもったものではないが、国民教育と明治天皇との関わりを考える上で欠かせない文書、という位置付けがされていることがわかる。このうちの「幼学綱要頒賜関係文書」の中に、『幼学綱要』やその関係文書等とともに、『明治孝節録』と『婦女鑑』が収録されている。特徴的な点は、宮内省図書寮（現在の宮内庁書陵部宮内公文書館）所蔵の編纂稿本（草稿本）について指摘していることである。編纂稿本の種類、徳目によって編纂されている稿本があること、その徳目名、徳目名の次には徳目の概略を説明する文が付されていること、刊本に記載されている編纂者以外にも編纂に携わった者がいること等、編纂稿本の参照によってのみ判明する事柄がごく簡単ではあるが指摘されている。

日本弘道会編『増補改訂西村茂樹全集』の多田建次による『婦女鑑』の「解題」では、「厳密に言えば、西村の著書ではないが、取り上げた人物は西村の取捨選択によっていたであろうし、和漢よりもむしろ西洋の人物が多数を占めている点など、洋学者西村の面目躍如たるものがある」(35)としている。また、『幼学綱要』と『婦女鑑』を復刻収録した明治神宮編『明治神宮叢書』における中西正幸による「解題」では、『婦女鑑』について、「近世の女教訓書の系譜を引継ぎつつも、明治期に東洋道徳の仁義・忠孝を強調して、良妻賢母の婦女像を求めるものであった」(36)と説明している。

しかし、いずれも収録書の解説や解題という性格上やむを得ないが、ごく簡単な説明に止まり、例えば編纂稿本にある徳目の説明文の内容がどのようなものであるのか、西村の思想等とどのような関係があるのか、あるいは仁義忠孝をどのように強調し、良妻賢母の女性像がどの辺りに示されているのか、等に関する詳しい論述はなされていない。

3　その他の研究における『婦女鑑』に関する記述

『婦女鑑』については、女子教育史や女性史の概説の中で多少触れられていることがある。その中での記述のされ方は、例えば以下のようである。

片山清一『近代日本の女子教育』においては、

明治二十年六月、宮内省より、『婦女鑑』が出版され、華族女学校の教科書として使用されたほか、ひろく一般にも普及されることとなった。この書は、幼学綱要の出されたあと、皇后宮の御内意に基づいて、西村茂樹が編んだもので、古今にわたる和漢洋の婦人にして言行嘉良にして亀鑑となすに足るものを列記したものである。この中には、西洋の婦女子の善行についてもあげられているが、その選び方は、西村茂樹の信じる儒教主義の思想によって選ばれたものであった(37)。

と述べられている。しかし、『婦女鑑』の例話が実際どのような儒教主義の思想によって選ばれたのか、あるいは西村茂樹の信じる儒教主義とはどのようなものか、ということについては論じられていない。片山は、他でも、これ（「教学大旨」―引用者註）より以降、儒教主義教育が復活し、女子教育論においても、日本婦道が強調されてくる。改正教育令（明治一三）では、男女別学の原則が打ち出され、教科書では男女別を明らかにすることが説かれはじめる。明治十五年には宮内省より「幼学綱要」が下賜され、和漢の道徳的範例が示される。さらに上掲の西村茂樹編にかかる「婦女鑑」が女生用として国民の前に現われてくる(38)。

とし、「儒教主義的な教育が強調され」たことと関連して『幼学綱要』や『婦女鑑』の登場を述べている(39)。

宮城栄昌・大井ミノブ編著『新稿日本女性史』（福地重孝執筆部分）では、「皇后は宮内省に命じて、明治孝節録や婦女鑑を編集させ、これを教育界にわかった。それは女子教育の根本を、仁義忠孝の東洋道徳に求めたもので、究極には良妻賢母の教えを強調したものであった(40)」とし、『幼学綱要』の儒教主義と並んで、『婦女鑑』も仁義忠孝の道徳に依っていると性格付けている。福地重孝は『近代日本女性史』でも、「明治になって、女子教育が督励されたことは前にも述べたが、儒教道徳に教育の根本思想を求めたことは、皇后が宮内省に命じて編集し《ママ》、『明治孝節録』や『婦女鑑』、あるいは元田永孚が天皇の命をうけて編集に手をつけた『幼学綱要』の内容にも具体的にあらわれている(41)」とし、『婦女鑑』が儒教主義の書であるとしている。

唐沢富太郎『日本の女子学生』では、「国粋主義の抬頭と女子教育」という項の中で、

一方、小学教育は明治初期の欧化主義の反動で十三年頃より儒教主義への復帰がなされ、勅撰修身書ともいうべ

き『幼学綱要』(明治十五年)や『婦女鑑』(明治二十年)によって忠孝思想の鼓吹に馬力をかけ出すという時代であった。二十三年に教育勅語が出されたのも、一重に、こうした混乱した世相を忠孝を中心とする道徳に統一するためのものであったのである。(42)

として、『婦女鑑』を儒教主義の書と捉え、教育勅語への過程として『婦女鑑』も位置付けに加えている。志賀匡『日本女子教育史』でも同様に、「文教当局にしても、国民道徳は旧来の儒教主義から抜けきれず、「幼学綱要」や「婦女鑑」さらに「教育勅語」等の下賜や頒布によって強化されていった(43)」としている。

このように、『婦女鑑』についての論調は、これが儒教主義による著作であるというものが多いが、具体的な内容を検討した上で儒教主義と判断しているわけではないのではないかと考えられる。

一方、深谷昌志『良妻賢母主義の教育』では、『婦女鑑』に関して、「序」の記述をもとに、『婦女鑑』には儒教色を残した所のある反面、「欧化」を反映した箇所も含まれているとし、欧米の事例が多いことも指摘している。(44)「理想的女性像として外国人が登場するだけでなく、徳目も拡大され、儒教色は弱まっている」とし、西村が『日本道徳論』で儒教・仏教・キリスト教いずれも否定していることをあげ、『婦女鑑』も同じ立場で編纂したと考えられるとし、西村が儒教と欧化とを批判した形の国民意識の形成を女子教育に期待したと述べている。(45)しかし、西村は儒教と欧化とを批判した形で『婦女鑑』を編纂したのであろうか。『婦女鑑』に西洋の例話が多いことと欧化を批判することはむしろ矛盾するわけであり、そのように結論付けるには、『婦女鑑』の例話内容や成立事情等について、詳しく検討した上で判断することが必要になってくると思われる。

なお、最近の研究では、先に見た若桑や菅野の研究で、例話内容にある程度踏み込んでいるが、すでに述べたように、若桑の研究では、西洋の新しいタイプの例話内容を認めているものの、それらを「あたらしい衣をきた儒教」とし、『婦女鑑』を「儒教的女性道徳の教化」の象徴物と位置付けている。そして、「『婦女鑑』にいたる明治の道徳観とその教育の歴史」という名称の節の中で、『婦女鑑』自体には言及はないものの、「教学大旨」『幼学綱要』および「教育勅語」を扱っている。つまり、例話内容を検討しても、「儒教的」な書物と位置付けられ、教育勅語成立史の中で語られているのである。しかし、そのような捉え方については、例話内容の検討とともに、多面的に『婦女鑑』を検討して論じられるべきことなのではないかと考える。

次に、教科書史の研究を見ると、海後宗臣編『日本教科書体系　近代編』所収の「修身教科書総解説」の「宮内省出版の修身教科書」という一節では、宮内省蔵版の三つの修身教科書『明治孝節録』『幼学綱要』『婦女鑑』がまとめて扱われている。ここでは、「学校で使用する教科書の出版は文部省の所管となっていたが、明治十年代には宮内省からも修身教科書が出版されるという異例なことが行われた」[46]と、宮内省から修身教科書が出されたことを「異例なこと」と捉え、「皇室と道徳教育という点で特に注目すべきものがある」[47]としている。『婦女鑑』については、「これは明らかに女子用修身教科書として学校で使用できるように編集したものである」とし、「皇后宮の内意により宮内省が刊行したという点から特に女子の修身書として重要視されたのである」と述べている[48]。

高等女学校の国語教科書に関する研究の中で『婦女鑑』について扱っているものとしては、浮田真弓「明治後期高等女学校の国語教材に関する一考察」がある。浮田は一八九五（明治二八）年から一九一二（大正元）年まで（明治後期）の高等女学校国語科の教科書における教材の出典の推移を検討し、中学校用教科書にはほとんどなく高等女学校用教科書には多く採用されていた教材の一つとして『婦女鑑』をあげ[49]、『婦女鑑』ほか二書について、例話ごとに採録した教科書名の例と内容の概要を表に整理し、『婦女鑑』については二四話をあげている[50]。高等女学校の国語教材に『婦女鑑』の例話が多く使用されていることを指摘し、例話内容の一部にも言及しているが、『婦女鑑』全体の徳目や例話構成との関係で採用例話が検討されているわけではない。

教訓読物に関する研究で『婦女鑑』に触れたものとしては、前述した徳田進の研究の他、尾崎るみの「『婦女鑑』の「額黎咀林《グレイスダルリング》」をめぐって―明治の少女向け読み物の軌跡(八)」[51]があげられる。これは、「グレース・ダーリング」という話が掲載された教科書や読み物等を追った一連の論文の一つであり、この話が『婦女鑑』にも掲載されていることから、主にこの話の出典や挿絵等について検討している。一つの話を追った研究であるため、当然ながら『婦女鑑』の全体を検討したものではなく、西洋の話を取り上げているため、日本や中国の例話の出典に関しては検討されていないが、西洋の例話の出典の原著の説明は西谷の研究よりもやや詳しい部分もある。

続いて西村茂樹に関する研究を見ると、西村の女子教育論等に関する研究の中での『婦女鑑』についての記述は、以下のようである。海原徹「西村茂樹の女子教育論」では、「この（明治前半期の女子教育論をほぼ代表している「賢母主義」の―引用者註）系譜が、一二〇年代をむかえ、（中略）西村茂樹の『婦女鑑』などの登場とむすびつき、しだいにいわゆる良妻賢母主義の思想として成熟[52]」した、と述べている。また、『婦女鑑』については、「たしかに『婦女鑑』の提唱する女性像は、たんなる西洋心酔を排し、伝統的なものをもあわせ採ろうとする意味で、儒教的色彩をつよくもつ。だが、それは決してかつての三従七去に象徴されるような儒教的女性像と同じではない。なぜなら（中略）この書の特色は、一方において儒教をいいながら、また他方、西欧的なものにも目をそむけていない、それどころか、（中略）西欧的教養の摂取については、むしろすこぶる積極的であったからである[53]」とし、西洋の例話が多く掲載されていることも述べているが、これは、前述の深谷昌志の研究と同様の記述で、『婦女鑑』の「序」（杉孫七郎による）の内容に基づいて述べられていることが窺われる。

なお、最近の西村研究においても、西村と『婦女鑑』自体の関係を扱ったものは少なく、真辺美佐「華族女学校校長としての西村茂樹─その学校改革と女子教育論をめぐって─」では、西村が華族女学校校長に就任後、学校改革を行ったことに関係して、華族女学校に下賜された西村編纂の『婦女鑑』をあげ、『婦女鑑』が西洋からも多くの事例を引用している点について、後述の片野真佐子の指摘を引用して述べているが、これは後述するように『婦女鑑』の「序」を基にした記述である。[54]

次に、皇后に関する研究を見ると、最近では、近代皇后研究が深まりを見せる中、『婦女鑑』のことは必ず多少は触れられているような状況である。しかし、『婦女鑑』の詳しい検討としては、前述した若桑みどりの研究があげられるのみである。なお、若桑の『皇后の肖像』をめぐっては、近代の皇后研究を行う片野真佐子との間で論争が交わされた。その中の『婦女鑑』に関係する部分を取り上げると、皇后が「日本の近代化の方向性を主体的に理解」して行動したと捉える片野は、若桑が皇后像を「「洋装」を纏わされた「儒教道徳」の具現者にすぎなかった」と描き『明治孝節録』や『婦女鑑』を儒教道徳の域を出ず皇后の洋装のように「着せかえられたもの」と結論付けたことについて、たとえ儒教的な語り口であったにせよ、『明治孝節録』にすら、『幼学綱要』より数歩先んじた美子皇后の進取の気象に富む女性観を読み取ることができる、とした。[55] これに対し、若桑は、皇后は国策の「コラボレイター(協力者)」であり、「その意志がどうあろうとも、客観的には、家父長制国家の国策を体現した女性」であるとした。[56]

その片野真佐子は『皇后の近代』で、『幼学綱要』が引例を和漢に限っているのに対して「『婦女鑑』では欧化主義を踏まえて、広く和漢洋にわたる婦女子の善行が集められた。概要を見れば、百二十例中、欧米の例は和漢合わせたのとほぼ同じ程度で、ジャンヌ・ダルクも勤王愛国の事例として登場している。(中略)俗にいう「女大学」の三従四行七去から三従七去を抜き去り、四行、すなわち「婦徳」「婦言」「婦容」「婦工《ママ》」の徳目を主軸にかかげていた」としている。[57] しかし、この「四行」は『婦女鑑』の「序」(杉孫七郎による)に記載された表現であり、これが『婦女鑑』の内容を総体的に示していると見ることは、それを裏付けるような、例話内容の全体的検討等を経なければ難しいと思われる。

小田部雄次『四代の天皇と女性たち』では、「女子教育と婦女鑑」という項で、『婦女鑑』の簡単な説明がなされ(58)、「シンボルとしての皇后」の項では、若桑の著書の内容をあげ、「こうした良妻賢母の模範が美子皇后であり、皇后自ら女性たちに良妻賢母たれと訓示したのであった。それが先述の『婦女鑑』であ」ったとし、『婦女鑑』を良妻賢母の訓示と捉えている(59)。

また、皇后と『婦女鑑』に関係するものとして、多田建次の「美子《はるこ》皇后と『婦女鑑』の世界」と題する五回にわたる雑誌『弘道』上の連載(60)がある。これは、皇后および『婦女鑑』とその周辺にまつわるさまざまな事柄に関するエピソード等を紹介したものである。『婦女鑑』については、「旧来の婦徳を女性に鼓吹するのみの前近代的な思想や、わが国のみでしか通用しない閉鎖的な論理によって貫かれているのではなく、日本の近代市民社会を担っていく良妻や賢母の姿を、読者に訴えようとするものである(61)」としている一方、元田永孚を説明した部分の中で、元田が天皇の指示を受けて「教学大旨」や『幼学綱要』を編纂し、儒教主義に基づく天皇中心の教学体制をつくろうとしたことを述べた後、「『婦女鑑』が『幼学綱要』の女性版として、美子皇后によって企図された（中略）が、それらの書籍の延長線上に、（中略）『教育勅語』の起草がありま(62)す」と述べ、「教育勅語」への線上に位置付けている記述もある。

以上、『婦女鑑』自体に関する研究、『婦女鑑』の解題・解説、その他の研究における『婦女鑑』に関する記述のされ方を検討してきた。『婦女鑑』の位置付けや内容に関しては、解釈が分かれるいくつかの捉え方があることがわかる。

第一は、『婦女鑑』を儒教主義あるいは儒教道徳の書、または東洋道徳を強調したものと捉えるものである。第二は、『婦女鑑』を「教育勅語」成立への過程において捉えるものである。第三は、西洋の例話が多いことや、儒教的な教えばかりではないことを指摘しているものである。第四は、良妻賢母に通じる、あるいはそれと同様の趣旨と捉えるものである。

このような解釈がなされている主たる理由としては、『婦女鑑』が『幼学綱要』の補遺として作成されたという成立事情が影響していると思われることや、『婦女鑑』の全体的な検討がなされていないことなどが考えられる。『幼学綱要』の補遺という点で見ると、上記の第一・第二の解釈につながってくる。そして第三・第四を指摘している場合でも、例話数や「序」などを基にした解釈か、あるいは根拠が記述されていないことが多く、また、例話内容まで扱っている数少ない研究でも、一部の例話の検討であったり、刊本のみの検討で編纂稿本等の内容が考慮されていない状態で論じられている。このように、先行研究においては、多くの場合、全体的な検討がなされていないまま『婦女鑑』の説明がなされていることがわかる。

第三節　課題と方法

以上の先行研究の検討により抽出される問題点と、それに対応する本書の課題と研究方法は以下の通りである。

第一に、先行研究では『婦女鑑』が列伝形式の女子用修身書の系譜上にあるものとして捉えられていないことが多いことがあげられる。『婦女鑑』を明確に列伝形式の書物の系譜の中に位置付けて論じているのは徳田の研究のみで、その他には、検討対象は少ないが同類書を用いて検討を行っているという点では菅野の研究が見られるのみである。その他の研究では、『婦女鑑』の成立事情から、皇后や『幼学綱要』や西村茂樹に関係するものとして説明されることが多い。本書では、それぞれに関わるものとして考察を加えることはもちろんであるが、これに加え、列伝形式の書物の系譜の中で『婦女鑑』を捉え、この系譜を教育史・教科書史の視点で見ていくこととする。

第二に、先行研究では『婦女鑑』自体の全体的検討に至っていないことがあげられる。先行研究の中で最も詳しい西谷の研究においては、前述したように、編纂稿本等も用いて検討されているが、例話内容の検討が行われていない。『婦女鑑』は例話を集めた書であるため、例話内容を検討することは不可欠な作業であり、その上で周辺のさまざまな事柄も併せて検討するという方法を取ることが必要であると考えられる。また逆に、例話内容を検討している若桑や菅野の研究や、その他の概説的な記述では、編纂稿本が参照されていない。そのため、『婦女鑑』の編者がどのような徳目を示すことを想定して例話を選んだか、どのような徳目の具体例を示すためにその例話が掲載されているのか、ということが推測の状態のままで徳目や女性像等が論じられている。本書では例話内容はもちろん、『婦女鑑』の前史や成立事情、編纂稿本にのみ記載された徳目構成、例話の出典、編者の思想等との関係、普及状況や影響、教科書史上の位置付け等を含めて、さまざまな角度から多面的に『婦女鑑』を考察する。これにより、先行研究では不十分であった『婦女鑑』全体像が明らかとなり、歴史的位置付けが可能になると考える。

第三に、先行研究では『婦女鑑』の捉え方が一面的なものが多いことがあげられる。特に『婦女鑑』が儒教主義の書であると捉えたものが多々あり、また、「教育勅語」成立の過程において捉えたものや、良妻賢母と同趣旨の書とするものもある。しかし、これらは内容の全体的な検討が行われていないままそのように記述されている場合が多い。また一方で、西洋の例話の多さや儒教的な教えばかりではないことを指摘するものもあるが、これも例話数や「序」などの記述を基にした解釈か、あるいは根拠が示されていないことが多い。本書では、上述の第二の点として述べたような、『婦女鑑』の多面的な検討を通して、『婦女鑑』が、先行研究でいわれるような、儒教主義の書なのか、あるいは儒教的な教えばかりではないのか、『婦女鑑』を「教育勅語」成立の過程として捉えることが適当か、良妻賢母と同趣旨の書として把握してよいのか、西洋の例話が多いのはなぜか、等について考察を加え、明らかにしていくこととしたい。

使用する資料は、刊本（西村茂樹編纂・山田安栄校勘・加部厳夫修文『婦女鑑』宮内省蔵版、一八八七年、全六冊）の他、宮内庁所蔵の『婦女鑑』の編纂稿本および出版関係史料、西村茂樹関係資料、『婦女鑑』以前・以後の教科書や書籍等を用いることとする。

第四節　本書の構成

本書の構成は以下の通りである。本書は二部構成を取る。第Ⅰ部（第一章～第五章）では、『婦女鑑』の成立事情や内容、例話の出典等の検討により、『婦女鑑』そのものの性格を明らかにしていく。

第一章「『婦女鑑』以前の列伝形式の女訓書・女子用修身書」では、『婦女鑑』成立以前の前史として、近世の列伝形式の女訓書、および明治前期の列伝形式女子用修身書について、刊行状況や特徴等について明らかにする。

なお、女性の徳行の話を集めた近世の女訓書を指す用語は、第一章でも述べるように、「「人物本位」の女訓書」「「列女伝の類型」「「人物説話型」の女訓書」「列女伝型の女訓書」などと記され、一定していない。一方、明治期の教科書研究では、『日本教科書体系　近代編』第三巻　修身(三)所収の「修身教科書総目録」などで、「列伝形式」という用語が多く使用されている。本書では近世・近代の同類書を連続して扱う関係上、近世のものも「列伝形式」という語を用いて「列伝形式（の）女訓書」と記載することとする。

第二章「宮内省蔵版『婦女鑑』の成立事情」では、『婦女鑑』が宮内省蔵版であることに注目し、先行する二つの宮内省蔵版の『明治孝節録』および『幼学綱要』の成立事情と併せて、『婦女鑑』の成立事情を明らかにする。

第三章「『婦女鑑』における徳目の構成」では、刊本『婦女鑑』と宮内庁所蔵の編纂稿本等の概要について整理した後、刊本の本文には徳目を示す記述が無いため、主に編纂稿本を用いて徳目の構成過程について考察し、併せて、編纂稿本に記された徳目の説明文の記述を基に各徳目の内容について検討する。

なお、「編纂稿本」については、先行研究では「草稿本」「稿本」等の言い方もなされているが、本書では主に「編纂稿本」という語を使用する。

第四章「刊本『婦女鑑』の例話内容」では、『婦女鑑』の例話内容を、編纂稿本に記された徳目別に検討する。さらにその上で、『幼学綱要』や、明治前期の列伝形式女子用修身書との比較検討を行い、その特質等について考察する。

第五章「『婦女鑑』の例話の出典」では、編者がどのような書物を参考にしていたのか、という視点で、出典の構成の特徴等について考察するとともに、その中からどのような例話を集めて採用したか、という例話の選択についても併せて検討し、『婦女鑑』の特質等とどのような関係があるのかについて考察する。

第Ⅱ部（第一章〜第三章）では、教科書史、編者西村茂樹、下賜や普及の状況、後世への影響等との関係から、『婦女鑑』の性格を歴史的に明らかにしていく。

第一章「女子用修身教科書史上における『婦女鑑』」では、良妻賢母思想の歴史的な展開や女子用修身教科書史等に照らした場合、『婦女鑑』はどのように位置付く書物・教科書であるのかを考察する。

第二章「編者西村茂樹の思想等との関係」では、編者西村茂樹の思想等との関わりに焦点を当て、『婦女鑑』の特質等が西村の思想とどのような関係にあるのかを、西村の思想や教育方針等との関係から考察を加える。具体的には、西村が文部省において選録した『小学修身訓』、『婦女鑑』編纂前から刊行に至る時期の言説、女子教育論・女性論等を検討するとともに、当時の宮内省をめぐる状況や、『婦女鑑』刊行以後の、華族女学校校長時代の教育方針との関係も併せて考察する。

第三章「『婦女鑑』の下賜と普及」では、華族女学校も含め、『婦女鑑』がどの程度の範囲に下賜され、またどのように扱われ普及したのかについて明らかにする。具体的には、宮内庁所蔵の出版関係史料に基づき、下賜および印刷発売の部数等を明らかにし、さらに後続の教科書等への影響や、再版・解説書等の状況なども検討し、後世への影響関係について明らかにする。

終章では、以上で明らかにしたことを整理した上で、『婦女鑑』がどのような書物であったのか、その歴史的位置付け等について論じる。

註

（1）伝記や人物例話を教材として用いてきた歴史については、海後宗臣「伝記と人間像」（『海後宗臣著作集』第六巻　社会科・道徳教育、東京書籍、一九八一年）七二四—七三三頁参照。なお、徳目内容に具体性を持たせるために実在の人物の模範的行為や生き方を示していくという方法は、現在でも道徳などの教科で用いられている。例えば現行の学習指導要領では、道徳の時間における指導に当たっての配慮事項の一つに、「先人の伝記（中略）などを題材」とした教材の開発・活用を通しての指導が示され（『中学校学習指導要領』〔文部科学省、二〇〇八年告示〕の「第三章　道徳」「第三　指導計画の作成と内容の取扱い」の三の(3)）、また二〇一四年二月に公表された文部科学省発行の道徳教育用教材『私たちの道徳』では、歴史上のあるいは現存のさまざまな人物にまつわる話が多数挿入され（文部科学省「私たちの道徳」http://www.mext.go.jp/a_menu/shotou/doutoku/　二〇一四年九月二一日確認）、「道徳教材、偉人頼み?」とも評されるほどである（『朝日新聞』二〇一四年二月一五日、社会面）。

（2）主な研究として、橋本紀子「明治期高等女学校に於ける期待される女性像の変遷―修身教科書の分析を中心に―」（『東京大学教育学部教育史・教育哲学研究室　研究室紀要』第二号、一九七五年）、西村絢子「大正期高等女学校用修身教科書にあらわれた「在るべき女性像」の変容について」（『人間発達研究』第八号、お茶の水女子大学心理・教育研究会、一九八三年）、小山静子『良妻賢母という規範』（勁草書房、一九九一年）の第一章「良妻賢母思想の成立」および第五章「修身教科書にみる良妻賢母像の変遷」、蔵澄裕子「近代女子道徳教育の歴史―良妻賢母と女子特性論という二つの位相―」（『東京大学大学院教育学研究科教育学研究室　研究室紀要』第三四号、二〇〇八年）などがある。

（3）前掲『良妻賢母という規範』一四―一六頁。

（4）同上、二四頁。

（5）同上、六〇―六一頁。

（6）同上、六〇―六一頁。

（7）徳田進『孝子説話集の研究　近代篇（明治期）―二十四孝を中心に―』井上書房、一九六四年。

（8）菅野則子「望まれる維所《ママ》期の女性像」（『歴史の理論と教育』第一二九号、二〇〇九年）、同「望まれる女性像―『幼学綱要』・『婦女鑑』を中心に―」（『帝京史学』第二六号、二〇一一年）。

（9）唐沢富太郎『図説明治百年の児童史』上（講談社、一九六八年）のⅣの一「教科書にあらわれた理想的人間像」、同『図説近代百年の教育』（国土社、一九六七年〔復刻版、日本図書センター、二〇一一年〕）の「五　期待された人間像」などがある。

（10）氏原陽子「明治期における理想的女性像―小学校女子用修身教科書のジェンダー論的分析―」（『名古屋大学教育学部紀要（教育学科）』第四二巻第一号、一九九五年）、同「良妻賢母をめぐる女性像―明治期小学校修身教科書の分析から―」（『名古屋大学教育学部紀要（教育学科）』第四三巻第一号、一九九六年）。

（11）拙稿（浅川〔旧姓〕純子）「列女型女訓にみられる期待される女性像についての一考察―劉向『列女伝』との日中比較を通して―」（お茶の水女子大学提出卒業論文、一九九〇年）。

（12）明治天皇の皇后については、謚号を用いて「昭憲皇太后」と呼ばれることが多いが、本書では「皇后」または「昭憲皇后」と記することとする。

(13) 拙稿(浅川〔旧姓〕純子)「『婦女鑑』の成立事情と徳目構成の研究―編纂稿本と刊本の検討を中心に―」(お茶の水女子大学大学院提出修士論文、一九九二年)。

(14) この観点は、次節で述べる通り、徳田進の研究によっても示されている。

(15) 国民精神文化研究所『教育勅語渙発関係資料集』第一巻、国民精神文化研究所、一九三八年(復刻版、コンパニオン出版、一九八五年)。

(16) 前掲『孝子説話集の研究 近代篇(明治期)―二十四孝を中心に―』。

(17) 拙稿(浅川〔旧姓〕純子)「『婦女鑑』の成立事情と徳目構成―編纂稿本と刊本の検討を中心に―」(『お茶の水女子大学人文科学紀要』第四六巻、一九九三年)。

(18) 西谷成憲「『婦女鑑』に関する研究 草稿本の検討を中心にして」(『多摩美術大学研究紀要』第九号、一九九五年)。

(19) 若桑みどり『皇后の肖像 昭憲皇太后の表象と女性の国民化』筑摩書房、二〇〇一年。

(20) 前掲『孝子説話集の研究 近代篇(明治期)―二十四孝を中心に―』二三四頁。

(21) 同上、二二二頁。

(22) 前掲「『婦女鑑』に関する研究 草稿本の検討を中心にして」。

(23) 同上、一〇七頁。

(24) 前掲『皇后の肖像 昭憲皇太后の表象と女性の国民化』一三頁。

(25) なお、若桑の研究に『婦女鑑』が出てくるのは、皇后の御真影の卓上の「八帖和綴じの書物」を『明治孝節録』と『婦女鑑』と若桑が特定しているからであるが、『明治孝節録』は四巻四冊、『婦女鑑』は六巻六冊で、合計すると一〇冊となり、若桑のいう「八帖」とは冊数が合わないが、別の研究によると、「キヨッソーネ版では八冊に描かれているが、「御真影」の画像では、この帙入り和綴書の冊数は一〇冊と確認できる」ということであり(青木章二「御真影勅語謄本「奉安」の実相―山形県の事例―」〔『山形県立博物館研究報告』第二五号、二〇〇六年、三三頁の注61〕)、一〇冊であれば冊数は合致する。また、若桑以前の研究で、佐藤秀夫も、「皇后(昭憲皇太后)の「御真影」として普及させられたのは、同じく八八年に撮影された(中略)立像写真だが、(中略)傍らのテーブル上には、花瓶とともに、皇后が元田永孚・福羽美静・近藤芳樹・西村茂樹らに命じて編纂させた女子向け徳育書『明治孝節録』『婦女鑑』の両者と推測される帙入り和綴書十冊を置くという、健気な「賢夫人」ぶりを示していた」と、卓上の書物が『明治孝節録』と『婦女鑑』であることを推測している（佐藤秀夫『続・現代史資料8　教育　御真影と教育勅語1』〔みすず書房、一九九四年〕所収の佐藤秀夫による「解説」七頁）。

(26) 前掲『皇后の肖像　昭憲皇太后の表象と女性の国民化』一一五頁。

(27) 同上、一六五頁。

(28) 前掲「望まれる女性像―『幼学綱要』・『婦女鑑』を中心に―」。

(29) 前掲「望まれる維《（ママ）》所期の女性像」。

(30) 前掲「望まれる女性像―『幼学綱要』・『婦女鑑』を中心に―」一四四―一四六頁。

(31) 詳しくは第Ⅰ部第四章で述べるが、『幼学綱要』には例話の題名を示した行がなく、例話冒頭の人名は、登場人物ではあるものの必ずしも主に徳行をした人物とは限らない場合がある。

(32) 前掲「望まれる女性像―『幼学綱要』・『婦女鑑』を中心に―」一四七―一四八頁。

(33) 同上、一四九頁。

(34) 前掲『教育勅語渙発関係資料集』第一巻所収の海後宗臣による「教育勅語渙発関係資料集第一巻解説」一頁。

(35) 日本弘道会編『増補改訂西村茂樹全集』第三巻（思文閣、二〇〇五年）所収の多田建次による「解題」八一九―八二〇頁。

(36) 明治神宮編『明治神宮叢書』第一〇巻　徳育編（国書刊行会、二〇〇五年）所収の中西正幸による「解題」五頁。

(37) 片山清一『近代日本の女子教育』建帛社、一九八四年、二九頁。

(38) 同上、一二三頁。

(39) 同上、一二三頁。

(40) 宮城栄昌・大井ミノブ編著『新稿日本女性史』吉川弘文館、一九七四年、二四〇頁（福地重孝執筆部分）。

(41) 福地重孝『近代日本女性史』雪華社、一九六三年、四四頁。

(42) 唐沢富太郎『日本の女子学生』講談社、一九五八年、七七頁。

(43) 志賀匡『日本女子教育史』玉川大学出版部、一九六〇年、三五九頁。

(44) 深谷昌志『良妻賢母主義の教育』黎明書房、一九六六年、一一五頁。ただし、深谷が「儒教色を残した所」として指摘した

「序」の二つの箇所のうちの、「婉娩聴従箕帚を奉じ」（原漢文）という箇所に関しては、世の中の女子を教える人は大概このようにいうが、それでは足りない、ということをいうために引いている言葉であるため、序文執筆者（杉孫七郎）の意図としては逆で、続く「物理経済学ばざるべからず」（原漢文）という方に意図があるものであり、深谷の解釈とは逆になる。

(45) 同上、一一五—一一六頁。

(46) 海後宗臣編『日本教科書体系　近代編』第三巻　修身(三)、講談社、一九六二年、五九三頁。

(47) 同上、五九六頁。

(48) 同上、五九五—五九六頁。

(49) 浮田真弓「明治後期高等女学校の国語教材に関する一考察」（『桜花学園大学研究紀要』三、二〇〇一年）八五頁。

(50) 同上、八六—八八頁。

(51) 尾崎るみ「『婦女鑑』の額黎咀林《グレイスダルリング》」をめぐって—明治の少女向け読み物の軌跡(八)」（『論叢　児童文化』第四八号、くさむら社、二〇一二年八月）。

(52) 海原徹「西村茂樹の女子教育論」（『社会福祉評論』第三三・三四号、大阪女子大学社会福祉学科、一九六八年）一三五頁。

(53) 同上、一三八頁。

(54) 真辺美佐「華族女学校校長としての西村茂樹—その学校改革と女子教育論をめぐって—」（『弘道』第一一一六号、日本弘道会、二〇〇八年四月）六一頁。

(55) 片野真佐子「昭憲皇太后は着せ替え人形か—若桑みどり『皇后の肖像』を批判する」（『論座』二〇〇二年三月号、朝日新聞社）一二九頁、一三二頁。

(56) 若桑みどり「昭憲皇太后は国策の「協力者」　片野真佐子氏の批判に答えて」（『論座』二〇〇二年四月号、朝日新聞社）二七〇—二七一頁。

(57) 片野真佐子『皇后の近代』講談社（講談社選書メチエ）、二〇〇三年、五八—五九頁。引用文中の「ママ」は原文による。

(58) 小田部雄次『四代の天皇と女性たち』文芸春秋（文春新書）、二〇〇二年、五一—五三頁。

(59) 同上、五八頁。

(60) ①多田建次「美子《はるこ》皇后と『婦女鑑』の世界—文明開化・立身出世・良妻賢母—」（『弘道』第一〇三四号、二〇〇五年二月）、②

同「美《はる》子《こ》皇后と『婦女鑑』の世界——フランクリン・元田永孚・和魂洋才——」（『弘道』第一〇三六号、二〇〇五年六月）、③同「美《はる》子《こ》皇后と『婦女鑑』の世界——中村正直・青山千世・女子師範学校——」（『弘道』第一〇三七号、二〇〇五年八月）、④同「美《はる》子《こ》皇后と『婦女鑑』の世界——ピューリタニズム・『西国立志編』・『思出の記』——」（『弘道』第一〇三九号、二〇〇五年一二月）、⑤同「美《はる》子《こ》皇后と『婦女鑑』の世界——『西洋品行論』・美濃部伊織の妻・橘曙覧——」（『弘道』第一〇四〇号、二〇〇六年二月）。

(61) 同上②、四六頁。

(62) 同上②、五〇頁。

第Ⅰ部　『婦女鑑』の成立と内容

『婦女鑑』は、昭憲皇后の内意を受けて、宮内省文学御用掛（刊行時は宮中顧問官）の西村茂樹が編纂に当たり、一八八七（明治二〇）年に宮内省蔵版として出版されたものである。第Ⅰ部では、この『婦女鑑』そのものの性格を明らかにしていく。

まず、『婦女鑑』が列伝形式の修身書である、という形態面に注目する。『婦女鑑』は、女性の模範的徳行の話を列伝形式で一二〇話収めた構成となっているが、このような形式の女子用の書物は、『婦女鑑』以前にも多数存在していた。これらの書物の刊行状況や特徴などを『婦女鑑』の内容の検討に先立って見ておくことは、『婦女鑑』という書物の成立した背景を知る上で重要である。そこで第一章では、『婦女鑑』以前に刊行された列伝形式の女訓書・女子用修身書について概観する。続いて、『婦女鑑』が宮内省において編纂された、という点に注目する。『婦女鑑』は明治前期の宮内省蔵版の修身書三書（『明治孝節録』（一八七七年）、『幼学綱要』（一八八二年）、『婦女鑑』）のうちの一つであり、明治天皇の内意を受けて元田永孚等によって編纂された『幼学綱要』の補遺として作成された。これら三書の成立に至る過程を明らかにしておくことは、『婦女鑑』の性格を明らかにする上で重要である。そこで第二章では、『明治孝節録』『幼学綱要』および『婦女鑑』の成立事情について明らかにする。

次に、『婦女鑑』がどのような内容で構成されているのかを見ていく。宮内庁には、『婦女鑑』の編纂段階の稿本数種が所蔵されており、そこには、刊本には記載されていない、徳目分類およびその徳目の説明文が記されている。編纂稿本を参照することによって、『婦女鑑』で扱われている徳目構成がわかり、さらにその徳目の説明文を検討することによってその徳目の示す内容を明らかにすることができる。これにより、『婦女鑑』の各例話がどのような徳目を実践した例として掲載されているのかが、明確に把握できることになる。そして、編纂稿本に記載されたこれらの徳目別に、刊本のそれぞれの例話内容を検討していけば、『婦女鑑』においてはどのような徳目を女性に期待し、それを体現したものとしてどのような女性像が模範として掲げられているのかを明らかにすることができる。よって、第三章では、主に編纂稿本を用いて、『婦女鑑』で扱われている徳目がどのような段階を経て構成されたのかを明らかにし、併せて徳目の説明文の記述から、その徳目の内容として編者が想定していた具体的内容についても検討を加える。そして第四章では、前章で明らかにした徳目別に、その徳目分類に属する例話の内容を具体的に検討していく。

また、『婦女鑑』の各例話は、さまざまな書物から取られており、その出典名が編纂稿本に記されている。出典の概要等については先行研究である程度明らかにされているが、その中からどのような話を選択しているのか等、例話内容と関連させた検討までは行われていない。編者がどのような書物を参照し、どのような話をその中から選び取っているのかを見ることで、『婦女鑑』の性格の特徴を窺うことができると考えられる。そこで続く第五章では、例話の出典構成の特徴を明らかにした上で、例話の選択等についても併せて検討し、『婦女鑑』の特質との関係について考察していくこととしたい。

第一章　『婦女鑑』以前の列伝形式の女訓書・女子用修身書

第一節　近世の列伝形式の女訓書

近世においてはさまざまな内容の多数の女訓書が書かれ、女性の教育の一端を担った。近世前期においては、『女四書』（女誡・女論語・内訓・女孝経）が辻原元甫により一六五六（明暦二）年に、劉向『列女伝』が北村季吟により一六五五年に訳出されるなど、中国の代表的な書が日本に紹介される傾向にあり、これらの体裁や思想を取り入れ模倣した女訓書が日本でも著されるに至った。続いて一八世紀以降になると、「元禄のころからは、文字の読み・書きを必要とする女子庶民の人口が増大した事実とあいまって、諸教訓の要旨をやさしく短く書きあらため、手習教科書にしたてたものが現れはじめ、年月をかさねるごとに、その数は激増の一途をたどった」(1)とされる。すなわち、『女今川』（貞享・元禄頃）や『女大学』（一八世紀初頭頃）等の、女訓書の代表格ともいうべき著作が広まった。つまり、中国の影響を受けた、あるいは「限定された対象を意識するものから、（中略）広範な大衆を意識する、平易で簡潔なものに主流が移っていく」という流れがあった(2)。

近世の女訓書の分類としては、石川松太郎は、「近世になると、主として以下の三源泉から、女子教育の理念と内容とが流出するようになった」とし、三つのカテゴリーを示している(3)。第一に、「近世初期にはいると、中国で編まれた女訓書がただちに移植されて学習されるようになった」として、「中国ゆずりの女訓書」を「儒教に基づく女子教育思想」の項でまとめている。第二に、中世から発展してきた、躾や身だしなみの分野を主としたものを、「伝統的な女子教育思想」の項でまとめている。第三に、「封建社会の再組織と永い平和にともなう新しい社会情勢にそくして創出したもの」として、『女大学』『女今川』等の女子用往来をあげている。このうち、第一の類型の女訓書には、「徳目本位と人物本位との二つの編集様式が併存して」おり、「前者は、より多く理智にうったえようとする訓育であり、後者は主として、道徳上の直観と情操とによろうとするもので」あるとしている。「徳目本位」のものの例としては『女四書』などがあるとし、一方、「人物本位」のものには、「中国の『列女伝』をそのまま仮名書きにしたものと、これにならって、わが国の節婦賢女の伝記を綴ったものとがある。前者の例には北村季吟の『仮名列女伝』〔明暦二年板〕があって、劉向の『列女伝』を「大かたのおもむきばかり」自由に書き記してある。後者の例には、黒沢弘忠の『本朝列女伝』〔寛文三（ママ）年刊〕、浅井了意の『本朝女鑑』〔寛文一年刊〕などがある。いずれも儒教主義の女子教育観を、実存した模範人物の事跡によって示そうとし」たものである、としている。列伝形式の女訓書は、このうち、第一の類型の中の「人物本位」のものに相当する。

　また、渋川久子は、女訓書全般を三つの類型に大別している(4)。第一は、主として家婦としての心得・態度などを説くことを直接の目的とした「家婦訓の類型」で、道徳教育的性格が最も強く、他の類型を圧して多数出版されたとしている。第二は、日本・中国の烈女節婦といわれる人々の事蹟を連ねて間接に女子のあり方を説いた「列女伝の類型」である。第三は、烈女というより庶民の女性の行為を、勧善懲悪・因果応報的に列挙した「説話集の類型」であり、中江藤樹の『鑑草』（一六四七〔正保四〕年）を代表としてあげている(5)。列伝形式の女訓書は第二の類型に当たり、ここでも前出の『仮名列女伝』『本朝女鑑』『本朝列女伝』の名があげられている。

筧久美子は、女訓書を二つの型に分類している。[6] 第一は「人物説話型」で、「歴史上の人物の言行を語ることによって教訓をくみ出させようとするもの」であり、第二は「徳目説教型」で、「具体的な人物を介在させないで、教条だけを直接並べる」ものであり、「もちろんこの両者を混在させる叙述法をとるものも少なくないが、基本的にはこの二つの手法が主流である」としている。このうち、列伝形式の女訓書は、第一の「人物説話型」に相当する。

このように近世の女訓書の分類において一つのカテゴリーとして区別されている、人物の逸話によって構成される列伝形式の女訓書の成立には、中国の劉向（前七九～前八〔一説に前七七～前六〕年）撰の『列女伝』（『古列女伝』とも称される）[7] が深く関わっている。『列女伝』は前漢の成帝（在位前三三～前七年）の時に成立した書物で、[8] 一〇四人の女性の話が、母儀・賢明・仁智・貞順・節義・弁通・孼嬖の七伝にまとめられているものである。[9] 劉向が『列女伝』を撰した目的については、『漢書』に、成帝への戒めと記されていることが知られているが、[10] その背景としては、以下のことが指摘されている。劉向が光禄大夫という役職に就いていた際、成帝のもとでは趙姉妹が寵愛され競い合って後宮の生活が大いに乱れ、また母系の外戚王氏一族が権力を牛耳っていた。劉向はこれに節度を設けねば国家は危ういと考え、あるべき女性像と望まれない女性像を『列女伝』で例示すると同時に、女性に対応する男性の社会的自覚を促すことも目的として『列女伝』を記し、後宮や成帝等の戒めとしようとしたのである。[11]

『列女伝』の日本への影響としては、[12] 九世紀後半の藤原佐世の『日本国見在書目録』の「雑家伝」に書名が記されているのが確認できる初めとされているが、[13]『列女伝』等が盛んに読まれ、その日本版が作成されるようになるのは、一七世紀の江戸期以後のことであるとされる。[14] まず一六五三～一六五四（承応二～三）年に、劉向の『列女伝』七巻と「続列女伝」一巻の八巻（内題は『新刻古列女伝』）に『新続列女伝』（内題）三巻が付された形で和刻された。[15] これは『婦女鑑』の中国の例話の主な出典になっているものである（第Ⅰ部第五章参照）。翌一六五五年には、『列女伝』

を北村季吟が仮名書きで意訳した『仮名列女伝』が出された。

続いて一六六一（寛文元）年には、浅井了意の作とされる『本朝女鑑』（全一二巻）が、一六六八年には黒沢弘忠の『本朝列女伝』（全一〇巻）が出された。これらは、上述の女訓書研究においても日本の列伝形式の女訓書の代表作としてあげられている書物である。『本朝女鑑』は、日本の女性八五人の話を仮名文字で記したもので、賢明・仁智・節義・貞行・弁通・女式という配列は『列女伝』を模していることが察せられる。『本朝女鑑』には改題本も多く[16]、また幕末期にも、列伝形式の女訓書に関心を寄せた吉田松陰によって称賛されている[17]。『本朝列女伝』は、日本の女性一八一人（付録を含むと二一七人）の話を漢文で記した著作である。女性の身分等によった配列こそ『列女伝』とは異なるが、序文や凡例においては、『列女伝』に倣った書であることが明記されており[18]、また本文の各話の後に、『列女伝』にもある頌という短い漢詩が付されていることや、題名が『本朝列女伝』であることからも、『列女伝』の影響がわかる。また、一七〇九（宝永六）年（「述言篇」）と一七一二（正徳二）年（「紀行篇」）には中村惕斎の『比売鑑』（全三一巻）が出された（自序は一六六一年）[19]。「述言篇」一二巻と「紀行篇」一九巻から成り、「紀行篇」が和漢の女性の話で構成されている。この中には『列女伝』の話が多数採用されている。日本の話は、『婦女鑑』の例話の主な出典の一つにもなっている。

その後も、一八〇一（享和元）年には松平頼紀（源鸞岳）の『大東婦女貞烈記』（全三巻）、一八三九（天保一〇）年には津坂東陽（孝綽）の『武家女鑑』（全三巻）などが続いた。その他にも、年代未詳のものとして、『本朝女二十四孝』（全一巻）、『古今烈女伝』（全三巻）などがある[20]。

このように、具体的な人物の話を集めた列伝形式の女訓書は、劉向『列女伝』の影響下に、主に一六〇〇年代後半からいくつもの著作が生み出され、女訓書の中の一つの特徴的な類型として存在した。そして次節および第Ⅱ部第一章でも述べるように、中でも『劉向列女伝』(『新刻古列女伝』および『新続列女伝』)、『本朝列女伝』『比売鑑』などについては、明治期においても小学校・中学校・師範学校・女学校の教科書・口授用書として利用された。さらに、第Ⅰ部第五章で詳しく述べるように、『劉向列女伝』(『新刻古列女伝』および『新続列女伝』)、『比売鑑』『本朝女鑑』は、『婦女鑑』の例話の出典にもなっているのである。

第二節　明治前期の列伝形式女子用修身書

以上のような江戸期に発達した列伝形式の女訓書の系譜を受け継ぎ、明治期においても列伝形式の書物が出版され、読み物として読まれると同時に、その一部は教科書・口授用書としても使用された。第Ⅱ部第一章で詳しく述べる通り、明治前期には教科書制度自体が、後の検定制や国定制の時代と違い、自由採用制または開申制[21]・認可制[22]であったため、教科書として使用されたか否かは判然としないものも多い。ただし、文部省は一八八〇年から一八八五年まで、小学校・中学校・師範学校の教則に記載されている教科書の適否を調査し、その結果をまとめて随時府県に配布していた。この「調査済教科書表」(「調査済小学校教科書表」「調査済中学校師範学校教科書表」[23])を見ると、当時の小学校・中学校・師範学校に限ってではあるが、使用されていた教科書の概要がある程度わかる。そこで、まずこれらの「調査済教科書表」に、「採用シテ苦シカラサル分」「口授ノ用書ニ限リ採用シテ苦シカラサル分」などと、使用して差し支えない旨記載されている、女子用の列伝形式の著書を抜き出し、書名および使用学校の別(「小学校」〔「小」と記す〕または「中学校師範学校」〔「中師範」と記す〕)や、口授用である旨の記載(「口授」と記す)があればその旨、を列記すると、次の通りとなる(編者名・出版社名・出版年は、後述の表1に記載されているため、ここでは省略する)。

【日本の例話を掲載しているもの】

『校訂増補本朝列女伝』（小、中師範）

『日本列女伝』（小口授、中師範口授）

『皇朝女子立志編』（小口授）

『小学勧善本朝列女伝』（中師範口授）

【中国の例話を掲載しているもの】

『新刻古列女伝』（巻七・八以外。小口授、中師範）

『新続列女伝』（小口授、中師範）

『標註劉向列女伝』（小口授、中師範口授）

【西洋の例話を掲載しているもの】

『西洋列女伝』（小）

また、一部が列伝形式になっているものに、次のものがある。

【和漢の例話を掲載しているもの】

『姫鑑』（『比売鑑』）の「紀行篇」（小、中師範〔巻六・一二は中師範口授〕）

『修身女訓』の巻三～六（小、中師範）

【和漢洋の例話を掲載しているもの】

『女子修身訓』の下巻「模範編」（小、中師範）

なお、純粋な列伝形式ではないが、徳目の説明とともに、一つの徳目につき一～三話程度の和漢の例話が掲載されているものに、『小学必携女子修身訓蒙』（小口授）がある。

以上を見ると、主に口授用書として、列伝形式の書物が用いられていることがわかる。これらのうち、『新刻古列女伝』『新続列女伝』『姫鑑』は江戸期、残りは明治期のものである。

次に、海後宗臣編『日本教科書体系　近代編』第三巻所収の「修身教科書総目録」[24]にあげられている書の中で、『婦女鑑』出版以前に刊行された女子用の列伝形式のものと、例話入りの女子用の修身教科書を取り出し、表1にまとめた。[25]列伝形式といっても、例話のみで構成されている場合だけではなく、徳目の説明や評言等が記されている場合も多い。また、教科書として作成されたものには、一部の巻のみが列伝形式となっているものや、徳目の説明と例話という構成になっている場合に例話が各徳目につき一～三つと少なく、列伝形式とはいえないような形態のもの、嘉言と善行（例話）が混在している形式のものなどもあり、区分けが難しい場合もあるため、ここではこれらも含めて表に記載し、備考に説明を加えることとした。

なお、上述の文部省の調査で使用して差し支えない旨が記載された著書で明治期出版のものは、『標註劉向列女伝』以外は全てこの目録にも記載されている。そのため、これらについては丸印を付すとともに、『標註劉向列女伝』についても表に含めて記載した。

明治前期の列伝形式女子用修身書の特徴は、第一に、書名に「列女伝」を付したものが多いことである。片山清一は、書名から見た女子用修身書全般の傾向として、Ⅰさとし（しるべ）型（一八七三～一八七四年）、Ⅱ列伝型（一八七五～一八七九年）、Ⅲ礼式・作法型（一八八一～一八八七年）、Ⅳ鑑型（一八八七～一八九四年）、Ⅴ修身訓（書）型（一九〇一～一九〇二年）という五つの類型をあげており、[26]これによってもこの傾向を見ることができる。

第二の特徴は、日本の女性のみを取り上げた書が多いことである。書名にも「日本」「本朝」等を入れている書が

表１　『婦女鑑』出版以前の列伝形式女子用修身書・例話入り女子用修身教科書

文部省調査	出版年	書　　名	冊　数	編　　者	発行(蔵版)者・出版社	和漢洋別	備　　考
	1875	新撰列女伝	2	堀重修	大竹英治	和	初編
	〃	挿画本朝列女伝	2	匹田尚昌	文昌堂	和	
○	1878	日本列女伝	3	小島玄寿	山中八郎	和	時々評言あり
○	〃	標註劉向列女伝	3	松本万年(標註)	別所平七	漢	
○	〃	女子修身訓	2	阿部弘国	金港堂(群馬県師範学校蔵版)	和漢洋	下巻(模範編)が列伝形式
○	1879	西洋列女伝	2	宮崎嘉国(訳)	錦森堂	洋	
	〃	本朝形史列女伝	2	白川幸	大谷仁兵衛・杉本甚助	和	初編のみ．時々評言あり
○	〃	校訂増補本朝列女伝	1(上下合本版)	匹田尚昌編・斎藤実穎増補	文昌堂	和	挿画本朝列女伝の増補版
	〃	小学口授女子孝節談	1	内田尚長	塩冶芳兵衛	和漢	徳目の説明と例話
○	1880	小学勧善本朝列女伝	1	松平直温	渡辺貞吉	和	評言あり
○	〃	小学必携女子修身訓蒙	2	干河岸貫一	吉岡平助	和漢	徳目の説明と例話(各１～３話)
	1882	小学修身女訓	2	河野善	畠林専二郎・小川儀平	和漢	徳目の説明と例話
○	〃	修身女訓	6	岡本行敏(賢蔵)	辻謙之介・北畠茂兵衛・阪上半七	和漢	巻３～６が列伝形式
○	1883	皇朝女子立志編	3	上野理一	吉岡宝文軒	和	
	1884	本朝女鑑	2	日柳政愬	浪華文会	和	各編に徳目の説明あり
	1885	小学女子中等修身言行録	6	永松木長・古谷和貴	石田治兵衛	和漢	嘉言と善行(例話)
	1886	賢女修身事蹟	3	今川肅	中近堂	和	評言あり

註　本表は，「修身教科書総目録」から，『婦女鑑』以前に刊行された列伝形式女子用修身書・例話入り女子用修身教科書を抜粋し，まとめたものである．文部省の教科書調査掲載書には○を付した．

「修身教科書総目録」に記載のない『標註劉向列女伝』についても，文部省の教科書調査における記載があるため，表に含めた．

『小学勧善本朝列女伝』は「修身教科書総目録」には1879年とあり，奥付の版権免許が同年であるが，「緒言」が翌年２月のため，本表では1880年とした．

多数見られる。一部が列伝形式になっているものや、例話入り女子用修身教科書も含めた表1で見ると、一七書中、和のみを扱った書が九書、和漢が五書、漢のみが一書、洋のみが一書、和漢洋が一書である。孝子説話の研究の上で教訓読み物を研究した徳田進によっても同様のことが指摘されており、「明治初年より明治二十年代までは和漢洋の三脈統のうち圧倒的に和が多く、漢これに次ぎ、洋は乏しく、そのままが明治初期の東西両洋文化の我が国において占めた位置を物語っている(27)」と述べている。

理由の一つとしては、当時の教科書政策との関係もあると思われる。「小学校教則綱領」(一八八一年)で西洋史を除くことになり、第Ⅰ部第二章でも述べるように、『幼学綱要』でも文部卿の要請により西洋の例話が除かれ、和漢の例話で構成されることとなった。女子用の列伝形式の書物においても、明治初期においては西洋のみや和漢洋の例話が用いられているもの、『列女伝』に注を付したものなども存在しているが、しだいに日本の例話のみが多くなり、さらに例話入りの教科書の中の例話が和漢の例話で構成されているのは、このような教科書政策に合致している。

このような中で、『婦女鑑』(一八八七年)は、「婦女鑑が現われたのは、主体を和に置きながらも、漢洋を包摂した点に、一つの綜合性を帯びたものであった(28)」と徳田がいうように、和漢洋の女性を取り上げており、当時の列伝形式女子用修身書としては特徴的な書であったと見ることができる。和漢洋の話を掲載しているものに『女子修身訓』(上下のうち下巻のみが列伝形式になっているもの)があるが、洋の例話は四七話中の七話の掲載であり、『婦女鑑』とは規模が異なっている。

第三の特徴は、徳目で明確に区分された書の掲載徳目を見ると、孝・貞(婦道)・母に関する徳目か、それに加えて平安期などの女性文学者等を扱った「才芸」や武士の妻等の「節義」をあげたものが多いことである。例えば、代表的な列伝形式女子用修身書の一つである小島玄寿『日本列女伝』は、最も掲載人数が多い部類で、三巻で約一〇〇話を取り上げているが、徳目は孝悌・貞順・母儀の三つで区分されている。宮崎嘉国訳『西洋列女伝』は、『婦女鑑』の例話の出典にもなっている書であるが、第Ⅰ部第五章でも述べるように、原著で扱われている多数の徳目の中から孝行・貞操・友愛・慈母の四つが取り上げられて抄訳されている。徳目区分が無い書においても、上述したような徳目の例話が中心となっている書が多い。例えば、『婦女鑑』の例話の出典にもなっている上野理一『皇朝女子立志編』は、緒言に「孝貞節操才芸母則」とあるように、孝・貞・母・才の例話が中心となっている。ただし、教科書として作成されたもので、例話が少数であるものや、嘉言と併せたもの等では、徳目が多めな傾向にある。なお、『婦女鑑』との比較については、『婦女鑑』の徳目構成・例話内容等を検討した後に、第Ⅰ部第四章で扱うこととする。

以上、『婦女鑑』以前の列伝形式の女子用修身書に関して概観した。列伝形式の女子用修身書は、江戸期以来の列伝形式の女訓書の流れを受け継ぎ、明治期に入っても出版され、教訓的読み物として読まれると同時に、一部は教科書・口授用書としても使用され、また、例話を相当数入れた教科書も作成されていった。『婦女鑑』はこのような列伝形式女子用修身書の前史の中で成立した。しかし、これまでの研究では、徳田進の研究など一部を除き、『婦女鑑』を列伝形式の書物の系譜で捉えることは少なく、主に、宮内省蔵版で『幼学綱要』の補遺であるという点から、儒教主義の書と性格付けられていることが多いことは序章でも述べた。では、このように評価されることが多い『婦女鑑』はどのような事情で編纂されるに至ったのか。次章では『婦女鑑』の成立事情について詳しく明らかにする。

註

（1） 石川松太郎編『日本教科書体系　往来編』第一五巻　女子用（講談社、一九七三年）所収の石川松太郎による「解説・解題」二〇頁。

（2）筧久美子「中国の女訓と日本の女訓」（女性史総合研究会編『日本女性史』三　近世、東京大学出版会、一九八二年）二九一頁。

（3）前掲『日本教科書体系　往来編』第一五巻　女子用所収の「解説・解題」一二―一四頁。

（4）渋川久子「女訓書と女子教育―近世女子教育への一考察―」（『お茶の水女子大学人文科学紀要』第一四集、一九六一年）一六一頁。

（5）「女子用伝記物」についての徳田進の分類においては、『鑑草』は「傍系のもの」（「列女伝としての独立単行ではないが、教訓説話の一部を成しながら、列女伝に類するもの」）に分類されている（徳田進『孝子説話集の研究　近代篇（明治期）―二十四孝を中心に―』井上書房、一九六四年、一七七頁）。

（6）前掲「中国の女訓と日本の女訓」二九〇頁。

（7）現存する劉向の『列女伝』七巻には撰者不詳の「続列女伝」一巻（二〇人の伝を掲載している）が付されており、両者を区別するために前者七巻分を『古列女伝』とも称するが、伝本によってはこの八巻全体を『古列女伝』としているものもある（山崎純一『列女伝』上、明治書院、一九九六年、四二頁）。

（8）明確な成立年は未詳であるが、趙飛燕姉妹の立后の直後ではないかと推定されている（中島みどり訳注『列女伝』三〔平凡社、二〇〇一年〕所収の中島みどりによる「解説」二七一―二七二頁）。『列女伝』の現在に至る伝本の変遷については、前掲『列女伝』上、四二―五八頁に詳しい。

（9）孽嬖伝は、悪女の話を集めたものである。

（10）下見隆雄『劉向『列女伝』の研究』（東海大学出版会、一九八九年）三頁。前掲『列女伝』上、三五頁。

（11）前掲『劉向『列女伝』の研究』の「序論篇」。さらに、女性の道徳、女性にかかわる教訓の範例を説話によって組み立て、「語り」の芸・説教（説話）によっても教訓を広めることにも目的があったのであろうことも指摘されている（前掲『列女伝』上、三六頁）。なお、中国においては以後、各種の「単行の列女伝」や「列女伝型の女訓書」が記される一方、各王朝の歴史を記録する正史の中にも、二四史中一二史において「列（烈）女伝」が掲載された。中国における『列女伝』の受容と後続の列女伝等については、以下を参照。前掲『列女伝』上、五八―六四頁。山崎純一「近世中・日両国の『列女伝』と「烈女」の意味―汪憲『烈女伝』と安積信『烈婦伝』を中心に―」（江森一郎監修『江戸時代女性生活研究』大空社、一九九四年）八九―九〇頁。山崎純一「両唐書列女伝と唐代小説の女性たち―顕彰と勧誡の女性群像―」（石川忠久編『中国文学の女性像』汲古書院、一九八二年）一八

五―一八六頁の注1。山内正博「『旧唐書』の「烈女伝」と『宋史』の「列女伝」―現代語訳―」（『宮崎大学教育学部紀要』第二九号、一九七一年、二七―三三頁）。

（12）日本における『列女伝』の受容と後続の列女伝等については、前掲『列女伝』上、六四―六九頁、および、前掲「近世中・日両国の『列女伝』と「烈女」の意味―汪憲『烈女伝』と安積信『烈婦伝』を中心に―」九〇―九一頁参照。

（13）前掲『劉向『列女伝』の研究』三八頁。前掲『列女伝』上、六四頁。前掲「近世中・日両国の『列女伝』と「烈女」の意味―汪憲『烈女伝』と安積信『烈婦伝』を中心に―」九〇頁。他には、一三世紀成立の『十訓抄』に『列女伝』の話が紹介されていることなどが知られているという。

（14）前掲「近世中・日両国の『列女伝』と「烈女」の意味―汪憲『烈女伝』と安積信『烈婦伝』を中心に―」九〇頁。『列女伝』等の話は近世の女子教育に関わる多数の著作に掲載された。列伝形式以外の著作においてもしばしば部分的に紹介されており、「仮名草子」の「女訓物」と呼ばれる著作の中には、列伝形式のもの以外でも、『列女伝』等の説話を著作の中に盛り込んでいるものがある（青山忠一「仮名草子女訓物について」〔『国文学研究』第三八号、早稲田大学国文学会、一九六八年〕。三栖隆介「女訓物仮名草子における『列女伝』受容」〔和漢比較文学会編『江戸草子と漢文学』和漢比較文学叢書第一七巻、汲古書院、一九九三年〕）。また、往来物等の中に、『列女伝』等の話が紹介されている場合もある。

（15）『新続列女伝』には、明代までの女性の例話と韓国人女性の例話が収められており、『新続列女伝』は李氏朝鮮舶載本に手を加えて日本の書肆が上述の八巻に恣意に付した書と推測されている（前掲『列女伝』上、五七頁）。

（16）青山忠一「「本朝女鑑」論」（『二松学舎大学論集』一九七一年）八三頁、参照。

（17）吉田松陰『女訓』（三井為友編『日本婦人問題資料集成』第四巻＝教育、ドメス出版、一九七六年）一二二頁。吉田松陰はこの中で、日本の列伝形式の書物としては他に『武家女鑑』、『姫鑑』（『比売鑑』のこと）、『本朝列女伝』についても触れている。

（18）黒沢弘忠『本朝列女伝』（同文館編輯局〔黒川真道〕編『日本教育文庫　孝義篇』下、一九一〇年〔復刻版、日本図書センター、一九七七年〕）二八一頁、二八三頁。

（19）一六七三（延宝元）年自序という説もある（勝又基「『比売鑑』の写本と刊本」〔『近世文芸』七〇、日本近世文学会、一九九九年〕二頁）。

（20）なお、孝子説話集を研究した徳田進は、孝子譚が掲載されている近世の女子用の書物を「近世の女子用伝記物」として、「古列女伝の系譜」（『仮名列女伝』等）、「傍系のもの」（『鑑草』等）、「新作系のもの」（和製列女伝）に分け（他に女子用節用集や往来物等の中に散発的に話が混在しているものも「女子節用集所収のもの」「その他」で扱っている）、広く検討している（前掲『孝子説話集の研究　近代篇（明治期）―二十四孝を中心に―』一七四―二一一頁）。

(21)「小学校教則綱領」（一八八一年五月）の頒布に伴い、これに基づいて府知事県令が教則を編成して伺い出ることが府県に達せられて小学校の教科書開申の書式が示され（一八八一年文部省達第一六号）、後に同年一二月には、中学校・師範学校も含めて教科書を開申する際の書式が示された（同年文部省達第三七号）。

(22) 一八八三年文部省達第一四号。

(23) 内閣文庫所蔵『調査済教科書表』（文部省地方学務局・文部省普通学務局、自明治一三年一〇月至明治一八年二月〔復刻版、芳文閣、一九八五年〕）。

(24)「修身教科書総目録」（海後宗臣編『日本教科書体系　近代編』第三巻　修身(三)、講談社、一九六二年）五〇六―五六二頁。

(25) ただし、同目録にある『女訓皇朝烈女伝　続編』は江戸期の源鸞岳『大東婦女貞烈記』の一部であるため、本表には入れていない。

(26) 片山清一『近代日本の女子教育』建帛社、一九八四年、二四〇―二四一頁。

(27) 前掲『孝子説話集の研究　近代篇（明治期）―二十四孝を中心に―』一七四頁。

(28) 同上、四〇一頁。

第二章　宮内省蔵版『婦女鑑』の成立事情

明治前期の修身教科書には、文部省が編集したものと、民間で編集・刊行したものと、宮内省で編集したものという三系統があった(1)。このうち宮内省で編集したものは、『明治孝節録』（一八七七〈明治一〇〉年）・『幼学綱要』（一八八二年）・『婦女鑑』（一八八七年）の三書である。明治期において、宮内省が独自に修身教科書を編集したことは注目に値する出来事である。しかもこれらの三書は、いずれも列伝形式をとっているのである。ここでは『婦女鑑』が宮内省蔵版であることに注目し、先行する二つの宮内省蔵版の修身教科書『明治孝節録』と『幼学綱要』の成立事情も併せて、『婦女鑑』成立までの経緯を明確にする。

第一節　『明治孝節録』の成立事情

近藤芳樹編『明治孝節録』（和装本四巻四冊）は、本編一三八話と、短文で記されている附録三九話から成る、一八七七年に出版された宮内省蔵版の書物である(2)。本編には一六二人（うち女性七六人）の話を収めている。この『明治孝節録』は、『婦女鑑』と同様、皇后の内意によって作成された。その事情について、巻頭の福羽美静（議官兼二等侍講）の序には以下のように記されている。

人の感する所のものは忠孝節義なり其忠孝節義おほくは其艱難なる際においてあらはる人其艱難なる際にあたり

なほ天賦の良心をうしなはすして人道の本分をつくす誰かこれを感賞せさらんやこゝに明治十年にあたり明治孝節録の書なれりこの書はこれわか明治聖主の親愛したまふところの皇后宮の内旨によりて成れるものなり皇后宮かしこくも至尊につかへたまふのいとまこのみて書をよみたまひまた侍する所の女官をしてなにくれの書をさくらしめ筆記せしめたまへりこの孝節録ももとは新聞紙なとよりぬき出たるかつもれるなりしかるに編いまたならさりしとき明治六年皇城の炎上にあたり其稿本もまた灰燼となれり美静侍講の任たるによりかねて其事にあつかれるをもつてふたゝひ其挙におよひ官府賞与の簿冊等より其伝のいちしるしきをとりあつめてこれを皇后宮に奉ぬこゝにおいて近藤芳樹をして其作文をなさしめたまへり名つけて明治孝節録とよへり方今聖上后宮一双の明徳をそなへて日本帝国明治の治をしきたまひことに教育のみちにこゝろをそゝきたまへり今よりして乃ち大いに才能の士を生しかの小孝小節をおきてまことの徳義にかなへるところの人物つき〳〵にいてこんこと必せりしかれとも此書にあくることときの民其孝義節操においては後世をしてなほ感賞せしむることあるへし謹て此書のなれる次第を記してもつて序文となす(3)

これと同様の内容が、元田永孚(三等侍講)の序にも記されている。

皇后淑徳夙顕、仰奉
至尊、俯育衆妾之暇、潜心於聖経賢伝、間又取新聞紙読之、毎覧有孝子節婦品行著者、深嘉之、命侍妃採録、積至若干紙、明治癸酉春、皇居火、稿本皆燬、二等侍講福羽美静、稟内旨、再収輯其事蹟、徴諸官府賞典録、得数十名、文学員近藤芳樹、整理其文、書成、名曰明治孝節録、広布于世、嗚呼、閭巷匹夫匹婦、而其誠孝義節、如彼其烈也、(4)

以上からわかる重要なことは、皇后が人民の善行の記事に関心があり、これを抜粋収集させていた、ということである。皇后は、新聞紙などから善行の記事を抜粋収集させて保存していたが、一八七三年の皇居の火災の際に焼失してしまった。そのため侍講の福羽美静が内旨を受け、「諸官府賞典録」（福羽の序では「官府賞与の簿冊等」）の中から優れた事蹟を取り集め、これを近藤芳樹（出版時、文学御用掛）が整理作文して完成させたのである。近藤芳樹は、一八七五年宮内省に出仕し、一八七九年まで、歌道御用掛・皇学御用掛・文学御用掛を務めた国学者で、宮内省に出仕する以前は長州藩で活動し、明治維新後は県庁で地誌編纂に従事していた(5)。近藤の日記に上京当初から「孝義伝」の執筆開始や歌会の記述があることから「当初より「孝義伝」の執筆、歌会への出席などが近藤の職務として」あり、「『明治孝節録』の執筆・完成を期することが出仕を求められた所以の一つであった(6)」ことが指摘されている(7)。

『明治孝節録』に掲載されている人物は、「諸官府賞典録」（「官府賞与の簿冊等」）から採ったという序文の記述からも察せられる通り、主に江戸後期から明治初期の人物であり、また、近藤芳樹の例言に「此書は。孝悌忠信の操行ある者をえらび。四民のうちにて。むねと農工商の。訓戒となさむが為に。編輯せり。故に士以上をば。をさ〳〵載せず(8)」とあるように、農工商の人々の訓戒とする目的で編集されたため、庶民の話が中心である。半数近くが女性であることも、皇后の内意で作成された影響もあろうが、この書の特徴の一つと考えられる。話の内容は、孝節ばかりではなく、「孝悌忠信の事のみならで。あるは不毛を開拓し。あるは貧民を賑恤し。あるは学資を進献し。あるは産殖を興起し。あるは道路を修理したるなどをも。まじへ載せたる(9)」とあって、貧民救済・学資寄付・興業・道路修理なども、優れた徳行として取り上げている（掲載は主に附録が多い）。また、受けた褒賞の内容が多くの話に記されていることも『明治孝節録』の特徴の一つで、善行者の褒賞制度との関連も指摘されており(10)、「明治期の孝子説話関連の著作は、児童対象の読物・教科書などに用いられたものがある一方、褒賞制度を書籍中に掲げるものは特に社会教化に関わる側面を有し(11)」、『明治孝節録』もこの系譜に位置付けられる、という指摘もなされている(12)。

このことと関係して、『明治孝節録』の下賜先を見ると[13]、政府高官、関係各省、陸・海軍等の他に、各府県にも下賜されており[14]、さらに、宮内省は続編を企画し、刊行の約半年後（一八七八年五月）に、同年一〇月までに「維新後の善行美蹟」を取り調べるよう各府県長官宛に内達している[15]。この続編の編纂方針は、江戸期の『官刻孝義録』（一八〇一〈享和元〉年）における方法、すなわち、編纂時に幕府の命により公式かつ大規模に話が収集された方法に似ていることは、すでに指摘されているところである[16]。つまり、少なくとも下賜時以降においては、地方との関わりが意識されていたことが読み取れる。

『明治孝節録』の成立には、皇后の内旨を受けて材料を収集した侍講の福羽美静が大きく関わっているが、この福羽美静や当時の文学御用掛の高崎正風らに関して、宮本誉は、「福羽美静や高崎正風をはじめとする御歌所歌人が、「風教」に裨補することを目途とする活動に積極的であったことは、文学御用掛における『明治孝節録』（明治十年）の刊行をはじめとする書籍編纂や、「明治維新前後に於ける旧藩士及び志士の言行・節義」の編修に従事したことに確認される」と指摘している[17]。後者の「「明治維新前後に於ける旧藩士及び志士の言行・節義」の編修」とは、『明治孝節録』出版後の一八七九年七月頃に、福羽美静が児玉源之丞・高崎正風（両者とも、文学御用掛で『幼学綱要』の編纂にも携わった）と連名で、明治維新前後の旧藩士および志士の節義・言行を編纂して「風教ノ助」に供したい旨を記した文書[18]を宮内卿に上書し、同年九月にその編纂に従事することに決まったという動きのことを指している[19]。この文書の中には、「故木戸内閣顧問亦已（ママ）ニ此ニ注意アリテ文学掛親ク之ヲ聞キ深ク其説ニ服セリ」[20]と、元々は木戸孝允がこれに関する説を語っていたことが記されているが、そもそも文学御用掛の成立自体も、西村茂樹の回想によると、「宮内省には初め御歌掛といふものありしが、木戸孝允氏宮内省出仕たるの時、宮内省には文学の士なかる可らず、歌人のみにては今日は甚不足なりとて、其時より御歌掛を改めて、文学御用掛とした」[21]と、歌人のみでは不足という木戸の発案によるものであったようである。

文学御用掛は、もともと宮中和歌を掌る「歌道御用掛」（当時の宮内省の記録によると「御歌掛」という名称でも通用していた）が前身であったが、「皇学御用掛」（一八七五年八月〜翌年一〇月の一年間だけ「歌道御用掛」と同時に存在[22]と一八七六年一〇月に合併して「文学御用掛」となり、のち一八八六年二月に廃されて侍従職に「御歌所」が設けられるまで約一〇年間存続したものである。[23] 宮本は、「「文学御用掛」が侍講局付となった明治十年（一八七七）八月前後から、「文学御用掛」の活動はその幅を広げたようであり、それは『明治孝節録』の刊行とも時期的に重なる」[24]と[25]し、前述の『明治孝節録』出版後の福羽らの動きに関しても、「こうした動向の背景には、西南事変の影響の大きさが推察されると同時に、明治新政府の基盤自体が未だ予断を許さない情勢下にあったことも与ったはずである」[26]と指摘している。

当時、文学御用掛においては、「語言部類」の編纂[27]、『万葉集註疏』の編纂[28]、上述の『明治孝節録』続編の編纂、明治天皇の各地方への巡幸に文学御用掛の面々が供奉した紀行の編纂等の[29]、書籍編纂事業が多かったとされる。[30] 前の二者が、まさに和歌や国学に関係する書籍の編纂事業であるのに対して、後の二者（『明治孝節録』続編の編纂および明治天皇の巡幸に供奉した紀行の編纂）は、地方との関わりのある、単に歌道や国学に止まらない内容を有する書籍編纂事業である。[31] 明治天皇の各地方への巡幸は、一八七二年から一八八五年のいわゆる「六大巡幸」を中心として特にこの時期に集中したとされ、これが天皇の存在やイメージの民衆への定着・浸透、地方官や地方名望家と呼ばれる人々等との関わりを通しての地方支配の表象等、さまざまな政治的意図や意義を有したことについては、先行研究で指摘されているところである。[32] さらに、前述したような、『明治孝節録』の成立に大きく関係した福羽美静や『幼学綱要』編纂に関わった高崎正風らが、西南戦争の影響がある時代背景の中で「「風教」に裨補することを目途とする活動に積極的であった」ことも注目すべきことと考えられる。このような、材料収集方法・内容あるいは下賜の方法等において地方との関わりが意識された、しかも「社会教化」や「風教」に資するような書籍の編纂事業が、歌道や国学という範疇を超えて文学御用掛において企画・出版されるようになっていったことが、次節以降に見る『幼学綱要』および『婦女鑑』の成立につながる一つの背景となったと考えられる。

なお、刊行後の状況に関してさらに触れておくと、『明治孝節録』は、上述の各方面への下賜後、宮内庁所蔵の出版関係記録によると、吉川半七（現在の吉川弘文館）ほか数名の書肆に発売が許可され、筆者の集計によると一八七八〜一八九三年の間に少なくとも六七三〇部が出版され[33]、教科書としても使用された。このことは前例にもなって、後に吉川半七による『婦女鑑』の一般発売へとつながっている（第Ⅱ部第三章参照）。そして、第Ⅰ部第一章でも述べた一八八〇年から一八八五年まで行われた文部省による教科書調査においては、一八八〇年九月に不適切な巻（巻二）があるとされた[34]。調査結果をまとめた「調査済教科書表」（文部省地方学務局、一八八〇年一〇月三一日）の記述を見ると、『明治孝節録』全四冊のうち「一三四巻不問　二巻禁止」とあり、「小学校ノミ本案ノ如シ中学校師範学校ハ全部不問」とされている。同じく「調査済教科書表」（一八八〇年一二月二八日）にも、「小学校教科書ニ採用シテ苦シカラサル分」として巻一・三・四が掲載されているが、巻二は「小学校教科書ニ採用スヘカラサル分」に掲載がある[35]。つまり、小学校に限ってのみ、巻二の採用が不可とされた。

この理由については、巻二の例話内容に問題があったからであろうことが大森正および中村紀久二の研究によって指摘されている。すなわち、巻二の「せん女」という話が、病気の夫を看病する女性に恋心を寄せる僧が家に忍び入って女性に迫り、殺害する話で、挿画「奸僧迫りて節婦を殺す図」を伴って掲載されており、これが教科書採用に当たっての不適切事由である「風俗ヲ紊乱」するような事項、「教育上弊害アル」書籍に該当するためであろう[36]、ということが指摘されている(37)。

なお、中学校・師範学校に関しては上記の通り当初から全巻使用可で、一八八三年二月二八日の「調査済中学校師範学校教科書表」の「中学校及師範学校教科書ニ採用シテ苦シカラサル分」にも掲載されている(38)。また小学校についても、上述の巻二は、一八八四年一一月には「小学校口授ノ用書ニ限リ採用シテ苦シカラサル分」に掲載され(39)、口授用書としての使用が認められた。

各都道府県教育史等に見られる、『明治孝節録』の使用の記録としては、西谷成憲の調査で、栃木・東京・島根・山形・新潟・石川・愛知・長崎の各府県の、いずれも小学校において、多くは口授用書として使用されている記録があることが示されている(40)。他に筆者が確認したものとしては、石川県（尋常小学科・高等小学科の修身、一八八七年三月）・茨城県（各郡市小学校の修身、一八九一年）の記録がある(41)。

以上のように、『明治孝節録』は、一八七三年以前から皇后がもともと行っていた、庶民の徳行の記事収集に端を発していた。そして皇居の火災による稿本焼失にもかかわらず、刊行が積極的に図られて成立したわけであり、これには皇后の内意とともに、それを受けて再び材料を収集した福羽美静の関わり、および地方への下賜や続編の企画などにも見られる地方を意識した宮内省の政策意図も背後に関係していたものと感じられる。このような、歌道や国学の範囲に止まらない書籍編纂事業が文学御用掛において行われるようになったことは、『幼学綱要』成立の背景の一つともなったものと考えられる。また、『明治孝節録』は女子用の修身書ではなかったにせよ、列伝形式の書物の刊行に意を傾けた皇后の内意が、後の『婦女鑑』刊行への伏線となり、また皇后の内意により作成された宮内省蔵版の書物が一般に発売され教科書として使用されたことは、前例として、後の『婦女鑑』の一般発売と教科書使用につながることとなったのである。

第二節 『幼学綱要』の成立事情

『幼学綱要』（和装本七巻七冊）は、明治天皇の内意により、元田永孚が中心となって編纂し、一八八二（明治一五）年から翌年初頭にかけて出版された、宮内省蔵版の書物である(42)。二〇の徳目で分けられており、それぞれの徳目別に、徳目の説明文（徳目の大義・大旨・大意などともいう）と、経書等からの引用文（経語）を掲げた後に、和漢の例話を列挙する体裁をとっている。『幼学綱要』の序によれば、元田永孚（侍講）が編纂の命を受けたのは一八七九年の夏秋の間であった。

明治十二年夏秋之間。臣永孚侍経筵

皇上親諭曰。教学之要。在明本末。本末明則民志定。民志定而天下安。為之莫先於幼学。汝与文学之臣。宜編一書以便幼学也(43)。

一八七九年には「教学大旨」が示されている。「教学大旨」では、現行の教育を批判し、祖宗の訓典により仁義忠孝の教えを明らかにし、道徳の学は孔子を主として、誠実品行を尊ぶようにすることなどが記されているが、これに付されている「小学条目二件」の第一項には、この具体的な方法が示されている。

仁義忠孝ノ心ハ人皆之有リ、然トモ其幼少ノ始ニ、其脳髄ニ感覚セシメテ培養スルニ非サレハ、他ノ物事已ニ耳ニ入リ、先入主トナル時ハ、後奈何トモ為ス可カラス、故ニ当世小学校ニテ絵図ノ設ケアルニ準シ、古今ノ忠臣義士孝子節婦ノ画像写真ヲ掲ケ、幼年生入校ノ始ニ先ツ此画像ヲ示シ、其行事ノ概略ヲ説諭シ、忠孝ノ大義ヲ第一ニ脳髄ニ感覚セシメンコトヲ要ス、然ル後ニ諸物ノ名状ヲ知ラシムレハ、後来忠孝ノ性ヲ養成シ、博物ノ学ニ

於テ本末ヲ誤ルコト無カルヘシ(44)、

仁義忠孝の心を脳髄に感覚させるためには、小学校入学当初から、忠臣・義士・孝子・節婦の画像を示して概略を説明することが必要だとしている。『幼学綱要』はこの「小学条目二件」第一項を具体化した書と考えられることは、先行研究においても指摘されているところである(45)。「教学大旨」以降、伊藤博文の「教育議」（一八七九年）、元田永孚の「教育議附議」（同年）などのいわゆる徳育論争や、修身教授の基本方針や教科書に関しては「教育令」改正（一八八〇年）や「小学校教則綱領」（一八八一年）などの動きがあったが、これらと同時期に、宮内省では『幼学綱要』の編纂が進められていたのである。

『幼学綱要』の成立事情に関しては、編纂の命を受けた元田永孚の記した「古稀之記」に詳しく記されている。

皇上教育ノ本末ヲ得サルヲ御憂慮アラセラレ進講ノ次次屢　親諭アラセラレ叡旨ヲ奉シテ教育大旨ヲ書シテ奉リ又教育ノ一書ヲ編纂セヨトノ

親諭ヲ蒙リ乃道徳彝倫ニ本ツキ一篇ノ綱領ヲ立テ　御覧ニ供シタルニ　叡慮ニ愜ヒ更ニ文学掛員ト協力シテ編輯ヲ結了セヨトノ　御沙汰ヲ奉シ因テ高崎正風仙石政固児玉源之丞池原香穉ヲ召テ　旨ヲ伝フ皆々感戴シテ　旨ヲ承セリ乃日ヲ期シテ着手シ先ツ経語幷和漢歴史ノ材料ヲ集メテ抜萃撰擢ニ思力ヲ費セリ後又西尾為忠ヲ加へ文章ノ筆削ハ多ク為忠ノ手ニ調へ材料ハ山田安栄属官ニ居テ之ヲ集録セリ大旨ノ文孝行忠節立志勤学誠実仁慈度量敏智識断勉職等ハ余カ専ラ考按ニ成リ史料ニテ

神武天皇　崇神天皇　後三条天皇　成務天皇　後光明天皇及楠正行源親房小早川隆景加藤清正細川忠利等漢史中伝説蕭何狄仁傑郭子儀程顥李綱岳飛文天祥劉基等余カ筆鈔スル所ナリ十二年ノ夏起稿シ十三年ヲ経十四年夏ニ至テ書成ル序文ハ余カ撰スル所ナリ明治五年以来欧風流行シ教育モ欧米ノ法則ヲ用ヰシニヨリ国史漢書ハ廃棄ノ勢

トナリ進講モ一時専ラ洋書ノ翻訳本ヲ用ヰルニ至リタルニ
聖上ニハ聡明ノ御卓見ヲ以テ毫モ風潮ニ御移リ無ク夙ニ道徳ヲ御懋メアラセラレ教育ノ謬リヲ御看破アラセラレ
永孚ニ　命セラレテ此書ヲ編纂セシメ名ツケテ幼学綱要ト云(46)

これによると、一八七二年以来欧風が流行し教育も欧米の法則を用いるようになっていたが、天皇は教育が本末を得ないのを憂慮し、教育の誤謬を看破して、元田永孚に教育の一書を編纂せよとの諭しをしたというのである。そこで元田は「一篇ノ綱領」を天皇に見せたところ、天皇の意にかない、編集を結了せよとの沙汰があった。

この「一篇ノ綱領」は、『幼学綱要』の体裁・徳目・目次等を定めたもので(47)、「大概右ノ如クニ条目ノ次序ヲ立テ其条目毎ニ始メニ大旨ヲ掲ケ示シ次ニ経語ヲ挙テ其要ヲ教エ次ニ和漢洋ノ言行事実ヲ録シテ其思想ヲ切ナラシメ間ニ図画ヲ挿入シテ感覚ニ使ナラシム可シ(48)」とあるように、大旨（徳目の説明文）・経語・事実という構成で間に図画を挿入するという、刊本につながる方針が示されている(49)。

こうして一八七九年の夏に起稿し、元田は高崎・仙石・児玉・池原・西尾・山田ら文学御用掛の面々とともに編集に当たり、材料を収集し、抜粋選択を行った(50)。元田の日記には、一八八〇年一月一六日に、「午前九時参　内御講書前新撰幼学書ノ稿本　御覧ニ呈ス且意見数条を陳述す時刻後ル、ヲ以テ　御休講(51)」とある。「新撰幼学書」とは『幼学綱要』のことであり、編纂の途中で天皇に稿本を見せて説明していたことがわかる。翌一八八一年の夏に一旦完成したが、西洋の例話と復讐譚を削除することになったため改編が必要となり出版は延期された（後述）。以後、一八八二年の日記には、二月一三日に「皇上拝謁賜坐親諭綱要之条件」、六月一五日に「皇上御前拝謁　閲幼学綱要訂正製本三巻畢午後二時退朝」、七月一二日に「九時参　内幼学綱要四巻刻成上」、七月二〇日に「奉伺　両陛下天幾且上幼学綱要二部」、七月二二日に「皇上御前稟幼学綱要分賜之旨」とあり(52)、しだいに完成していった様子がわかる。編纂過程に関しては、宮内庁所蔵の『幼学綱要』編纂関係史料にも大まかな編纂記録が残されている。(53) なお、最終的に巻七が摺り上がったのは同年一二月三一日で、翌一八八三年一月九日には「一全七冊刻成ノ件内務省へ届幷納本ス」とある。(54)

前述の「古稀之記」の続きには、

今日刊成リテ之ヲ上ツリタルハ永孚侍講十年ノ素志達シタリト竊ニ自ラ喜フ所ナリ乃皇族大臣宮中ノ勅任官及学習院ニ下シ賜ハリ此冬ニ至リ地方官召集宮中ニテ拝謁ノ次ニ各官一部宛下シ賜ハリ又各地ノ公立学校ヨリ願ニ依テ教員以下其学校中ニ五千部三千部或ハ弐千部千五百部ヲ賜ヒ各省ノ奏任官ハ願出ニ依テ一部宛之ヲ賜ヒ判任以下平士平民ハ製本費上納ニテ下シ渡サレ教育ハ道徳彜倫ヲ本トシテ智能才芸ヲ末ニスルノ聖旨是ニ至テ天下一般ニ通達セシナリ(55)

と記されている。『幼学綱要』の下賜・下附(56)に関しては、戸田および矢治の研究において明らかにされている。当初は皇族・官僚・編纂関係者等への下賜(一八八二年一一月)および地方長官会議のため上京していた地方長官への下賜(同年一二月)であったが、その後願出が多かったため一八八三年には「幼学綱要下賜下附細則」など三つの規則・細則等が出され手続きが整い、全国の学校や一般に、願出によって下賜・下附が行われた。(57)

地方長官への下賜については、上記の「古稀之記」にも「地方官召集宮中ニテ拝謁ノ次ニ各官一部宛下シ」とあるように、宮中において地方長官に一部ずつ下賜された。単に学校および教育関係者に限定することなく、地方政治の実権を握る地方長官に下賜する方式は、元田等の思想によるものであったことが指摘されている。(58) この下賜の際には次のような勅諭が出された。

彜倫道徳ハ教育ノ主本我朝支那ノ専ラ崇尚スル所欧米各国モ亦修身ノ学アリト雖モ之ヲ本朝ニ採用スル未タ其要

ヲ得ス方今学科多端本末ヲ誤ル者亦鮮カラス年少就学最モ当ニ忠孝ヲ本トシ仁義ヲ先ニスヘシ因テ儒臣ニ命シテ此書ヲ編纂シ群下ニ頒賜シ明倫修徳ノ要茲ニ在ル事ヲ知ラシム(59)

ここではまず、彝倫道徳は教育の主本であるということが示されている。そして、本末を誤っている者も多く、年少の児童に対して、忠孝を本とし仁義を先としなければならないとしている。これらは「教学大旨」において「専ラ仁義忠孝ヲ明カニシ」「道徳才芸、本末ヲ全備シ」(60)とした思想と同様である。前述の「小学条目二件」第一項の内容、すなわち仁義忠孝の心を幼少から培養するためには、忠臣・義士・孝子・節婦の画像と説明を示して忠孝の大義を脳髄に感覚として植えつけることが必要で、そうすれば本末を誤ることもないであろう、という趣旨にも沿ったもので、『幼学綱要』はこれを体現した書であるとされていることは前述した。このような、彝倫道徳を教育の主本と考え、仁義忠孝を要として本末を明らかにすべしという精神は、『幼学綱要』の基本思想である。

元田の記した『幼学綱要』の序にも、冒頭（前述）に、天皇の言葉として「教学之要。在明本末。本末明則民志定。民志定而天下安」と述べられているのをはじめ、天皇の意向を元田が審らかにするという体裁をとって以下のように述べられている。

夫本於道徳。而達於知識。始於彝倫。而及於事業。教学之要也。故道之以仁義。教之以忠孝。使天下之民志一定於茲。則其智之所進。其才之所成。発於言辞。顕於行実。施為事業者。莫不出於仁義忠孝也。苟志向未定。而専知識才芸之務。則殞徳性傷教化。其害不可勝言。（中略）苟後仁義而智力是競。則甲乙相軋。上下交争。不奪不饜。其如是則天下之乱。何以止哉。（中略）風移俗易。民唯務於知識才芸。棄本趍末。遂将至不知仁義忠孝之為何物。則其弊害果何所底止哉。今幼穉之児。智恵未定。慣染猶浅。於是時。先教之以仁義忠孝之道。浸漬涵蓄。習与性成。道徳由是以淳。彝倫由是以正。而風俗之美。声教之懿。将有度越上世。而冠絶宇内者矣。聖意懇到

如此。誰敢不感激。輒与文学諸員相議。謹択古今言行之関於彝倫道徳。而近切於幼童者。編纂訂正以上焉(61)。教学の要は彝倫道徳であるのに、仁義忠孝を後にして知識才芸ばかりに務めれば天下の乱が起こり、弊害は止まらなくなる。幼少の児童は智恵も習慣も定まっていないので、まず仁義忠孝の道を教えれば、道徳は厚く正しくなるだろう、という内容である。仁義忠孝を本とし、知識才芸を末とする精神を繰り返し論じており、幼少のうちに仁義忠孝の道を教えるために編纂されたということがわかる。

『幼学綱要』の「例言」にも、「此編専ラ幼童初学ノ為ニ設ク。故ニ彝倫道徳ノ近切ナル者ヲ採リ。先入主ト為リテ。心術ノ基礎ヲ立ムコトヲ要ス」「事実中。時ニ其図ヲ挿ミ。以テ観感興起ノ一助ト為ス」(62)とあって、「小学条目二件」を受けていることが窺われる。教育の本末の是正によって教学の要を立てるという精神で『幼学綱要』は編纂されたのである。

なお、『幼学綱要』の徳目と例話に関しては第Ⅰ部第四章で扱うが、二〇の徳目配列のうち最初の五つは孝行・忠節・和順・友愛・信義となっており、これは儒教の五倫、すなわち父子・君臣・夫婦・長幼・朋友に明らかに拠ったものである。これらを首位に置き、その後に勤学や立志等が続く配列は、教育に本末の別があることを示したものである。また、徳目の説明文に続いて列挙されているのは、大学・中庸・論語・孟子・書経・詩経・易経・孝経・礼記等を出典とした経語である。これらの点からも、儒教主義の姿勢が打ち出されていることが読み取れる。

また、例話に関しては、西洋の例話を掲載せず、和漢の例話を取り上げていることは、『婦女鑑』との相違の一つである。ただし、西洋の例話は編纂当初は盛り込まれており、編纂途中で削除された(63)。その事情については、元田の「古稀之記」に記されている。

初メ余カ詔ヲ奉シテ綱要ノ書ヲ編スルヤ自ラ謂ラク書成ラハ必文部省ノ教則ニ牴触スル所アリテ攻撃ヲ受ケント

高崎等モ亦之ヲ予想セリ孝行ニ阿新丸忍耐ニ大石良雄ヲ掲載セシハ必弁明ヲ費スヘシト思ヒタリ然ルニ田中文部大輔モ転任シ寺島河野等当分ノ奉職此書成ルノ時ニハ福岡孝弟文部卿ト成リ篤ク聖旨ヲ感戴シ教育法ヲ改正シ初年生二年生ニハ西洋史ヲ禁シテ先ツ日本歴史次ニ支那歴史ヲ読ムノ教科ニ改メ屢余ト面語シテ共ニ主義ヲ同シクシ綱要ノ書モ願ニ依テ文部省ニ下賜セラル、コトトナリ始メノ予憂モ無ニ成リタルナリ

初メ書中歴史ノ事蹟ヲ択フニ和漢ノ事蹟ハ歴々トシテ適当スト雖トモ欧米ノ事蹟ハ之ヲ採摘ニ苦メリ聖上ニモ西洋ノ事蹟ハ学者未タ遍ク知ラス之ヲ省クモ可ナラント宣ヘリ文学掛ニテハ高崎等専ラ云フ此書和漢ノ事蹟ニ止マルハ狭キニ失ス道徳ハ世界ニ推シ弘メンコトヲ要ス欽定ノ書洋人ヲシテ之ヲ看セシムル時ハ狭キヲ示スヘカラス願クハ西洋ノ事蹟ヲ加入セント乃此議ニ決シ洋書ニ精キ者ヲ雇ヒ之ヲ択ハシメ且西村茂樹ニ清見ヲ請ヒテ全ク調定シ既ニ三ノ巻迄上木セシニ文部省ノ改正教則幼年生西洋史ヲ読ムヲ禁シタレハ欽定ノ書中西洋事蹟加入無キヤウニト文部卿ヨリ申シ出且復讐ノ事蹟ハ省キ度ト岩倉右大臣ヨリ示談ニヨリ其事奏　聞シテ乃西洋ノ事蹟ト阿新大石ノ条ハ之ヲ省ケリ(64)

以上によって見ると、西洋の例話を加えるかどうかに関しては苦しんだことが窺われる。天皇も、西洋の事蹟は学者もまだよく知らないので省いてもよいであろうという意向を示していたが、編纂員の高崎正風らの、道徳は世界に推し広めることを要し、欽定の書を西洋の人に見せた場合に狭きを示してはならない、という意見によって掲載が決まり、洋書に詳しい者を雇って西洋の例話を選ばせ、かつ西村茂樹に原稿を見てもらっていたというのである。西洋の例話の編纂に当たったのは近藤真琴であることが戸田の研究において明らかにされているが、(65)『幼学綱要』の編纂作業を記録した宮内庁所蔵史料（前掲「編輯録」）には、一八八〇年一一月に「一近藤真琴斎藤恒太郎へ西洋事実取調

委任ス」[66]との記載があることから、近藤真琴と斎藤恒太郎[67]が編纂に関わったもようである。また、翌一八八一年三月に「一中村正直江西洋事実取調委任ス」という記載が見られることは杉江京子の研究で指摘されているが[68]、一八八一年三月はすでに例話の採択は済んでいる時期であるため[69]、これは、一旦近藤と斎藤が編集した西洋の例話に関する加除修正等の作業であったことも考えられる[70]。

ところが、一八八一年の「小学校教則綱領」において西洋史を除くこととなり、文部卿から西洋の事蹟を省くよう要請があり、また復讐の話は省くよう岩倉右大臣からも要請があり、これらは掲載されないことになった。前述の元田の日記や「編輯録」によると、この頃には編纂作業自体はほぼ終わっていたわけであるが、完成間際にこのような改編作業が生じ、出版が延期されたのである[71]。「編輯録」にも、このことは一八八二年二月一三日に「一西洋事実幷復讐事項ヲ除去リ全十冊ヲ全七冊ニ約修スルコト治定[72]」、同日に「一綱要中復讐ノ条ヲ除キ且又西洋事実一切除去ノコト達シアリ[73]」と記されており、西洋の例話と復讐の話を除いて編成し直す作業をしていたことがわかる。掲載されるはずであった西洋の例話に関しては、東京大学所蔵本等[74]に一部の例話が、宮内庁所蔵史料にも挿画の略称の記述などが残っており[75]、上述の杉江の研究でも、挿画が存在する例話に関してその典拠が推測されているものもある[76]。

さて、女性の例話に関して見ると、詳しくは第Ⅰ部第四章において述べるが、全七巻で二二九話中三二話と全体に比して少なく、しかも、多くが「和順第三」と「貞操第十三」に集中している。皇后はこれを不足とし、『幼学綱要』を補う書を編纂することを命じた。これが『婦女鑑』である。『婦女鑑』の評価の多くが儒教主義の書となっていることも、これが、編纂姿勢として儒教主義の傾向が強かった『幼学綱要』の補遺として成立したことに深く依っているのである。

第三節　『婦女鑑』の成立事情

1　『婦女鑑』編纂の経緯

『婦女鑑』（和装本六巻六冊）は、皇后の内意により作成され、一八八七（明治二〇）年に出版された宮内省蔵版の書物である。杉孫七郎（皇太后宮大夫兼内蔵頭）による『婦女鑑』序文には次のように記されている。「近者　皇后陛下有旨。建華族女校於四谷尾張街。許士庶女子亦入学焉。本校与　皇宮相距咫尺。時臨視其肄業。又命宮内文学。就国史及漢洋諸書。採婦徳婦言婦容婦工之可法者。著婦女鑑六巻。充校生読本。所以助治化也」。ここには、最近皇后の内旨によって華族女学校が設立され、華族以外の女子にも入学が許されたこと、皇宮と同校は近くにあるため皇后は時々参観に訪れていること、また、皇后は宮内省の文学御用掛に命じて和漢洋の諸書から模範とすべき者を採録し『婦女鑑』を作成させ、同校の読本[77]に充てさせる、これは人民教化を助けるためである、ということが記されている。『婦女鑑』は皇后の内意により作成され、華族女学校の生徒の教科書に充てさせる目的をもった書物であったことがわかる。

編纂に当たったのは、宮内省文学御用掛（刊行時は宮中顧問官）の西村茂樹である。西村の『往事録』には、当時の事情が以下のように回想されている。

明治十七年十月補㆓宮内省三等出仕㆒（勅任）文学御用掛被仰付、翌日文部省御用掛兼勤被仰付、宮内省には初め御歌掛といふものありしが、木戸孝允氏宮内省出仕たるの時、宮内省には文学の士なかる可らず、歌人のみにては今日は甚不足なりとて、其時より御歌掛を改めて、文学御用掛としたれども、未た其人を得ず、去年川田剛氏入りて文学御用掛となり、此度余又是に任ぜらる、川田氏は維新の時の勤王家の履歴の編纂を命ぜられ、余は往年宮内省にて編修ありし、幼学綱要の補遺として、婦女の美蹟を編纂する事を命ぜられたり、依て属僚坂田伝蔵、山田安栄、加部厳夫等を督して其書を編修し、書成りて是を婦女鑑と名く、[78]

西村は、一八八四年一〇月に宮内省文学御用掛に任命され、『幼学綱要』の補遺として婦女の美蹟を集めた書物を編集することを命じられたと記している。『婦女鑑』が『幼学綱要』の補遺として作成されたことは、『婦女鑑』の凡例からもわかり、凡例には「一本省曩ニ幼学綱要ノ編撰アリ。編中往々婦人事蹟ノ模訓ト為スベキ者ヲ載ス。今此書ヲ撰スルニ臨ミ。既ニ綱要中掲ル所ノ者ハ。其重複ヲ避テ。之ヲ収載セズ。橘逸勢女。源渡妻。山内一豊室ノ如キ是ナリ。他亦類推スベシ」とあり、『幼学綱要』に掲載した例話を除いて編纂したことが明言されている。[79]

さて従来、上記の『往事録』の記述から、西村が文学御用掛に任命されてから『婦女鑑』の編纂が始まったと考えられてきたが、宮内庁所蔵史料「婦女鑑　明治孝節録　出版録」に所収の、『婦女鑑』の編纂過程を記録した「婦女鑑編修録」[80]（「女範編修録」と書かれた表題の「女範」の部分が「婦女鑑」と訂正されているもの〔『婦女鑑』は編纂当初「女範」という呼称であった。次項で詳述する〕。なお、この「婦女鑑編修録」に記載されているのは、主に挿画の依頼・受け渡しや印刷等に関する作業が始まった一八八五年一〇月〔後述〕以降の事務的な記録が中心であり、それ以前の『婦女鑑』の内容自体の編纂に関する詳しい記録は少ない）を見ると、『婦女鑑』の編纂は最初から西村に命じられたのではなかったことがわかる。一八八一年四月四日の「一女訓ノ書九部修史館ヨリ借用」という記載で始まり、次に同年一二月一四日に「一篇目伺　仙石七等出仕等」、同月二二日に「一篇目　孝悌　貞節　柔順　慈愛　勤勉　倹約　教育　附録　右之通改正スヘキ旨宮内卿ヨリ高崎四等出仕へ御沙汰」「一編輯ニ従事スヘキ旨侍講ヨリ口達　山田安栄へ」「一同上

文学上局ヨリ達　佐藤誠へ」とある。ここにあげられた「仙石」（仙石政固）、「高崎」（高崎正風）、「山田安栄」は、『幼学綱要』の編纂に関わった人物である(81)。前節であげた元田永孚の回想に「十四年夏ニ至テ書成ル(82)」とあるように、『幼学綱要』の実質的な編纂作業は一旦一八八一年夏頃に終わっていた。その後西洋の例話等の削除に伴う改編が必要となり、下賜は翌年末に行われたことは前述の通りである。つまり『婦女鑑』は、『幼学綱要』の実質的な編纂作業が一段落したと思われる頃に、『幼学綱要』の編纂関係者などによる編纂が企画され、「篇目」が考案されるなどしていたことがわかる。

なお、「婦女鑑編修録」の冒頭一八八一年四月四日に記されている「女訓ノ書」とは具体的に何を指すのかは不明であるが、国史を編集することを目的として漢学者等が集められていた太政官修史館から借用しているところを見ると、日本または中国の書物であると思われる。また、翌一八八二年一月一三日には、「一閨媛典　女史　書籍館ヨリ借用」という記載もある。「書籍館」とは現在の国立国会図書館のことであり(83)、「閨媛典」とは、女性の話を集めた中国の書物『閨媛典』（三七六巻一二二冊。国立国会図書館所蔵）で、「女史」とは、同じく中国の書物『古今女史』（一二巻、詩集八巻、姓氏字里詳節一巻、八冊。国立国会図書館所蔵）のことと思われる(84)。

そして、この二書の借用の記録の直後（一八八二年一月）に、「一川田四等出仕　長　渥美根本モ属ス」と、「川田」（川田剛。号は甕江）が長となった記載がある。川田については、別の記録（文学御用掛における欠勤や当直、任免などを事務的に記録した「御歌所日記(85)」）に、一八八一年一二月二二日、すなわち前述の、高崎正風に宮内卿から篇目の改正の指示があったのと同日に、「一一等編修官従五位川田剛宮内省補四等出仕文学御用掛被　仰付本日出頭」とあり、太政官修史館に勤務していた川田剛が同日宮内省に出仕したことが記載されている。

これに関しては、当時太政大臣であった三条実美から元田永孚への、一八八一年のものと推定されている一二月二三日付け書簡の中に、以下のようにある。

扨川田之一件、今日奏上致候間、自然御下問被為在候哉も難計候間、其節は今朝申陳候事情差含、可然上奏有之度候。三等侍講四等官文部省文学御用掛専務に被仰付候はば、至幸に有之候。御講義は不被仰付候とも、編修之方を専務に被仰付候て充分と相考申候。併兎も角叡慮次第、強而相願訳には無之候。仍此段内密申入置候也[86]。

ここでは、三条から元田に、川田の件で下問があった際には、今朝述べた事情を差し含み、然るべく上奏願いたい、と依頼がなされている。川田が修史館から宮内省に移ったのは、当時太政官修史館において、史料の編修をめぐって同僚の重野安繹（成斎）等との間で意見の対立があり、結局川田らが修史館を去り、機構の刷新が行われることとなったという一件[87]に関係しており、書簡にある「事情」とは、あるいはこのようなことと関係する内容かとも思われる。

いずれにせよ、修史館を去った川田は宮内省に一八八一年一二月二二日に出仕し、翌月の一八八二年一月から『婦女鑑』の編纂の長となったことがわかる。しかし、上述の「婦女鑑編修録」には以後、同年一二月に「一挿画ノ事出板ノ事等取扱向キ侍講ヨリ再達　山田へ」とあるのみで、翌一八八三年の記録は全く空白となっている。そして一八八四年九月の「加部厳夫川田宅へ出張取調」という記載の次に、同年一〇月、「一西村三等出仕　長」と、西村が長になった記載がここで登場する。この時点で川田に代わって改めて西村に『婦女鑑』の編纂の命が下されたわけである。

川田の下で編纂作業がどの程度行われたのかについては、このように「婦女鑑編修録」にはほとんど記録されておらず、詳細は不明である。ただし、前述の「御歌所日記」を見ると、川田の欠勤の記録がしばしば見られることから、逆に出勤はしていたようであることはわかる。なお、「御歌所日記」によると、一八八四年九月一一日に「一宮内省四等出仕従五位川田剛兼任東京大学教授(88)」とあり、川田は東京大学教授兼任になっているため、これを機に『婦女鑑』の編纂の長が交代したという可能性も考えられるが、しかし川田は、西村が『婦女鑑』の編纂を命じられた同年一〇月以後も、「御歌所日記」によると宮内省に出勤しており、西村も前述した回想で記しているように、川田は「維新の時の勤王家の履歴」の編纂（後に出版される宮内省蔵版の『殉難録稿』のこと）等に従事しているため、単純に東京大学教授兼任になったことで『婦女鑑』の編纂を降りたというわけではないと思われる。川田から西村に編纂の長が変更になった理由に関して、西村に焦点を当てて以下で考察してみたい。

西村は、宮内省で『婦女鑑』を編纂することになる以前は、一八七三年に文部省編書課長に就任して以来、同省で編輯局長・報告局長などを歴任していた。主に教科書・辞書等の書籍の編纂に関わる部署に身を置き、自らも『小学修身訓』（文部省印行、一八八〇年）を選録（第Ⅱ部第二章参照）、その他、地方学事巡視の命を受け四度にわたり地方の教育の実情を視察するなどの仕事を行っていた。宮内省の文学御用掛に任命され『婦女鑑』の編纂に携わることになった当時も編輯局長の任にあったが、宮内省への出仕が決まり、文部省は御用掛として兼務となった(89)。

一方、西村と宮内省との関わりは一八七五年に、天皇に洋書を進講していた加藤弘之の後任を命じられて侍講となったのが始まりで、『仏国政典』『輿地誌略』（いずれも洋書の翻訳）等を天皇に進講した(90)。翌年からは、文部省との兼勤に支障をきたすため侍講は辞して宮内省御用掛となったが、侍講同様の勤務は命じられ両省を兼務する状態であった(91)。毎年の年頭の講書始では一八七六年から一八九三年まで洋学の進講者を務めたほか(92)、一八七七年から約三年間、親王四名から依頼され毎月三回洋書（西洋史）の講義を行った(93)。皇后との関わりとしては、講書始などの席に皇后も同席することがあり、さらに皇后には日々「読書」という課業があり、侍講が進講していた(94)。これについては、宮内省侍講局の「侍講日記(95)」（主に、書籍の購入・献納の記録や、講書始・進講・任用・宿直等が記録されている業務日誌）

に詳しい記載があり、「御稽古」（または「御学問」）という呼称で記され、西村も一八七五年以来長年にわたり皇后の「御稽古」に奉仕していることが記録されている。[96] また、前節で述べたように、元田永孚の回想には、『幼学綱要』の編纂に関して、「洋書ニ精キ者ヲ雇ヒ之ヲ択ハシメ且西村茂樹ニ清見ヲ請ヒテ全ク調定シ」と、洋書に詳しい者を雇って西洋の例話を選ばせ、かつ原稿を西村に見てもらったという記述がある。[97]『幼学綱要』の西洋の例話は、前述の通り文部卿からの要請により途中で削除され刊本には掲載されなかったが、その編纂過程に西村が関わっていたことがあったようである。

以上のような文部省および宮内省における活動の他にも、民間では一八七六年に東京修身学社を創設、一八八四年四月にはこれを日本講道会と改め（のち一八八七年にはさらに日本弘道会と改称）、道徳の振興を図る活動の拡大に努めていた。

このような中、西村は一八八四年一〇月に宮内省文学御用掛となり、『婦女鑑』の編纂を命じられた。西村がこの時点で『婦女鑑』の編纂を命じられた背景としては、前述のように、文部省で教科書の編纂の経験があったことや、侍講および御用掛の任務を通して皇后や宮内省関係者から信頼を得ていたであろうこと、『幼学綱要』の編纂過程に多少関係していたこと等があげられるであろうが、加えて、西村がそれまで宮内省に取り立てられていた立場は洋学者としてであった、ということも深い関係があるように思われる。

『婦女鑑』はまず、前述の通り『幼学綱要』編纂関係者が関わる形で『幼学綱要』刊行前の一八八一年頃から企画が始まり、太政官修史館勤務の経歴のある漢学者川田剛に編纂が命じられた。その当時の「宮中」は、一八八一年文部卿となった福岡孝弟の回想によると、「此の時宮中には儒教一方の元田が侍講となつて、其の勢が甚だ盛であつたが、常に西洋学問のみの流行を慨歎してをつた。（中略）元田は宮中の勢力を以て、儒教道徳を天下に弘めようといふので、彼の幼学綱要といふ、支那と日本との事蹟を集めた書物を造つて、これを教化の中心に仕ようとした」[98]という状況であった。年頭の講書始で一八八〇～一八八二年に洋学の進講が無く、漢学担当の元田に加えて西村もこの時だけ漢籍（易経・礼記）を進講しているのも、このような状況と関係していると思われる。

一方、西村が『婦女鑑』の編纂を命じられた一八八四年一〇月には、同年三月から伊藤博文が宮内卿に就任しており、宮内省を近代にふさわしい姿にするための省内の機構改革、皇室財産強化政策の推進、華族制度などの改革を行っていた。特に同年七月の華族令による新たな華族制度創設は、「宮中」の意向を優遇した結果、元田ら「宮中」関係者が伊藤との対抗を和らげる転機となったとともに、授爵式後に夜会を開催するなどにより儀礼の欧米化の糸口ともなったという[99]。また、翌年の華族女学校の開校に向けて準備が進められ、校舎建設が始まるなどしていた時期である[100]。伊藤は華族女学校設立のための準備委員二名のうちの一名を、岩倉使節団とともに渡米後約一〇年間アメリカに留学し一年半ほど前に日本に帰国していた大山捨松に依頼している（他の一名は宮内省御用掛下田歌子。下田は同校の学監に就任[101]）。鹿鳴館時代とも重なり、皇室の近代化・欧米化が目指された時代であった。その後伊藤は「宮中」の儀式や服装の欧米化を念頭に置いた改革を行っていくが、中でも象徴的で重要なのが女性の洋装化であったとされ、実際に皇后が一八八六年七月に初めて洋装して行啓したのが華族女学校であった。以後、皇后は翌一八八七年一月の新年儀式に初めて洋装で登場、同月に女子の洋装を奨励する皇后の思召書が出されるという展開で[102]、華族女学校でも同年五月、翌月からの普通体操の教習開始に伴い在校時は必ず洋服着用という規定が定められた[103]。このように後に欧化政策の舞台の一つになっていった華族女学校に下賜される書物、という役割が編纂時に付与された時点で、『婦女鑑』は必然的に西洋の例話を包含する方向となったであろうことは想像に難くない。『婦女鑑』は『幼学綱要』の補遺という企画から始まったものではあったが、このような流れは元田といえども抗し難かったのではないだろうか。

杉孫七郎（皇太后宮大夫兼内蔵頭）から元田永孚宛年不詳一〇月一三日付け書簡の中には、以下のような記載がある。

今朝川田剛相招、女範之事申聞候処承諾致候而、西邨へ御沙汰相成候上、川田へ女範取調書類引渡候様、御申聞相成度奉存候。右は謹而御請仕候上ハ、少しも不都合無之候。本日御造営之出勤有、以書中申上候。委曲明日出省可申述候[104]。

川田から西村（書簡では「西邨」と記載）への「女範」（『婦女鑑』のこと）の担当の引継ぎに関する内容であることから、この書簡は一八八四年のものと推定できる。「女範」の件について杉が川田に聞いたところ承諾したので、西村への沙汰後に、川田に書類を引き渡すよういってほしい旨を杉が元田に述べている内容で、さらに、謹んでお受けした上は少しも不都合がない、と杉が元田に述べている。この文面だけでは元田が主体的になのか単に伝達しているだけなのかはわからないものの、「女範」の編纂担当の変更について、元田が関わっている、あるいは元田も了承の上でのことであることが察せられる。西村がそもそも侍講に選ばれた理由として、蘭学に触れる以前に儒教を自覚的に学習し、幕末期には藩政に参画したという「特異な洋学者」であったという点が指摘されているのと同様に[105]、『婦女鑑』の編纂に関しても、西村のもつこのような側面が当時の状況下で適当とされたのではないかと推察する[106]（西村の思想等との関係については、改めて第Ⅱ部第二章で詳述する）。

また、このことは、文学御用掛の中での西村という視点を併せてもより一層理解できる。前述の通り、文学御用掛の前身は、宮中和歌を掌る「歌道御用掛」で、一八七五年八月から翌一八七六年一〇月の約一年間だけ「歌道御用掛」と同時に「皇学御用掛」が存在した後、一八七六年一〇月に「歌道御用掛」と「皇学御用掛」が合併して「文学御用掛」となったものである[107]。文学御用掛成立以降は、「歌道の要素以外に皇学に関わる職掌が加わり、国学者や儒学者が任命され、書籍編纂事業などに従事した[108]」。特に一八七九年前後に国学者・儒学者の任命が続いた要因として、同年一月に文学御用掛中に三つの「掛中掛」（「詩文掛」「万葉集註疏」「語言部類編纂」）が設けられて[109]転機を迎えたことなどの他に、「文教政策の振興、教学聖旨の起草が命じられた時期とも重なり、儒教的な道徳教育が強調されたことも関連するものと考えられる[110]」という点があげられている。つまり、文学御用掛の扱っていた分野は、もとは歌道で、それに皇学[111]の要素が加わり、さらに文教政策等に関連しての書籍編纂（『幼学綱要』などを指す）も加わったことで、歌人の他に国学者・儒学者がしだいに採用されるようになっていったという状況にあった。そのような中で、歌人でも国学者でも儒学者でもない、当時は洋学者として宮内省に関わりを持っていた西村が文学御用掛に任命され、その西村に改めて『婦女鑑』の編纂が依頼された、という点から考えても、前述の通り「特異な」洋学者である西村の下で編纂されるにふさわしい書物であると、『婦女鑑』がこの時点で判断されていた、ということが見て取れ、ここに『婦女鑑』という書物の特殊性を見ることができるのである。

2　編纂作業

『婦女鑑』という書名は、当初から決まっていたものではなかった。前述の「婦女鑑編修録」の表題では、「女範編修録」と書かれた「女範」の部分が「婦女鑑」と訂正されており、編纂当初は「女範」という名称であったことがわかる。前述の「御歌所日記」にも、一八八二（明治一五）年三月一〇日に「一　女範取調兼務　佐藤誠」とあり、一八八五年一月二九日に「一伊東十等出仕本日女範編纂掛被申付候」とあることから、少なくとも一八八五年一月までは「女範」という名称が用いられていたことがわかる。後述する、編纂稿本のうちの編纂段階の最も早い「婦女鑑原稿」の巻一・二の題名には、「婦女善行録」と書かれた「善行録」の部分が「鑑」と訂正されていることを併せて見ると、「婦女鑑」という名称は、「女範」から「婦女善行録」を経て「婦女鑑」となったことがわかる。なお、「婦女鑑編修録」の中の一八八五年一〇月二〇日に「婦女鑑」という記載が見られることから、同年二月から一〇月までの間に「婦女鑑」という名称に定まったものと考えられる。

西村とともに『婦女鑑』編纂に携わった人物としては、『往事録』には坂田伝蔵・山田安栄・加部厳夫の名前があげられている。ただし、西村も「等」を付けているように、編纂稿本にはこの三名以外の名前も記されている。宮内庁に所蔵されている『婦女鑑』の草稿史料には、「婦女鑑原稿」（六冊）、「婦女鑑西洋篇草稿」（六冊）、「婦女鑑草稿」（六冊）という三つの編纂稿本と、校正用の「婦女鑑校正刷」（六冊）がある（詳しくは第Ⅰ部第三章参照）。「婦女鑑原稿」と「婦女鑑西洋篇草稿」の最終頁には共に、「編纂　西村茂樹」「修文　加部厳夫」「翻訳　坂田伝蔵」「校文　伊東祐命」「同　谷勤」との記載があり、「婦女鑑原稿」の方にはこの記述全体に上から墨で×が付けられている。これが刊本に近い編纂稿本である「婦女鑑草稿」になると、朱で「奥附ノ前ニ挿ムコト」とした頁に「婦女鑑編纂氏名」「宮内省三等出仕文学御用掛　西村茂樹　編纂」「宮内省文学御用掛　山田安栄　校勘」「宮内省文学御用掛　加部厳夫　修文」とある。これは刊本の記載と同じで、刊本には坂田・伊東・谷の名前は記されていない。また、前述の「婦女鑑編修録」には、西村が編纂の長となった記載の次の記載として一八八四年一〇月二四日に「一書記官山口ヨリ改テ口達　山田　加部　渥美　根本へ」とある。このことは「侍講日記」の同日にも記載があり、そこにはこの四名に対して、「右者西村三等出仕女範編輯御用被仰付候ニ付而者従前川田出仕へ扈従の通り御用可相勤旨被申渡候事」、すなわちこれまで川田に従っていた通り西村の下で「女範」の御用を勤めること、という達があったことが記載されている。また、「婦女鑑編修録」の翌一八八五年（月日記載なし）には「伊東祐命掛トナル　書記官口達」とある。つまり、刊本に記してある西村茂樹・山田安栄[113]・加部厳夫[114]の他に、坂田伝蔵[115]・伊東祐命[116]・谷勤[117]（他に、川田剛が長となっていた時代から含めて、佐藤誠[118]・渥美正幹[119]・根本承弼[120]）といった複数の文学御用掛関係の属僚が西村とともに編纂作業に携わっていたことがわかる。

編纂作業のことを示す資料としては、山田の回想に、「先生には（中略）篇目の立方和漢洋に亙りての材料簡撰等に多大の精考苦心を積れたり」と、西村が徳目構成や和漢洋の材料選択に精考苦心したことなどが記されている。(121)

西村から元田への書簡（年不詳一二月二四日付け）の中にも、以下の通り編纂作業に関する記述が見られる部分がある。

然ば女範之義に付云々之趣敬承仕候。右は仰之通、和漢洋之分は、大概材料相揃居候間、其内に就き更に取捨いたし、只今文章上之修正に取掛居申候。下官儀は十六日母方伯父病死仕、夫より忌引罷在、明後二十六日より忌明、出勤之心得に御座候へ共、四五日已前より風邪に感じ、未だ平臥罷在候間、明後日の出勤も無覚束奉存候。右之次第故宜敷御諒承被下度、先は貴答迄、早匆如此御座候。(122)

「女範」に関して例話の取捨選択や文章の修正を行っていることを西村が元田に述べている。前述の通り、少なくとも一八八五年一月までは「女範」という名称が用いられ、同年一〇月二〇日の記録以降に「婦女鑑」という名称が記述されるようになっていること、また、前述の「婦女鑑編修録」には、同年一〇月の時点で「婦女鑑六冊」という記載があり、「洋画」は工部大学校へ、「和漢」の画は松本楓湖へ依頼するという挿画の依頼の記録が始まっていることから、すでにこの時点で『婦女鑑』六巻の構成はおおむね出来上がっていたと考えられることから、この書簡は一八八四年のものと考えられる。さらに、この書簡の後半部分で述べられている、西村が母方伯父の死亡に伴い忌引を取ったのは、宮内省の記録によると一八八四年一二月であり、(123)そこにはこの書簡による届け出（忌引明けの引き続きの欠勤）と対応する「西村茂樹除服出仕被　仰付候所所労ニ付今日ヨリ引籠可申旨届出」という記載（「御歌所日記」明治一七年一二月二五日条）もあることから、この書簡は一八八四年のものと特定できる。(124)

「侍講日記」によると、西村が宮内省出仕に補せられたのは一八八四年一〇月一〇日であるが[125]、前述の杉孫七郎から元田永孚への書簡（同月一三日付け）および前述の同月二四日の「侍講日記」の記載内容を併せて見ると、西村の下で「女範」の編纂が本格化し始めたのは一〇月中旬または下旬以降であると考えられることから、元田への書簡の一八八四年一二月二四日は、西村の下での編纂開始から約二ヵ月が経った頃である。文面によれば、「女範」の件について元田が西村にした「女範之義に付云々」の内容（その詳細は記されていない）を西村が承ったとしている。そして、この時点で、和漢洋の「材料」は大体揃っており、その中から例話を取捨選択したり文章を修正したりしている段階ということを西村は元田に述べているのである。この、和漢洋の材料が大体揃っている、というのが、川田の時代からある程度収集されていたものなのか、あるいは西村が就任して約二ヵ月の間に揃えたものなのか、あるいは両者が混ざっているのかは、この文面からはわからない。ただし、川田が編纂の任にあった一八八二年五月の記録に、文学御用掛が女訓書等をまとめて一六種購入している記録があり、仮にこれが「女範」編纂用として購入されたとすると、川田の時代に材料がある程度収集されていた可能性も考えられる[126]。しかし、前述の通り、西村が長となった翌月に、編纂稿本に「翻訳　坂田伝蔵」と記された坂田が文学御用掛に任命されているところを見ると、西村の下で西洋の例話に関連する洋書の翻訳作業を含めた編纂作業が行われていたことも窺える。

また、編纂稿本「婦女鑑原稿」および「婦女鑑西洋篇草稿」には、西村の自筆とされている、徳目と徳目の説明文の草稿が数種残っており、西村が徳目構成について検討を行ったり、徳目の説明文の草稿を執筆したりしていたことがわかる。その徳目構成は、前述の「婦女鑑編修録」の初めに記載された当初の「篇目」の名称や構成とは異なっていることから、西村が編纂の長になった以降に、再び徳目名等の検討が行われたことがわかる（詳しくは第Ｉ部第三章で扱う）。

なお、「婦女鑑編修録」には、前述の通り主に挿画の依頼・受け渡しや印刷作業に関する事務的な記録が多く、『婦女鑑』の内容自体の編纂に関する詳しい記録は記載されていないが、挿画の依頼等に関する記載が一八八五年秋頃から始まっていることから考えると、西村の下では主におおむね一八八四〜一八八五年にかけて内容自体の編纂作業が行われていたのではないかと推察する。(127)

挿画や印刷等に関する「婦女鑑編修録」の記録の中で、注目すべき事項を取り出すと、(128)まず、挿画については、『幼学綱要』の挿画も担当した松本楓湖の他に、西洋画については大庭学仙・曽山幸彦・浅井忠・狩野良信等の名前が記録に見える。初め一八八五年一〇月の段階で和漢の画は松本へ、西洋の画は工部大学校へ依頼され、翌一八八六年三月の時点で大庭が西洋図の写し一枚を作成しているが、同月「学仙写図ノコトハ廃止トナル」とあり、大庭への依頼は中止された。それと前後して同月、曽山幸彦(129)に依頼する記録等もあり、同年三〜六月には曽山・浅井・狩野の名前が盛んに見られ、原図と写しのやりとりが行われている。記録を総合すると、西洋の例話の挿画は、巻一〜三に関しては曽山の原図を松本が写し、巻四〜六に関しては浅井の原図を狩野が写して制作されていたことがわかるが、(130)同年六月一日に「原図幷ニ写シ元田殿ヲ歴テ　御手元へ上ル」「翌日御下（朱書）」、翌二日に「西洋画原図者曽山写松本ニテ浅井狩野ノ分不揃認直し云々御沙汰ノ旨西村殿ヨリ承ル」と、不揃いを直すよう沙汰があったことが記されており、以後、浅井と狩野が担当した巻四〜六の分に関して、曽山と松本によって「改写」が行われた。この「改写」には、一八八六年六月から翌一八八七年五月まで、約一年の期間を要したため、(131)出版予定時期は延びたものと思われる。前述した、『婦女鑑』の内容自体の編纂の時期と、『婦女鑑』が出版された時期に開きがあるのも、このような挿画の改写作業が入ったためと推察できる。

他に、印刷は一八八六年三月に吉川（吉川半七。現在の吉川弘文館）に内定されたこと、序文（皇太后宮大夫兼内蔵頭杉孫七郎による）は同年七月に受け取り印刷に回されていること、巻一～六の試し刷りは同年八月から翌年六月にかけて、上述の挿画の改写と並行して行われていたこと、一八八六年一一月に凡例と編纂氏名の決裁がなされたこと、等も記録されている。なお、このような事務的な作業の記録の中にも西村の名前は所々登場し、挿画の受け取りや校閲なども行っていたことがわかる。また、上述したように、挿画が元田を経て「御手元」（ここでは天皇あるいは皇后を指すと考えられる）に届けられており、その沙汰は西村から係に伝えられている。他には、同年九月二九日に「一二弐冊中直し　元田殿意見ノ処　西村殿ヨリ承ル」との記載が見られ、これは、試し摺りの段階において元田が意見を述べ（意見の内容は記されていない）、それを西村が係に伝えているということである。このように、『婦女鑑』の編纂に際して元田の関与が全くなかったわけではないことはわかるが、もともと「婦女鑑編修録」には内容の編纂を行っていたと思われる時期の記録が少ないため、元田の名前が見られるのはこの二ヵ所のみである。

校閲に関しては、「婦女鑑校正刷」にも編纂時期に関する記載が見られる。巻二に「十二月顧問官閲了」[132]、巻三に「十二月顧問官閲了」、巻四に「十九年十二月刻成」「廿年一月九日顧問官閲了」[133]と、いずれも朱書きされている。また巻三には「閲山田」という朱書きもあり、山田安栄が校閲に携わっていたこともわかる。

こうして『婦女鑑』は一八八七年七月に完成し、板権届がなされた。刊本の奥付は、「明治二十年七月二十一日板権届」「同年同月出版」「宮内省蔵版」となっている。『婦女鑑』の下賜先等に関しては、詳しくは第Ⅱ部第三章において扱うが、ここでも少し触れておくと、『婦女鑑』はまず天皇と皇太后に献じられ、嘉仁親王（後の大正天皇）に渡された後、同年一〇月一三日には、親王・内大臣・内閣総理大臣・宮内大臣・侍従長・宮内次官・皇太后宮大夫・皇后宮大夫・宮中顧問官元田永孚・その他の宮内諸官に各一部が下賜された。このことは、『明治天皇紀』の明治二〇年一〇月一三日条に以下のように記されている。

皇后、婦女鑑を親王・大臣以下に賜ふ、是れより先、皇后屢々華族女学校に臨み、其の肄業を覧たまひ、女子教育の本は女児の徳性を涵養するにありと思召され、深く之れが課本の必要を感じたまふ、仍りて宮内省三等出仕西村茂樹等に懿旨を伝へ、広く和漢洋の諸書を渉猟し、婦女言行の亀鑑と為るべきものを採録し、之れを編修せしむ、是の年六月成る、婦女鑑と称す、総て六巻、皇太后宮大夫子爵杉孫七郎をして序を撰せしむ、先づ天皇並びに皇太后に献じたまひ、又嘉仁親王に進む、是の日親王・内大臣・内閣総理大臣・宮内大臣・侍従長・宮内次官・皇太后宮大夫・皇后宮大夫及び宮中顧問官元田永孚其の他宮内諸官に各一部を頒賜したまふ、明年一月華族女学校生徒に各一部を下賜す、後普く之れを各女学校等に頒つ、幼学綱要と並び行はる、[134]

また、ここにも記されている通り、翌一八八八年一月には華族女学校生徒に一部ずつ下賜された。華族女学校は、皇后の懿旨により設立された宮内省所轄の学校で、満六歳から一八歳まで（すなわち現在の小・中・高校生の学齢に該当する）の華族の女子を教育することを目的としたが、華族以外からも志望者を募集した。[135]それまでは学習院が男女共に華族の子女の教育を請け負っていたが、女子のみで独立した形となったもので、一八八五年九月に設置、一〇月から仮授業が開始され、一一月には開校式が行われた。後には一九〇六年に学習院に併合されて学習院女子部となり、一九一八年には再び独立して女子学習院と称した。皇后はしばしば同校を訪問して、授業を参観したり菓子等を持参したりし、また一八八七年三月には同校に「金剛石」「水は器」の歌を下賜するなどしていた。[136]『婦女鑑』が完成すると皇后は一八八八年一月、同校の生徒に『婦女鑑』を一部ずつ下賜したのである。また、下賜本の印刷を行った吉川半七が印刷発売を許可されて、『婦女鑑』は一般にも発売された（詳しくは第Ⅱ部第三章参照）。

以上、本章では『婦女鑑』成立に至る事情を述べてきた。『婦女鑑』成立には、さまざまな要素が関わり、長い事情が存在したことがわかる。前述した宮本の指摘するところの「明治新政府の基盤自体が未だ予断を許さない情勢下にあった」時期において、宮内省においては、皇后の内意を受けた『明治孝節録』の出版やその続編の企画など、歌道や国学に止まらない、地方を意識した書籍編纂事業等が文学御用掛において行われていった。同掛に「風教」に資する活動に積極的な構成員が存在したことも注目すべきであり、このような流れの中で、「教学大旨」「小学条目二件」の趣旨実現のため、彝倫道徳を教育の主本として本末を明らかにする意向をもって、明治天皇の内意を受けた『幼学綱要』の編纂が元田を中心に行われた。皇后の内意によりこの『幼学綱要』の補遺として作成されることとなった『婦女鑑』は、『幼学綱要』の編纂が一段落した一八八一年頃の文学御用掛において編纂の企画がなされ始め、ちょうど修史館から宮内省に移った漢学者川田剛が翌年初頭から編纂の長となった。しかし、一八八四年宮内卿となった伊藤博文の影響下で、後に欧化政策の舞台にもなっていく華族女学校の設立準備が進められることとなり、『婦女鑑』が同校に下賜される書物、という役割を有することになった時点で、『婦女鑑』は『幼学綱要』の補遺という性格に加え、華族女学校向けという新たな性格を持つに至ったと考えられる。『婦女鑑』の編纂は、川田に代わって同年、皇后への進講などでも関わりがあった「特異な洋学者」である西村に改めて命じられ、次章で見るように西村の下で徳目構成等が改めて検討されて編纂作業が行われ、完成後華族女学校生徒に下賜されたのである。

註

（1）「修身教科書総解説」（海後宗臣編『日本教科書体系　近代編』第三巻　修身(三)、講談社、一九六二年）五九六頁。

（2）『明治孝節録』に関する主な研究として、西谷成憲「『明治孝節録』に関する研究　明治初期孝子節婦褒賞との関連において」（『多摩美術大学研究紀要』第一一号、一九九七年）、勝又基「善人伝のゆくえ―『明治孝節録』と新聞」（『文学』第五巻第一号、岩波書店、二〇〇四年）がある。

（3）近藤芳樹編『明治孝節録』宮内省、一八七七年（国民精神文化研究所編『教育勅語渙発関係資料集』第一巻、国民精神文化研究所、一九三八年〔復刻版、コンパニオン出版、一九八五年〕）三〇三―三〇四頁。

(4) 同上、三〇五―三〇六頁。
(5) 「歌道御用掛」と「皇学御用掛」(一八七五〜一八七六年の約一年間だけ「歌道御用掛」と同時に存在)は、「文学御用掛」の前身で、一八七六年一〇月に両掛が合併して「文学御用掛」となった。「文学御用掛」は一八八六年二月まで存続した(宮本誉士『御歌所と国学者』〈久伊豆神社小教院叢書九〉弘文堂、二〇一〇年、一三六頁、一六九―一七〇頁)。
(6) 同上、一五一―一五三頁。
(7) 同上、一五四頁。
(8) 「諸官府賞典録」(「官府賞与の簿冊等」)について、西谷成憲は、「『大蔵省考課状』の簿冊記録を中心にとりあげ、それに『府県史料』などから補完したのではないか」と推察しているが(前掲「『明治孝節録』に関する研究　明治初期孝子節婦褒賞との関連において」一〇六頁)、勝又基は、「実際に『大蔵省考課状』の本文にあたってみると、必ずしも『明治孝節録』の直接の典拠であったとは言い難」く、典拠としては不十分で、また、『明治孝節録』の編纂時期(近藤芳樹の日記によって、一八七五年五〜一〇月頃と推定される)との関係から、「『府県史料』が『明治孝節録』の編纂に用いられた可能性は極めて低い」とし、「たしかに簿冊類の利用はあったようである」が、「新聞や写本・刊本孝子伝など」から採録した部分があったことを明らかにしている(前掲「善人伝のゆくえ―『明治孝節録』と新聞」六六―六八頁、七三頁)。
(9) 前掲『明治孝節録』三〇七頁。
(10) 同上、三〇九頁。
(11) 前掲「『明治孝節録』に関する研究　明治初期孝子節婦褒賞との関連において」。
(12) 前掲『御歌所と国学者』三〇三頁。
(13) 第Ⅱ部第三章第一節も参照願いたい。
(14) 宮内庁書陵部宮内公文書館所蔵「出版録」(庶務課、自明治一〇年至明治一六年)明治一〇年第二号。
(15) 前掲「出版録」(庶務課、自明治一〇年至明治一六年)明治一三年第二号。なお、続編は結局刊行には至らなかった。その理由等については未詳である。
(16) 前掲「善人伝のゆくえ―『明治孝節録』と新聞」七四頁。
(17) 前掲『御歌所と国学者』三二五頁。

(18)「編纂ノ儀ニ付伺書写」として残っている(福羽美静『硯堂叢書』八尾書店、一八九五年、一七三—一七四頁所収)。
(19)前掲『御歌所と国学者』一四四—一四六頁。宮内庁『明治天皇紀』第四、吉川弘文館、一九七〇年、七五〇頁(一八七九年九月一六日条)。
(20)前掲「編纂ノ儀ニ付伺書写」一七三頁。
(21)西村茂樹『往事録』(日本弘道会編『西村茂樹全集』第三巻、思文閣、一九七六年)六四四頁。
(22)「御歌所日記」の記録上では、「歌道御用掛」とともに「御歌掛」という名称の記録も混在しており、「御歌掛」の名称も使われていたようである(宮内庁書陵部宮内公文書館所蔵「御歌所日記」御歌所、自明治八年至明治一一年)。
(23)近藤芳樹が所属した他に、「宮内省雇」の加部厳夫と安部真貞が、それぞれ一八七六年二月と五月に「皇学御用掛附属」を申し付けられた記録がある(宮内庁書陵部宮内公文書館所蔵「侍講日記」侍講局、明治九年)。
(24)前掲『御歌所と国学者』一三四—一三六頁、一六九—一七〇頁。
(25)同上、一五〇頁。
(26)同上、一四六頁。
(27)『古事記』『日本書紀』『万葉集』をはじめとする膨大な資料を用いてその各種用例をまとめる作業で、結局文学御用掛の廃止とともに未完成のまま中止となったようであるという(同上、一五九頁、一六五—一六六頁)。
(28)のちに近藤芳樹著、中川恭次郎編『万葉集註疏』(歌書刊行会、一九一〇年)として出版されている。
(29)近藤芳樹『十符の菅薦』(一八七六年)、同『陸路廼記』(一八八〇年)、高崎正風『埋木廼花』(一八七六年)、同『千草の花』(一八八〇年)、児玉源之丞『扈蹕日乗』(一八八五年)、池原香穉『美登毛乃数』(一八八二年)と、この時期に多数編纂された。
(30)前掲『御歌所と国学者』一六二頁。
(31)ただし、明治天皇の巡行に供奉した紀行である前掲の著作の中においては、紀行文の中で所々和歌や漢詩が詠まれていたり、末尾に関係者の詠んだ和歌がまとめて附録として掲載されていたりするため、これらが全く和歌と無関係というわけではない。
(32)田中彰『近代天皇制への道程』吉川弘文館、二〇〇七年復刊(初版は一九七九年)、三—六頁、二一九—二四三頁、西川誠『明治天皇の大日本帝国』講談社、二〇一一年、一四四—一四六頁、等。
(33)宮内庁書陵部宮内公文書館所蔵「図書出版録」(調度課、自明治一一年至同一五年)、同「図書出版録」(調度課、自明治一六年

至同一九年）、および同「婦女鑑　明治孝節録　出版録」（図書寮、自明治二〇年至同四四年）の中にある、『明治孝節録』の印刷関係記録を筆者が集計したもの。一八七八年には二三〇部、一八七九年には一一〇〇部、一八八一年には七〇〇部、一八八二年には二八〇〇部、一八八三年には三〇〇部、一八八四年には八〇〇部、一八八五年には六〇〇部、一八九一年には五〇部、一八九二年には五〇部、一八九三年には一〇〇部が印刷されている（前掲「婦女鑑　明治孝節録　出版録」には、一八九四年以降の『明治孝節録』の印刷は記録されていない）。『明治孝節録』の印刷発売を行った書肆として、村上勘兵衛、吉川半七、穴山篤太郎、西口忠助の名前が記されているが、六七三〇部中、吉川半七が印刷に関わった部数は、連名のものを含めると五七〇〇部にのぼる。

（34）一八八〇年九月一一日に文部省地方学務局が各府県に対して出した通牒の中で、甲号書籍（書中に小学校教科書として妥当でない条項がある書）として指定された（内閣記録局編『法規分類大全　学政門　二』二八七―二八八頁）。

（35）内閣文庫所蔵、文部省地方学務局・文部省普通学務局『調査済教科書表』自明治一三年一〇月至明治一八年二月（復刻版、芳文閣、一九八五年）一七頁、四二頁、五一頁。

（36）文部省達第二一号、一八八〇年一二月一八日（前掲『法規分類大全　学政門　二』二八九頁）。

（37）大森正「明治一三年の文部省地方学務局による教科書調査に関する考察」（『教育学研究集録』第一一集、東京教育大学大学院教育学研究科、一九七二年）六一―六三頁。中村紀久二「解題」（前掲『調査済教科書表』）二六―二七頁。

（38）「調査済中学校師範学校教科書表」第二号、一八八三年二月二八日（前掲『調査済教科書表』）一八二頁。

（39）「調査済小学校教科書表」第二二号、一八八四年一一月（前掲『調査済教科書表』）一五九頁。

（40）前掲「『明治孝節録』に関する研究　明治初期孝子節婦褒賞との関連において」一一一頁。

（41）石川県教育史編纂委員会編『石川県教育史』第一巻、石川県教育委員会、一九七四年、四九七頁。茨城県教育会編・発行『茨城県教育史』上巻、一九五八年、七四九―七五〇頁。

（42）『幼学綱要』に関する主な研究としては、戸田浩曉『幼学綱要奉体の研究』（『大倉精神文化研究所紀要』第五冊）躬行会、一九四四年、海後宗臣「教育勅語渙発関係資料集第一巻解説」（前掲『教育勅語渙発関係資料集』第一巻）、矢治佑起「『幼学綱要』に関する研究―明治前期徳育政策史上における意味の検討―」（『日本の教育史学』第三三集、教育史学会、一九九〇年）がある。また、教育勅語成立史の研究の中で扱われたものとして、稲田正次『教育勅語成立過程の研究』（講談社、一九七一年）、海後宗臣『教育勅語成立史の研究』（私家版、一九六五年）などがある。

(43)『幼学綱要』宮内省（前掲『教育勅語渙発関係資料集』第一巻）二九頁。
(44)「小学条目二件」（前掲『教育勅語成立史の研究』一一八頁、前掲『幼学綱要奉体の研究』五―六頁など。
(45)例えば、前掲『教育勅語渙発関係資料集』第一巻）三―四頁。
(46)元田永孚「古稀之記」（元田竹彦・海後宗臣編『元田永孚文書』第一巻、元田文書研究会、一九六九年）一八二頁。
(47)「幼学綱要編纂主意」（教学局編『教育に関する勅語渙発五十年記念資料展覧図録』内閣印刷局、一九四一年）二〇頁。
(48)同上、二〇頁。
(49)ただし、徳目は刊本とは異同がある（前掲「『幼学綱要』に関する研究―明治前期徳育政策史上における意味の検討―」四〇―四一頁）。
(50)戸田の研究には、その過程の一部が示されている（前掲『幼学綱要奉体の研究』二五―二九頁、八七―九六頁）。
(51)元田永孚「日記」（前掲『元田永孚文書』第一巻）二四六頁。
(52)同上、二六七頁、二九四頁、二九八―二九九頁。
(53)宮内庁書陵部宮内公文書館所蔵「編輯録」（侍講局、自明治一二年至明治一七年）第一号・第二号。
(54)前掲「編輯録」第一号。
(55)前掲「古稀之記」一八二―一八三頁。
(56)第Ⅱ部第三章も参照願いたい。
(57)前掲『幼学綱要奉体の研究』三二頁。頒賜の部数については、三二頁以下に詳しい。前掲「『幼学綱要』に関する研究―明治前期徳育政策史上における意味の検討―」四一―四三頁。
(58)森川輝紀『教育勅語への道　教育の政治史』三元社、一九九〇年、一一〇頁。
(59)「幼学綱要頒賜勅諭」（前掲『教育勅語渙発関係資料集』第一巻）二七頁。
(60)「教学大旨」（前掲『教育勅語渙発関係資料集』第一巻）三頁。
(61)『幼学綱要』（前掲『教育勅語渙発関係資料集』第一巻）二九―三〇頁。
(62)同上、三一頁。
(63)このことについては、すでに戸田の研究等において明らかにされていた（前掲『幼学綱要奉体の研究』九―一〇頁、一二―一三頁、参照)。

(64) 前掲「古稀之記」一八三頁。

(65) 前掲『幼学綱要奉体の研究』一四頁。

(66) 前掲「編輯録」第一号。

(67) 斎藤恒太郎は近藤真琴の教え子で、攻玉社の教官、学習院教授を務めた人物であり、斎藤恒太郎纂述『和訳英文熟語叢』(近藤真琴〔攻玉社蔵版〕、一八八六年)の著書がある(惣郷正明「近藤眞琴と斎藤恒太郎」〔『三省堂ぶっくれっと』五六、一九八五年五月〕三九頁)。

(68) 杉江京子「『幼学綱要』挿画成立事情考―松本楓湖・五姓田芳雄・月岡芳年との関わりをめぐって―」(『美術史研究』第四九冊、早稲田大学美術史学会、二〇一一年)九四頁。

(69) 一八八〇年一二月一四日の時点で「一二十編活字本摺立申立」とあり、同日に挿画を松本楓湖・五姓田芳雄・月岡芳年に申し込んでいる(前掲「編輯録」第一号)。

(70) なお、戸田の研究で、「幼学綱要校訂用本」に中村閲本という記載があるものが含まれていて中村正直が校閲者の一人であったことが知られている(前掲『幼学綱要奉体の研究』八五頁)。

(71) 一八八一年一二月と翌年六月の二回にわたり出版延期届が出され、出版は延期された(前掲『幼学綱要奉体の研究』一六頁。前掲「『幼学綱要』に関する研究―明治前期徳育政策史上における意味の検討―」三九頁)。

(72) 前掲「編輯録」第一号。

(73) 前掲「編輯録」第二号。

(74) 東京大学総合図書館所蔵の「幼学綱要」二種(杉江の研究でいう「東大活字本」および「「書陵部本」の異本」。前掲「『幼学綱要』挿画成立事情考―松本楓湖・五姓田芳雄・月岡芳年との関わりをめぐって―」九一頁、九三頁)。

(75) 前掲「図書出版録」(調度課、自明治一六年至同一九年)明治一六年第一号には、西洋の例話が削除される以前の「旧刻幼学綱要」の諸費に関する書類があり、刊本に掲載されなかった西洋の例話の挿画に関する「画版下費」「画彫刻費」に関する記録があり、そこには「ピエール」「エドモント」「ネルソン」「ソコレイトス」「セイムストル」「エウシエーヌ」「伊太利シラテ」「アンシエロ」「フオックス」「ガスライン」「メリーアン」「ホトツキ」「グレルク」「ワシントン」「ラウエレット」という、挿画に描かれた例話の人名と思われる語が記されている。
(76) 前掲「『幼学綱要』挿画成立事情考―松本楓湖・五姓田芳雄・月岡芳年との関わりをめぐって―」九四―九五頁、一〇〇―一〇二頁。九話の挿画について、その例話の典拠が、『童蒙をしへ草』『西国立志編』『訓蒙勧懲雑話』ではないかと推測されている。これに関しては、『婦女鑑』の出典とも関係することであるため第Ⅰ部第五章も参照願いたい。
(77) 「読本」には一般的な「教科書」という意味の他に、狭義には「国語の「講読」用の教科書」を指す場合もあるが、内容的には修身のための「教科書」(または副読本)と考えるのが自然であると考える。
(78) 前掲『往事録』六四四頁。
(79) ただし、『婦女鑑』の「斉田稷母」の話は『幼学綱要』にも掲載されている。
(80) 宮内庁書陵部宮内公文書館所蔵「婦女鑑　明治孝節録　出版録」(図書寮、自明治二〇年至同四四年)追加第二八号。
(81) 宮内庁書陵部宮内公文書館所蔵「御歌所日記」(御歌所、自明治一二年至明治一四年)によると、山田安栄については、一八七九年一〇月二二日に「宮内省雇文学御用掛」、一八八一年一二月二七日に「宮内七等属文学御用掛兼侍講附」を申し付けられた記録がある(後に一八八三年一月の時点では「宮内六等属」との記録あり〔後述〕)。佐藤誠は、山田と同日の一八七九年一〇月二二日の記録に、「宮内省雇文学御用掛」とあるため、『幼学綱要』編纂時期にも文学御用掛に雇として所属していた人物である。
(82) 前掲「古稀之記」一八二頁。
(83) 現在の国立国会図書館の名称は、「書籍館」から「東京書籍館」、「東京府書籍館」を経て、「東京図書館」と改称(一八八〇年七月)されていたが、ここでは旧称で記載されたもようである。
(84) 「婦女鑑編修録」には、一八八五年七月一一日に「一女史八冊　閨媛典百廿二冊　東京図書館へ返却セリ」と、返却したことが記されている。なお、『閨媛典』に関しては、「閨媛典抄録」という名称で『婦女鑑』の例話一話の出典として「婦女鑑原稿」の中に記録されている(第Ⅰ部第五章参照)。
(85) 前掲「御歌所日記」(自明治一二年至明治一四年)。
(86) 沼田哲・元田竹彦編『元田永孚関係文書』山川出版社、一九八五年、三三九頁。
(87) 田中彰『岩倉使節団の歴史的研究』岩波書店、二〇〇二年、一〇一頁、二八四頁。宮地正人・佐藤能丸・櫻井芳樹編『明治時代史大辞典』第二巻、吉川弘文館、二〇一二年、二二八頁。同第一巻、二〇一一年、六〇三頁。

(88) 宮内庁書陵部宮内公文書館所蔵「御歌所日記」(御歌所、自明治一六年至明治一九年)。
(89) 前掲『往事録』六四四―六四五頁。
(90) 宮内庁『明治天皇紀』第三、吉川弘文館、一九六九年、四四六頁、五五四―五五五頁。
(91) 前掲『往事録』六二三―六二五頁。
(92) 中野目徹「洋学者と明治天皇―加藤弘之・西村茂樹の「立憲君主」像をめぐって―」(沼田哲編『明治天皇と政治家群像　近代国家形成の推進者たち』吉川弘文館、二〇〇二年)所収の表「明治年間の講書始進講者と進講題目」。
(93) 前掲『往事録』六二八―六二九頁。
(94) 前掲『明治天皇紀』第三、五五四頁。
(95) 前掲「侍講日記」(侍講局、明治八年から明治一九年までの年次別)。
(96) 例えば西村は一八七五年には『万国新史』『西洋事情外編』を「御稽古」で扱っている。「御稽古」ではある程度の期間を通じて一冊の書物が扱われていたようであり、『明治天皇紀』等には一八八二年四月に西村が皇后に『物理階梯附録』を進講したという記述があるが(宮内庁『明治天皇紀』第五、吉川弘文館、一九七一年、六九二頁。前掲『往事録』六二四頁)、この『物理階梯附録』に入る前に、複数回にわたり『物理階梯』を「御稽古」で扱っていた記録が見られる(前掲「侍講日記」明治一二年)。
(97) 前掲「古稀之記」一八三頁。
(98) 福岡孝弟「余の文部卿当時」(『教育時論』第九八二号、一九一二年七月)、一五頁。
(99) 坂本一登『伊藤博文と明治国家形成―「宮中」の制度化と立憲制の導入』吉川弘文館、一九九一年、一〇五―一四三頁。
(100) 女子学習院編『女子学習院五十年史』女子学習院、一九三五年、二一二―二一四頁。
(101) 久野明子『鹿鳴館の貴婦人　大山捨松―日本初の女子留学生』中央公論社、一九八八年、一八二―一八六頁。
(102) 宮内庁『明治天皇紀』第六、吉川弘文館、一九七一年、六二二頁、六七五頁、六八〇頁。
(103) 同上、七四六頁。「華族女学校第二年報」(自明治一九年八月至同二〇年七月)一頁。
(104) 「元田永孚関係文書補遺」(『青山史学』第一〇号、一九八八年)九三―九四頁。
(105) 前掲「洋学者と明治天皇―加藤弘之・西村茂樹の「立憲君主」像をめぐって―」一二一頁。
(106) 宮内庁所蔵の関係史料や、『元田永孚関係文書』等の関係文書類を調査したが、『婦女鑑』やその他の宮内省の編纂事業に関する、上層部の意向・方針を明確に示す文書は、本章で扱ったものの他には管見の限りみつからなかった。

(107) 前掲『御歌所と国学者』一三四―一三六頁、一六九―一七〇頁。文学御用掛は以後、一八八六年二月に廃されて侍従職に「御歌掛」が設けられるまで約一〇年間存続した（この際に「「御歌掛」となったのは僅かに九人であり、多くのメンバーが廃されたことは、明治十八年（一八八五）十二月二十二日の政府の機構改革に基づく伊藤博文の宮中改革の一環であった」とされる〈同上、一四頁〉）。なお、「「歌道御用掛」「皇学御用掛」「文学御用掛」「御歌掛」については、（中略）明確な職掌を記した文言は確認し得ず、宮内庁書陵部所蔵『御歌所日記』をはじめとする御歌所関係史料や当時在籍した面々の足跡を通して推察するほかはない」とされている（同上、一三六頁）。

(108) 同上、三三六頁。

(109) 前掲「御歌所日記」（自明治一二年至明治一四年）一八七九年一月一三日条。

(110) 同上、一六六―一六七頁。

(111) 同上書によると、「明治初期においては「国学」よりも「一般的としては「皇学」のほうが優勢」であった時代背景からすれば、「国学」とほぼ同様の意味合いで「皇学」の語が掛名に用いられたものと考えられる」とされる（同上書、一六九―一七〇頁）。

(112) 前掲の「御歌所日記」（自明治一六年至明治一九年）によると、一八八五年一月二九日を指す。

(113) 山田安栄に関しては、前掲の注を参照願いたい。なお、一八八三年一月三一日の記録には「宮内六等属」との記載が見られる（前掲「図書出版録」〈調度課、自明治一六年至同一九年〉明治一六年第一号）。宮内省において各種書籍の編纂作業に携わった（前掲『御歌所と国学者』一七二頁）。

(114) 加部厳夫は、福羽美静の門人で、「明治十年（一八七七）二月二十日に「文学御用掛」を仰せ付かった加部の人事には、恐らく福羽が関与したことであろう」とされている（前掲『御歌所と国学者』一三九頁。ただし、前述の通り、一八七六年二月の記録にも「宮内省雇」の加部が「皇学御用掛附属」を申し付けられた記載がある〈前掲「侍講日記」明治九年〉。一八七九年一〇月二二日には「宮内省十三等出仕」となった〈前掲「御歌所日記」自明治一二年至明治一四年。一八八三年九月時点の記録でも同等〉）。なお、同日記には、一八八一年六月一三日には、加部が同月一一日に「文部省御用掛兼勤音楽取調掛勤務」を拝命した記述があり、一八八五年一〇月一三日まで兼勤していたことから（「一加部厳夫本日文部省御用掛兼勤被差免候旨届出ル」とある〈前掲「御歌所日記」自明治一六年至明治一九年〉）、文部省において西村とも接点があったであろうことが窺われる。

(115) 坂田伝蔵については、一八八四年一一月二〇日に、「一　東京大学御用掛　坂田伝蔵　宮内省御用掛申附判任官ニ準シ取扱候事（中略）文学御用掛申付候事」とあり（前掲「御歌所日記」自明治一六年至明治一九年）、東京大学御用掛から宮内省文学御用掛に任ぜられたことがわかる。前述の通り、「婦女鑑原稿」等の編纂稿本には「翻訳　坂田伝蔵」とあることから、『婦女鑑』の西洋の例話の出典となる洋書（詳しくは第Ⅰ部第五章を参照願いたい）の翻訳に従事した可能性が考えられる。

(116) 伊東祐命については、一八八五年一月二九日に「伊東十等出仕本日女範編纂掛被申付候」とあり、「女範」（『婦女鑑』のこと）の編纂への従事を命じられたことが記録されている（前掲「御歌所日記」自明治一六年至明治一九年）。

(117) 谷勤は、水戸藩出身で水戸学を修め、維新後は教部省雇、広瀬神社少宮司兼大講義などを歴任した（前掲『御歌所と国学者』一八三頁）。一八七九年一二月一三日に「宮内省雇文学御用掛」に任命され、翌年六月一八日には「歌文章部兼務」を命じられた記録がある（前掲「御歌所日記」自明治一二年至明治一四年）。

(118) 佐藤誠に関しては、前掲の注を参照願いたい。なお、「御歌所日記」（明治一五年）には、一八八二年三月一〇日に「女範取調兼務」とある。

(119) 渥美正幹については、一八七九年七月の記録に「渥美七等属」との記載が見られる（前掲「侍講日記」明治一二年）。一八八四年九月二四日には、「侍講付　宮内七等属」の渥美が「文学御用掛兼勤」を申し付けられた（前掲「侍講日記」明治一七年）。

(120) 根本承弼については、一八七五年二月一二日に「侍講付」を申し付けられた記録がある。以降、一八七七年八月の記録に「宮内九等属」で「侍講付兼勤」、一八八四年二月の記録には「侍講付」で「八等属」とあり、一八八四年九月には「文学御用掛兼勤」を申し付けられ、一八八六年二月の記録には「七等属」との記載が見られる（以上、前掲「侍講日記」明治八年、明治一〇年、明治一七年、明治一九年）。渥美とともに長年「侍講付」を務めた人物である。

(121) 山田安栄「忍ぶ草」（『弘道』第二三三号、日本弘道会、一九一一年八月）一一三頁。

(122) 前掲『元田永孚関係文書』三七一頁。

(123) 前掲「御歌所日記」（自明治一六年至明治一九年）、明治一七年一二月一七日条。

(124) 日本弘道会『増補改訂西村茂樹全集』第一二巻（思文閣、二〇一三年）に所収の「解題」では、この書簡について、「明治十七年十二月は、『婦女鑑』編纂一年目で、手紙に言うような作業まで進捗していないと思われるので、十七年のことでもなかろう」という理由で、一八八五（明治一八）年のものと推定されているが（七七四—七七五頁）、編纂作業に関しては、後述の通り、西村の前任の川田剛の段階からある程度材料が収集されていた可能性や、西村就任後の二ヵ月の間に収集が進んだ可能性も考えられ、また、前述の通り西村の母方伯父の死去に伴う忌引に関する宮内省の記録によって、この書簡は一八八四年のものと特定できる。また、西谷成憲の研究においても、この書簡が一八八五年のものと推定されているが、西谷は「婦女鑑校正刷」に記載されている校正年月日との関係のみで推定しているもので、他の宮内庁所蔵記録については参照されていない（西谷成憲「『婦女鑑』に関する研究　草稿本の検討を中心にして」〔『多摩美術大学研究紀要』第九号、一九九五年〕八八頁）。

(125) 同年一〇月一一日の記録に、「昨十日文部大書記官西村茂樹宮内省出仕ニ補シ三等官ヲ以年俸三千五百円下賜候事　文学御用掛被　仰付候事」とある（前掲「侍講日記」明治一七年）。

(126) 前掲「侍講日記」明治一五年。五月二二日受取の分として、『女諸礼綾錦』『婦人養草』『教訓故事女五経大全』『女中宝鑑』『新増女諸礼綾錦』『比売鑑』『やまと小学』『本朝女鑑』『慈母教草』『女鏡秘伝書』『曹大家女誡和解』『柳営婦女伝系』『唐錦』『続人名』『閨範』『女学道しるべ』が記載されている。なお、この中で『婦女鑑』の例話の出典にあるのは、『比売鑑』と『本朝女鑑』である（第Ⅰ部第五章参照）。

(127) ただし、挿画の依頼や受け取りが相当進んでいる一八八六年三月二七日になっても、西村が「古列女伝二冊　新続列女伝一冊　女子立志篇三冊　古今万国英婦列伝二冊」を借りていることが「婦女鑑編修録」に記されている（このうち古列女伝・新続列女伝・女子立志篇〔皇朝女子立志編のこと〕は『婦女鑑』の例話の出典に含まれている）。

(128) なお、『婦女鑑』の挿画、印刷・製本、版権届等に関しては、他に前掲「婦女鑑　明治孝節録　出版録」追加第二四～二七号にも詳しく記されている。

(129) 曽山幸彦は、父親が夭折したため鹿児島の小学校卒業後上京し、伯父高崎正風に引き取られた（土方定一『近代日本洋画史』昭森社、一九四一年、九四頁）。一八八三年一月に工部美術学校修了、同年二月に工部省御用掛、工部大学校図画教場掛兼博物掛となって生徒を指導し、一八八八年五月に工科大学助教授となった（金子一夫『近代日本美術教育の研究―明治・大正時代―』中央公論美術出版、一九九九年、二〇三―二〇四頁）。前掲「婦女鑑　明治孝節録　出版録」追加第二四号に所収の書類「婦女鑑挿画内訳」（一八八六年四月七日付け）には、「工科大学員曽山幸彦筆」とある。

(130) このことについては、前掲「婦女鑑　明治孝節録　出版録」追加第二四号にも記録がある。なお、原図と写しの担当が分かれているのは、「曽山の原画がおそらく鉛筆素描で、そのままでは木版に適さないので松本が毛筆で版下に直したということであろう」

とされている（前掲『近代日本美術教育の研究―明治・大正時代―』一七九頁）。『婦女鑑』の「凡例」に「巻中挿ム所ノ洋画原本。欧法鉛筆ヲ以テ濃淡精描ス。而テ刻刀墨刷。和工未ダ精好ナラズ。已ムコト無クシテ而テ和法ヲ以テ複写雕鏤ス。洋画ノ胥ザル是ヲ以テノ故ノミ」と説明されている。

（131）前掲「婦女鑑　明治孝節録　出版録」追加第二四号にも記録されている。

（132）「顧問官」とは、当時宮中顧問官となっていた西村茂樹のことである。前述の通り、文学御用掛は、伊藤博文の宮中改革の一環として一八八六年二月に廃され、改めて「御歌掛」が設置されたが、その際に御歌掛に任用されたのは九名で、任用されなかった一九名のうちの一人に西村が含まれている（前掲『御歌所と国学者』一四―一五頁）。この時、西村は宮中顧問官となっている。

（133）ただし、「婦女鑑編修録」によると「二月九日」に「一四ノ巻西村殿閲了」となっている。

（134）前掲『明治天皇紀』第六、八二四頁。ただし、この『明治天皇紀』の、皇后がしばしば華族女学校を参観し、課本の必要を感じて西村に『婦女鑑』の編纂を命じた、という記載については、時系列的には疑問の部分がある。すなわち、西村が宮内省に出仕して『婦女鑑』の編纂に当たり始めた一八八四年一〇月の時点では華族女学校は存在しておらず、校舎建設が同年七月に始まるなど、まさに設立の準備段階であったからである（同校は翌一八八五年九月に開校）。『明治天皇紀』のこの部分の内容は、末尾に示されている典拠名を見ると、杉孫七郎による『婦女鑑』序文の内容に則って記されていると思われる。序文では前述の通り、皇后の華族女学校参観のことと、皇后が『婦女鑑』編纂を宮内文学に命じたことは「又」で結ばれているため、必ずしも時系列でとらえなくても解釈できるのであるが、『明治天皇紀』では時系列的な書き方になってしまっていることから生じているものである。

（135）開校時には、下田歌子の「桃夭学校」の生徒の大半も入学した（実践女子学園史編纂委員会編『実践女子学園八十年史』実践女子学園、一九八一年、二六頁）。

（136）華族女学校に関しては、前掲『女子学習院五十年史』、学習院女子中等科・高等科編集・発行『学習院女子中・高等科一〇〇年史』一九八五年、および学習院女子中等科女子高等科編集・発行『学習院女子中等科女子高等科一二五年史』二〇一〇年、参照。

第三章　『婦女鑑』における徳目の構成

前章では、宮内省蔵版の修身教科書という点に注目して『婦女鑑』の成立事情を明らかにした。『婦女鑑』が従来、儒教主義の書という評価がなされることが多かったのも、『幼学綱要』の補遺という成立事情が存在したためである。本章では、『婦女鑑』が実際にはどのような徳目を取り上げているかを明らかにする。ただし、刊本の『婦女鑑』には徳目分類を示す記述がないため、本章では主に編纂稿本（草稿本）によってこれを検討する。

『婦女鑑』の編纂稿本に関しては、海後宗臣の研究（『婦女鑑』が資料集に収録された際の解説[1]）において、編纂稿本三種（後述する「婦女鑑原稿」「婦女鑑西洋篇草稿」「婦女鑑草稿」）の存在が明らかにされていた。そして、このうちの「婦女鑑原稿」は一二の徳目によって編纂されていること、およびその徳目名、各徳目名には「徳目の概略を説明する文」が付されていること、各例話には出典が記されていること、「婦女鑑草稿」ではこれら徳目分類とその徳目の説明、例話出典などが省かれていること、等が指摘されていた。

次に、筆者の研究[2]において、「婦女鑑原稿」の各徳目に付された、徳目の説明文[3]（海後のいう「徳目の概略を説明する文」）の具体的内容や、「婦女鑑西洋篇草稿」に挿まれて綴じられている徳目の説明文の草稿七丁の存在、およびその内容を明らかにし、これらをもとに、徳目の構成過程について考察した。その後、西谷成憲の研究[4]でも、これらの編纂稿本の内容を用いて徳目の構成と徳目内容の検討等が行われている。

本章ではこれらを総合的に踏まえて、まず刊本『婦女鑑』と編纂稿本等の概要について改めて整理した後、上述の三つの研究以外の、編纂稿本を用いていない一般の先行研究に見られる『婦女鑑』の徳目に関する評価と、刊本に記載されている徳目に関する記述を検討し、続いて、編纂稿本を基に、徳目の構成過程について考察し、最後に、編纂稿本に記された各徳目の説明文の記述を基に、編者が想定した各徳目の具体的内容について検討する。

第一節　刊本『婦女鑑』および編纂稿本の概要

徳目の構成の具体的な検討に入る前に、以下で使用する、刊本と編纂稿本についての概要を、ここでまとめて整理しておく。前章で扱った、『婦女鑑』の成立事情にも関係するため、特に編纂稿本については詳しく述べておくことにする。

1　刊本『婦女鑑』の概要

『婦女鑑』は、六巻六冊の和装本として刊行された、宮内省蔵版の書物である。「婦女鑑編纂者氏名」として、「宮内省三等出仕文学御用掛　西村茂樹編纂」「宮内省文学御用掛　山田安栄校勘」「宮内省文学御用掛　加部厳夫修文」と記されている。奥付には「明治二十年七月二十一日板権届」「同年同月出版」「宮内省蔵版」とある。巻一の巻頭には、杉孫七郎（皇太后宮大夫兼内蔵頭）の序があり、次に凡例（四項目）、巻一の目録があり、以下本文となっている。本文には徳目の記載や、徳目の説明文の記述はなく、また嘉言や評言等の掲載等もなく、純粋な列伝形式の書である。本文は個々の話の題名によって区切られており、その題名には女性の名前等が使用されている。本文の間には、前章で述べた、『幼学綱要』の挿絵も担当した松本楓湖等の筆になる多くの挿画も掲載されている（第Ⅰ部第二章参照）。

『婦女鑑』には一二〇話（一二六人）の話が収められている。その内訳は表2の通りである。

西洋の話では、フランスの話が最も多く、次いでイギリス、アメリカ（ハワイを含む）が多い。他にはドイツ・イタリア・オランダ・スペイン・スイスなどの話がある。(5)これには各例話の出典も関係しているところである（第Ⅰ部第五章参照）。

表2　刊本『婦女鑑』の例話内訳

	日本	中国	西洋	計
巻一	13	2	5	20
巻二	2	3	9	14
巻三	1	1	17	19
巻四	6	10	8	24
巻五	5	9	3	17
巻六	7	8	11	26
計	34	33	53	120

2　編纂稿本および校正刷の概要

①「婦女鑑原稿」（和装六冊）

手書きの原本。宮内省用原稿用紙に書かれている。例話に関しては、編纂稿本の中では最も早い時期のものである。(6)序・凡例・目録はない。巻一・二の初めには「婦女善行録」と題名が書かれ、その「善行録」の部分が朱で「鑑」と訂正されて「婦女鑑」となっている。本文の行間や字間には多くの書き込みや訂正が朱で加えられ、欄外や付箋への書き込みも多い。

刊本との違いは、徳目によって編纂されていることである。まず徳目を示し、次にその徳目の説明文を付し、続いて例話を掲げる形式となっている。『幼学綱要』のような経書からの引用文（経語）の掲載はないものの、その他は『幼学綱要』の形式と似ており、『幼学綱要』の形式に倣っていたことが窺われる。各徳目の説明文は西村茂樹の自筆とされている。(7)

また、各例話の題名の下に、出典名の記載があることも、刊本との大きな違いである。さらに、例話の順序でも異なっているところがある。刊本で巻四にある「若安達亜克《ジョアンダーク》」「撒拉倍渉《サラーベーチエ》」「亜俄底那《アゴスチナ》」の三話は、「婦女鑑原稿」では巻五に収録されている。

②「婦女鑑西洋篇草稿」（和装六冊）

手書きの原本。宮内省用原稿用紙に書かれている。西洋の例話のみを集めた稿本である。「婦女鑑原稿」と比較すると、例話部分に関しては、「婦女鑑原稿」において朱で訂正されている箇所が、「婦女鑑西洋篇草稿」で訂正済である。また、「婦女鑑原稿」ではカタカナで書かれ朱で漢字が右に加えてあった外国人名が、漢字になっている。つまり、「婦女鑑西洋篇草稿」の例話部分は、「婦女鑑原稿」の後に書かれたものである。「婦女鑑西洋篇草稿」の本文に加えられた朱書の訂正は少ししかなく、ほとんどが句点の加筆で、刊本の西洋の例話とかなり近い状態で、整っている。なお、「友愛」と「愛国」の例話部分にだけは、その初めに徳目の説明文が付されている。これは、例話部分と同じく「婦女鑑原稿」の後に書かれたものである（これらは、以下に述べる、巻一の途中に挿まれた徳目の説明文の草稿とは書かれた時期が異なるものであるため、注意が必要である）。

「婦女鑑西洋篇草稿」で最も注目すべき点は、巻一の途中に、徳目の説明文の草稿が不自然な位置に七丁（前後の白紙の原稿用紙二丁を入れると九丁）挿まれて綴じられていることである(8)。「婦女鑑原稿」にある徳目の説明文と筆跡が同じことから、西村茂樹の自筆の草稿と見られる。この最初には八つの徳目名が記してあるが、この中には「婦女鑑原稿」にはない徳目が二つ含まれており、徳目の配列も、「婦女鑑原稿」とは異なっている（詳しくは後述する）。さらに、草稿者自身が墨書で行間に訂正を加えている箇所が、「婦女鑑原稿」の徳目の説明文ではその通り訂正されている。以上を考えると、この「婦女鑑西洋篇草稿」に挿まれている徳目の説明文の草稿は、「婦女鑑原稿」のものよりも以前に練られた草稿であることが確実である。つまり、徳目の説明文に限った場合、「婦女鑑西洋篇草稿」に綴じられている徳目の説明文がまず書かれ、これを清書して「婦女鑑原稿」の徳目の説明文となったことが明らかである。

これについて、前述の西谷成憲の研究では解釈が異なっている。西谷の研究では、「婦女鑑西洋篇草稿」の徳目の説明文の部分（西谷のいう「徳目内容」の部分）が、例話の途中の不自然な位置に挿まれて綴じられているものとは認識されていないため、「婦女鑑西洋篇草稿」の徳目の説明文の部分と、例話部分とを分けて考察していない。そのため、「徳目の内容設定は、先ず「婦女鑑原稿」の段階で（中略）一二徳目に区分して分類が行われ、ついで「西洋篇草稿」の段階で徳目内容と洋（西洋―引用者註）の例話分類の再検討が行われたのではないかと思われる(9)」と、徳目の説明文の部分（「徳目内容」の部分）の成立順序も、例話部分と同じように「婦女鑑原稿」→「婦女鑑西洋篇草稿」という順序として逆転して解釈されてしまっている。上述したように、「婦女鑑西洋篇草稿」に挿まれている徳目の説明文の訂正箇所が「婦女鑑原稿」の徳目の説明文でことごとく訂正されていることを見れば、徳目の説明文部分の成立順序は西谷の解釈の逆、すなわち「婦女鑑西洋篇草稿」→「婦女鑑原稿」という順序であることは明らかである（ただし前述の、「友愛」と「愛国」の例話部分冒頭にだけ付されている徳目の説明文を除く）。

もう一度、編纂稿本における、徳目の説明文部分と、例話部分に分けて、成立順序をまとめて示しておくと、徳目の説明文部分に関しては「婦女鑑西洋篇草稿」に挿まれている七丁→「婦女鑑原稿」という順序で、例話部分（上述の、「友愛」と「愛国」の例話部分冒頭に付されている徳目の説明文を含む）に関しては「婦女鑑原稿」→「婦女鑑西洋篇草稿」という順序で記されたと考えられる。

③「婦女鑑草稿」（和装六冊）

手書きの原本。宮内省用原稿用紙に書かれている。「婦女鑑原稿」の訂正を受けて清書し、さらに加筆訂正している。つまり「婦女鑑草稿」は「婦女鑑原稿」以後の編纂稿本であるが、「婦女鑑西洋篇草稿」との時期的関係は不明である。「婦女鑑西洋篇草稿」にある訂正箇所は、「婦女鑑草稿」では直っておらず、逆に「婦女鑑草稿」にある訂正箇所も「婦女鑑西洋篇草稿」では直っていないからである。

「婦女鑑草稿」には巻ごとの目録と凡例の草稿はあるが、序の草稿はない。凡例の草稿は、宮内省用罫紙二丁にわたって記されている。刊本の形式に近い。主な訂正箇所は、文字・例話の題名・文の表現・振り仮名・句点等である。最も注目すべき点は、徳目と徳目の説明文、および出典名の記述が、全て除かれていることである。徳目とその説明文があるべき位置が、不自然に何行か空き、原稿用紙の切り貼りが見られる。その空白の行には朱で丸が書かれ、「一行アケル」と記されている。このことから、徳目とその説明文は、「婦女鑑草稿」のはじめの段階では書かれていたが、その後取り除くことになって切り貼りされたことがわかる。この段階で徳目と徳目の説明文、および例話の出典に関する記述が除かれたため、刊本にはこれらがないことになったわけである。その理由については記録に見られず、不明である。

④「婦女鑑校正刷」（和装六冊）

木版印刷された校正用の本。印刷の訂正刷が上から貼付してある。序・凡例・巻ごとの目録もあり、刊本の形式と同じである。第Ⅰ部第二章でも述べた、「十二月顧問官閲了」（巻二・三）、「十九年十二月刻成」「廿年一月九日顧問官閲了」（巻四）等の朱書により、成立時期を知ることができる。

第二節　先行研究における徳目の評価と刊本の序・凡例における徳目の記述

『婦女鑑』は、その成立事情の関係で、西村茂樹・皇后・女性史・女子教育史等の研究において触れられている場合があることはすでに序章で述べた。ここでは、前節で示した『婦女鑑』の編纂稿本を使用している三者の研究以外の、上述のような分野の先行研究において、『婦女鑑』の徳目に関してどのような記述がなされているかを見ておく。

戦前の研究では、西村先生伝記編纂会編『泊翁西村茂樹伝』に、「孝女、節婦は勿論、母道、慈善の行に出たる婦女の偉蹟を蒐輯し、平易簡明に之を記載せり[10]」とあるのを始め、渡辺幾治郎『明治天皇と教育』では「和漢西洋の古今の婦人伝記中より言行嘉良にして、亀鑑となすに足るものを撰びて、一書を編纂し、名づけて婦女鑑といった。その中には孝行を以て聞ゆる者、貞節を修むる者或は母道あり、慈善の行ある者等が挙げられた[11]」としている。いずれも「孝行」「貞節（節婦）」「母道」「慈善」の四つの徳目をあげていることがわかる。

戦後の研究では、宮城栄昌・大井ミノブ編著『新稿日本女性史』では、「楠木正行の母・細川忠興の妻などの貞婦や烈婦が紹介され[12]」ているとし、三井礼子編『現代婦人運動史年表』では、「皇后の旨をうけて女子の亀鑑となるべき和漢洋の孝女・烈婦・貞女・賢母などの言行事蹟を撰び集めた本[13]」としている。片山清一『近代日本の女子教育』では、「主として和漢洋の模範的人物の徳行を集めている。その模範的徳行とは孝行・貞節・母道・慈善などである[14]」としている。徳田進『孝子説話集の研究　近代篇（明治期）―二十四孝を中心に―』でも、「編纂の方針は、孝女、母儀、妻節と成っていて、親には孝、夫には貞、子には慈を中心の理想としての徳育であったことが明瞭である[15]」としている。高橋昌郎『西村茂樹』では、「「孝女」「節婦」だけではなく、広く「母道」「慈善」の行為にわたる事蹟を扱ったものである」(16)とし、片野真佐子『皇后の近代』では、「「孝行」「貞節」に加えて、広く「母道」「慈善」にわたる事績を列挙し、俗にいう「女大学」の三従四行七去から三従七去を抜き去り、四行、すなわち「婦徳」「婦言」「婦容」「婦工《ママ》」の徳目を主軸にかかげていた」(17)としている。以上のように、徳目の構成としては、「孝行（孝女）」「貞節（貞婦・妻節・貞女）」「母道（母儀・賢母）」「慈善」の四つがあげられてきたということができる。

まず、これらが一様に四つの徳目を示している理由として、凡例の記述をもとにしていることが考えられる。凡例には、

> 婦人。孝行ヲ以テ聞ユル者アリ。貞節ヲ修ル者アリ。母道アリ。慈善ノ行アリ。言行専伝スベキ者。今古其類寡カラズ。此書編目ヲ設ケズ。類ニ従テ事実ヲ分載シ。行間特ニ空欄ヲ置テ。事類ノ分界ト為ス。首巻衣縫金継女ヨリ哈徳遜河孝女ニ迄ル。即チ和漢西洋ノ孝婦ヲ列記シ。四巻楠正行母ヨリ徳逸ノ詩人俄義的母ニ迄ル。即チ母道ノ事蹟ヲ類載ス。毎巻大率此ノ如シ。(18)

とある。ここに、「孝行」「貞節」「母道」「慈善」という、先に述べた四つの徳目が示されている。また、序には「就国史及漢洋諸書。採婦徳婦言婦容婦工之可法者」とあって、諸書から婦徳・婦言・婦容・婦工の模範とすべき者を採ったとしており、「婦徳」「婦言」「婦容」「婦工」（儒教の「四行」または「四徳」）は序に記されている表現であることがわかる。

以上で取り上げた先行研究においては、『婦女鑑』の具体的な例話内容までは記されていない。例話内容まで踏み込んでいる数少ない先行研究として、若桑みどり『皇后の肖像　昭憲皇太后の表象と女性の国民化』(19)があげられる。上述のさまざまな先行研究と同様に、この書においても編纂稿本は使用されていない。そのため、徳目に関する記述

は刊本の例話内容からのみ判断されたものであろうと思われる。ここで取り上げられている例話に関する徳目の内容は、「逆境にあったり、極貧、業病などに陥った夫を見捨てない妻の「貞節」」、「祖先と父母への孝養」、儒教の「三従」と「簿記、家政、子の教育、道徳の保持者」という美徳の総合、各界で一流となった夫への「内助の功」、「慈善、福祉」等である。そして、大学教師や天文学者となった女性や、戦時に看護をする女性の話は、「例外的存在」として扱われている。[20] そして『婦女鑑』では「孝弟和順の儒教的女訓」は脈々と生きており、それは「あたらしい衣を着た儒教」であるとしている。[21] つまり、『婦女鑑』で主に扱われている徳目としては、貞節、孝行、内助、家政、子の教育、慈善・福祉等があげられ、才学や看護は例外として存在しているとみなされていることがわかる。このように、若桑の研究では、例話内容にまで踏み込んでいるため、『婦女鑑』の凡例に記された「孝行」「貞節」「母道」「慈善」以外の細かい要素についても触れているものの、取り上げられた例話が一部であるため、徳目に関する記述も、取り上げた例話に対応するもののみに限られてしまっており、全体を網羅しているとは言い難い。

このように、先行研究においては、主に『婦女鑑』の序と凡例の記述を基にして、徳目に関する記述がなされている場合が多く、また、例話内容に踏み込んだ先行研究においても、取り上げた例話に対応するもののみに徳目に関する記述が限られている、ということがわかる。

なお、序には徳目に関する直接の記述はないが、どのような徳を強調しているか、以下に簡単に見ておくことにする。なお、この序は編者西村茂樹が書いたものではなく、皇太后宮大夫兼内蔵頭であった杉孫七郎の書いたものであることは留意する必要がある。

序の冒頭には、「為人妻。則扶其夫以才徳。為人母。則教其子以義方。是故婦女賢而家道興焉。人才育焉」とあって、人の妻となれば才徳で夫を助け、人の母となっては義方（正しい道）をもって子を教える、ということをあげている。その例として、各国の伝記等によって見ると、「帝王之為善政。英雄之樹偉勲。学士之務業。官吏之奉公。農工商賈之殖生産。往往有資乎慈訓与内助」であり、母・妻の影響が強いことを述べている。そして母や妻としての女性が賢であるかどうかは、家や天下の盛衰に関わるから、女性の任は重いではないか、と続けている。つまり、序の初めで強調された徳目は、「賢母」と「賢妻」である。続けて、皇后が華族女学校の読本にこの書を充てようとしたことが書かれ（第Ⅰ部第二章参照）、諸書から婦徳・婦言・婦容・婦工の模範とすべき者を採ったとしている（前述）。このように、序の前半では「賢母」「賢妻」や儒教の「四行」があげられている。

一方、序の後半を見ると、「顧世之誨女子者。大率曰。婉娩聴従。奉箕帚。執鍼線。調酒食。如此而足。不知扶夫教子専由於学。則彝訓不可不講也。徳行不可不修也。物理経済不可不学也。書数不可不習也。古今興廃存亡不可不鑒也。外国言語文字不可不解也」と、女子を教えようとする人々を顧みると、たいていは、女子は夫に従い、掃除や裁縫や料理ができれば足りる、ということをいっていて夫を助け子を教えるにはもっぱら学問によることを知らないのであるが、しかし道徳を修め、物理や経済を学び、読み書き算盤を習い、古今の盛衰の跡を鑑とし、外国の文字言語を理解しなくてはならない、ということを述べている。賢母・賢妻のために、道徳と学問を身に付けるよう、勤学の徳が示されている。編者による序ではないにせよ、このような記述が序にあることは、注目に値する。

以上述べてきたように、『婦女鑑』で取り上げている徳目としては、先行研究では主に「孝行」「貞節」「母道」「慈善」という四つの徳目があげられている傾向にあったが、これは凡例等の記述を受けたものであることがわかる。序では「賢母」「賢妻」の徳が強調される一方、そのための「勤学」の徳も示されていることも明らかとなった。

第三節　編纂稿本における徳目の構成

刊本では例話の徳目分類がなされていないため、前節で見た通り、編纂稿本を使用していない研究においては、主に刊本の凡例等の記述等が参照されて、『婦女鑑』の徳目に関する記述がなされているものが多かった。では、『婦女鑑』は実際にはどのような徳目によって構成されているのであろうか。以下では編纂稿本を用いて、『婦女鑑』の徳目の構成と、その配列の形成過程等について検討する。

1　「婦女鑑西洋篇草稿」に挿まれた徳目の説明文部分における徳目の構成

第一節で述べた通り、「婦女鑑西洋篇草稿」一に挿まれて綴じられている、全部で七丁の徳目の説明文の草稿は、「婦女鑑原稿」よりも以前に練られた草稿である。このうち、初めの部分には、まず以下の八つの徳目が列記されている。

孝行　友愛　母道　貞節　慈善　愛国　営家　才学

ここには、前述した凡例の四つの徳目（孝行・貞節・母道・慈善）は全て含まれているが、他にも友愛・愛国・営家・才学という徳目もあげられている。『婦女鑑』の徳目の草稿過程では最初にこれらの八つの徳目を取り上げようとしていたことがわかる。

次に、この記述に続いて、それぞれの徳目の説明文の草稿が記載されている。これらの説明文の冒頭には、それぞれ徳目が示されているが、これだけを抜き出して示すと、以下のようになる。

孝行　友愛　母道　貞節　慈善　愛国第九　婦道　勤倹　忠誠第七　識見第八　才学第十　処変第十一　雑徳第十二

徳目は全部で一三となっている。最初の徳目の構成と比べると、「孝行」から「愛国」までの六つの徳目の配列は同じである。ただし、「愛国」には「第九」という番号が付されている。この番号は後から付けられたものであると考えられる。一方、それ以下の徳目の配列は全く異なっている。「才学」以外の徳目は、前にはなかったものであり、逆に「営家」はここではなくなっているが、おそらく「営家」を、「婦道」と「勤倹」にしたと思われる（後述の「勤倹」の説明文参照）。つまり、「愛国」の説明文の草稿が成った頃、当初考案した徳目通りにはしないことを決めたと見ることができる。また、「忠誠」以下には番号が記してあることから、徳目の配列順が定まったのは、この説明文の草稿が出来上がりに近くなってからの時期であると考えられる。なお、これらの徳目に付された説明文の草稿については後述する。

2　「婦女鑑原稿」における徳目の構成

次に、「婦女鑑西洋篇草稿」に挿まれている徳目の説明文の草稿を受けて清書されたと考えられる、「婦女鑑原稿」における徳目と徳目の説明文部分の記述を見ることにする。「婦女鑑原稿」の形態は、まず徳目名を掲げ、続いて徳目の説明文があり、次にその徳目に属する例話が続き、例話が終わると次の徳目名が示され、と以下同様に続いていく。徳目名だけ抜き出して列挙すると以下のようになる。

孝行第一　友愛第二　婦道第三上　婦道第三下　勤倹第四　慈善第五　母道第六　忠誠第七　識見第八　愛国第九
才学第十　処変第十一　雑徳第十二

全ての徳目には番号が付され、構成が整ったことが窺われる。「婦女鑑西洋篇草稿」に挿まれたものと比べて一番の違いは「貞節」という徳目がないことで、その結果徳目数が一二となっていることである。この理由の一つとしては、『幼学綱要』との関係もあると思われる。第Ⅰ部第二章で述べたように、『婦女鑑』の凡例では、『幼学綱要』に掲載している例話は重複を避けて『婦女鑑』には掲載していないことが述べられている。『幼学綱要』には「貞操第十三」という徳目があり、貞節についてはすでに多数の例話が掲載されているため、『婦女鑑』ではこれを省いたことも考えられる。ただし、次章で述べるように『婦女鑑』にも貞節の内容を扱った話は存在しており、主に戦時における貞節を扱った話が、「婦女鑑原稿」の分類による「処変」に該当する部分の例話の中に掲載されているほか、夫に仕えあるいは困難な状況に陥った夫を捨てないという意味での貞節という内容が、「婦道」に該当する部分の中に掲載されている。

一方配列も、「母道」が六番目となり、「婦道」と「勤倹」が「母道」より前に来ているのをはじめ、「母道」と「慈善」が逆となり、「愛国」が後方になるなどの違いが見られる。「孝行」は一貫して筆頭に据えられており、孝行の徳を第一とみなしていたことは明らかである。そして、「婦女鑑原稿」における以上の徳目の構成自体は、刊本にまで通じている。「婦女鑑原稿」における例話の順番と、刊本における例話の順番を比べると（刊本には徳目分類がないため、例話順で比較するもの）、刊本では「愛国第九」に該当する三話が「識見第八」に該当する例話の前に来ていることを除けばほとんど同じである。したがって、「識見」と「愛国」の順序だけ変えれば、これら一二の徳目はそのまま刊本の徳目の構成と合致する。

このように、徳目の配列は複数の段階を経て構成された。これらの徳目名は、前にも述べたように、刊本に近い「婦女鑑草稿」の段階において全て削除されて、刊本に至っている。そのため、刊本の凡例によってだけで判断すると、「孝行」「貞節」「母道」「慈善」という四つの徳目のみを扱っているように見えるが、実際には全部で一四もの徳目が候補にあがり、最終的には一二の徳目で『婦女鑑』が構成されていることがわかる。

「婦女鑑草稿」にある凡例の草稿を見ると、「婦人孝行ヲ以テ聞ユル者アリ、貞節ヲ修ル者アリ、母道アリ、慈善ノ行アリ」の、貞節以下の部分が朱線で消してあり、その上の欄外に朱で「□《（友）》愛至厚ノ者アリ、婦□□《（道ヲ）》守リ貞節ヲ修ル者□□《（アリ）》、勤倹アリ、慈善ア□□《（リ、）》母道アリ、曰く忠誠、□《（識）》見、愛国、才学、処□《（変）》等」[22]と加筆訂正してある。ところが、この加筆訂正の上全体に朱で大きく×印が付けてあり、元の墨書の横に朱で「イキル」としてある。つまり、草稿では、全ての徳目（雑徳を除く）を凡例に記そうとしていた過程もあったのである。しかし、全ての徳目をあげるのは煩雑になると考えたためか、結局は四つの徳目のみしか凡例には記されなかったのである。そのため、『婦女鑑』における全徳目の構成は、刊本には明記されず、実際には一二もの徳目で『婦女鑑』が構成されていることが明確にならない結果となったのである。

なお、第Ⅰ部第二章で述べたように、西村が『婦女鑑』の編纂の担当となる以前の、川田剛が担当となる直前の段階の「篇目」案（一八八一年一二月二二日時点）では、「孝悌　貞節　柔順　慈愛　勤勉　倹約　教育　附録」[23]と記されていた。これと、上述した、編纂稿本記載の『婦女鑑』の徳目では、名称や構成が異なっているため、西村が編纂担当になった以後に、徳目名と徳目構成が改めて検討し直されていったことがわかる。内容的には、『婦女鑑』の「孝行・友愛・婦道・勤倹・母道」といった徳目内容には、以前の「篇目」案の徳目内容が含まれると考えられるが、それ以外の「慈善・忠誠・愛国・識見・才学・処変」といった徳目は、特に西村が編纂を担当した以後の検討を反映した徳目であると考えられる。

第四節　編纂稿本における徳目の説明文

前述のように、編纂稿本における徳目の説明文の草稿は二種類存在している。「婦女鑑西洋篇草稿」に挿まれて綴じられている徳目の説明文と、これを清書した「婦女鑑原稿」の徳目の説明文との二種類である。以下では「婦女鑑原稿」の方に基づいて検討し(24)、「婦女鑑西洋篇草稿」との異同については、必要に応じて示すにとどめる。

まず「孝行」では、「論語ニ曰ク、孝弟其為仁之本与、孝経ニ曰ク、人之行莫大乎孝焉ト」と冒頭に論語と孝経という二つの儒書からの引用を掲げている。これらは『幼学綱要』の「孝行第一」でも引用された言である。続いて「凡ソ世ノ中ニ誰カ父母ノ生マザル人ヤアル、故ニ人タル者、家ニ在リテ最初ニ務ムベキ徳行ハ、父母ニ孝ヲ尽スノ事ニシテ、其他ノ徳行ハ皆之ニ次グ者ナリ」とし、「孝行」は最初の徳行であり、他の徳行は皆「孝行」に次ぐものであるとしている。「孝行」を徳目の根本に据えていることが理解できる。そして「孝行ニ男女ノ別ナシ、男子ニ告グル所ノ訓誨ハ、亦女子ニモ適用スベキ者ナリ、古来ヨリ女子ノ孝行ヲ以テ顕ハル、者其数甚多シ」とし、「孝行」の徳は男女の区別なく重要な徳目であるという考え方を示している。

第二にあげられたのは「友愛」である。『幼学綱要』では第二の位置には「忠節」があり、孝と忠を筆頭に据えていたが、『婦女鑑』では「忠誠」は七番目にあり、「友愛」が二番目にある。冒頭では「顔氏家訓ニ曰ク、兄弟者分形連気之人也ト西国ノ訓語ニ曰ク、兄弟ハ同根ヨリ出タル数幹ノ如ク、同幹ヨリ出タル数枝ノ如ク、又其気ノ連ルコト宛モ十指ノ如クナレバ相和シ相愛セスハアルベカラズト」と、東西二つの訓言を引用している。兄弟というのは同根から出た「連気」の間柄であることが、東洋でも西洋でも同じくいわれている、という点を示している。後半は「姉妹ハ兄弟ト異ナルコトナシ、兄弟姉妹ハ長幼ノ序アレドモ、互ニ友愛ノ道ヲ尽サヾルベカラズ、今友愛ノ模範ト為ルベキ者数人ノ行事ヲ記シ、以テ孝行ノ後ニ継グ」とし、「友愛」の徳でも男女の別はないとしている。また、「友愛」は「長幼の序」とは厳密には異なるものとして考えられていることがわかる。「長幼の序」はあるものの、さらに、互いに相和し相愛するという友愛の徳も勧めている。

「婦道」では、「人ノ婦タルノ道ハ一ニシテ足ラズ、其徳ヲ称スレバ和順ト云ヒ、勤倹ト云ヒ、其事ヲ挙クレバ夫ニ事フト云ヒ、家ヲ治ムト云ヒ、子女ヲ教フト云フ、婦人ノ事業ハ一家ノ内ニ在ルヲ以テ其功外ニ顕ハレズト雖トモ、古ヨリ男子ノ大業ヲ成セルハ、良妻ノ助ニ頼ル者多シ、婦人ノ事功決シテ小ナリト謂フベカラザルナリ、後ノ婦人タル者、本篇記スル所ノ古人ノ事迹ヲ以テ婦人ノ準則ト為サハ、必ス大ナル過無カルベシ」となっている。

これによって見ると、「婦道」の内容は一つではなく、和順・勤倹の徳、夫に仕えること（良妻の助）、治家・子女の教育といった行為、などの内容を含んでいることがわかる。「婦道」は家の中での行いであって、外には顕れないが、男子が大業を成すには良妻の助に頼る者が多く、女性の功績は決して小さくはないと述べて、家における女性の行いに対する期待を表している。

続く「勤倹」においては、冒頭に「勤倹ハ固ヨリ婦道中ノ一ナリ」とあり、「勤倹」は「婦道」の中の一部であることが示されているが、ここで「勤倹」を別にあげた理由は、以下の言から窺える。「今別ニ之ヲ挙クル者ハ、婦女子能ク志ヲ立テ、勤倹怠ラザルトキハ、縦令父母夫兄ノ助ヲ失フト雖トモ亦能ク其家ヲ保ツコトヲ得ルノ例ヲ示セル者ナリ、女子ニシテ能ク斯ノ如クナルトキハ、惰弱ノ男子ニ勝ルコト遠シト謂フベシ」。つまり、両親や夫や兄の助けを失った時によく家を保った例を示したものである、というのである。そしてそのような女子は惰弱な男子にはるかに勝るとしている。

一方、第五の徳目「慈善」は、社会に関係する徳目である。ここではフランスの「デステール」の言を引き、「法国ノ貴女徳斯低児《デステール》曰ク、男子ノ行事ハ、時トシテハ愛ヲ離レテ可ナルコトアリ、婦人ニ至リテハ、生涯ノ行事決シテ愛ノ一字ヲ離ルベカラズト」として「愛」という概念を取り上げている。そして「実ニ仁愛慈善ハ婦人ノ行事ノ最モ貴キ者ニシテ、又人ノ最モ之ヲ愛スル者ナリ、古ノ婦人慈善ノ心ヲ以テ做シ出セルノ事業、其功ノ反テ男子ノ上ニ出ル者少カラス」といい、「仁愛慈善」は女性の行いの最も貴いものという考えから、女性に期待を寄せていることがわかる。ここでも、昔の女性の行った慈善の心から出た行為は、男子の上をいく者が少なくないという考えを示している。

次の「母道」では、「母ノ其子ヲ愛スルハ天性ニ出ヅルト雖トモ善ク之ヲ養育シテ其材ヲ成サシムルハ亦其道アリ」という冒頭の文の後が、「婦女鑑西洋篇草稿」と「婦女鑑原稿」では異なっている。「婦女鑑西洋篇草稿」の方では、フランスの「ジョセフメーストレ」の、「婦人ハ絶大ノ著書ヲ筆セズ、算法ヲ創造セズ、千里鏡ヲ発明セズ、蒸気機関ヲ製出セズ、然レトモ此等ヨリ更ニ大ニシテ善ナル者ヲ成就シタリ、蓋シ卓行善徳アル男子女子ヲ其膝下ニ於テ薫陶養成スルコト、豈器械創造ヨリ大ナラズヤ、是豈世界上最上絶好ナル産物ニアラズヤト」という言を引用している。この言は、「婦女鑑原稿」では除外されて、「婦女鑑西洋篇草稿」で欄外に加筆していた、ナポレオンと女学士カンパンとの会話を記した文章を採用している。すなわち、「法蘭西ノ拿破侖第一世、嘗テ女学士甘班ニ問テ曰ク、方今我国ニ於テ人民教育ノ為ニ少ク所ハ何物ゾ、甘班対ヘテ曰母ナリ、拿破侖深ク其言ヲ然リトセリト、蓋シ家庭ノ教育ハ最人ニ入ルコト深キヲ以テナリ、母道ノ世教ニ関スルコト甚大ナリト言フベシ」となっている。内容は、家庭での母による教育の重大さを説いているものであるが、「婦女鑑西洋篇草稿」から「婦女鑑原稿」への引用言の変更は、比較的大きな変更である。これに注目すると、女性が家庭で子どもを教育することの意義を社会的産物との比較の上で述べた「婦女鑑西洋篇草稿」のジョセフメーストレの言から、「婦女鑑原稿」では、国の人民教育のために必要なのは母（家庭の教育）である、ということを直接的に示したナポレオン等の会話に変更されていることがわかる。つまり、編者の意識としては、「母道」は国の人民教育という面にもつながる重要性をもっていると認識されており、そのことをより直接的に示そうとしたことが、この引用言の変更から窺われる。いずれにせよ、「孝行」におけるように儒教の訓言を引くのではなく、西洋の言を引用しているのが特徴的である。

続いては「忠誠」で、ここでも家と国に関することが述べられている。「忠ヲ事フル所ニ尽スハ人ノ道ナリ、一国ノ君ニ事フレバ忠ヲ其君ニ尽シ、一家ノ主人ニ事フレバ、忠ヲ其主人ニ尽ス、其事フル所異ナリト雖トモ、其忠タルハ一ナリ」とし、国に対する忠と家の主人に対する忠を同根のものと捉えている。さらに、「蓋シ忠ヲ一家ノ主人ニ尽ス者ニ非ザレバ忠ヲ一国ノ君ニ尽スコト能ハズ、其誠実ノ心同シケレバナリ」とし、一家の主人に忠を尽くせなければ国への忠誠も尽くせないのは、誠実の心が同じだからであるとしている。続けて、「方今一家ノ主僕ニ君臣ノ名ナシト雖トモ其道ハ存セリ」と述べ、女性の忠誠については、「今婦人ノ忠誠ナル者ニ三ノ例ヲ挙ゲ婦人ト雖トモ亦宜シク此道ヲ守ルベキコトヲ示ス」とし、女性も忠誠の道を守るべきとしている。

国に関することに触れたもう一つの徳目として、「愛国」があるが、「婦女鑑原稿」では「忠誠」の次に「識見」を挟んだ後に続いている。刊本では「識見」に属する例話と順序が逆になり、「忠誠」の次に「愛国」という順序となっており、「忠誠」と「愛国」を連ねたことがわかる。この点について西谷成憲は、「「婦女鑑原稿」で第五巻に配置されていた「愛国」の三例話が、「西洋篇草稿」の段階では「愛国」の徳目区分は消滅し、第四巻の「忠誠」の徳目に移動している」としている。しかし、「婦女鑑草稿」巻四の「忠誠」に属する例話と「愛国」に属する例話の間には「〇　一行アケル」と朱書があり、刊本の巻四においても、一行分の空きがある。刊本の凡例に「此書篇目ヲ設ケズ。類ニ従テ事実ヲ分載シ。行間特ニ空欄ヲ置テ。事類ノ分界ト為ス」と明記されているように、刊本では徳目分類自体は記されてはいないものの、例話の「事類」が変わる切れ目には、一行分の空きが設けられている（巻自体が変わる場合を除く）。したがって、「忠誠」とは別の種類の徳目に関する話として「愛国」関係の話が掲載されていることは明らかであり、刊本に至るまで「愛国」の徳目区分は消滅していないことがわかる。

この「愛国」ではまず、「愛国ノ情ハ人ノ天性ニシテ、古来ヨリ之ヲ以テ男子ノ徳トスレドモ、婦人ニモ亦愛国ノ情無カルベカラズ」とし、女性にも愛国心がなくてはならないことを明言する。「北亜米利加国独立戦争ノ時婦人女子ニ至ルマデ皆愛国ノ精神ヲ奮揚シタリシコト当時ノ史籍ニ昭々タリ」と、アメリカ独立戦争時の女性の愛国心の例をあげていることから、西洋に見られる女性の愛国心を倣うべきだとの考えに立っていることが理解できる。これは「愛国」に属する例話が全て西洋の話であることからも窺える（第Ⅰ部第四章参照）。また、「今引ク所ノ事迹ノ中ニ於テ其一二ノ者ハ少シク激烈ニ過クルガ如シト雖トモ、当時ノ事勢亦已ムコトヲ得ザルニ出タル者アリ」としていることから、少々激烈と認識しつつ掲載した例話があることがわかる。なお、「愛国」の徳目は最初の徳目構想の中に入っており、編者がこの徳目を女性に対して重視していたことがわかる。

次に、「識見」については、「識見ハ男子ニ貴ブ所ニシテ、又甚タ難ンズル所ナリ、然ルニ古来婦人ニシテ其識見却テ男子ニ勝レル者アリ、亦奇ナリト謂フベシ」とし、ここでも男性に勝る女性のことを指摘している。「凡ソ達識達見アル者ハ利害成敗胸中ニ瞭然タルヲ以テ、事ヲ処スルニ常ニ独知ノ明アリ、婦人ニシテ此ノ如キ者ハ容易ニ得難キノ材ナリ、其婦人ナルヲ以テ決シテ之ヲ軽ンズベカラザルナリ」という考え方で、女性で「識見」に優れるのは概して難しいという観念を持ちつつ、女性だからといって軽んじるべきではないと述べている。

「才学」に関しては、「才学アルノ女子ハ其身ヲ守ルコト正シカラズト古人ハ謂ヘリ、蓋シ女子ノ才学ニ誇リテ其身ヲ検スルコトヲ務ザル者ヲ指シテ言ヒタル者ナリ、然レトモ女子ノ才学アリテ其身ヲ持スルコト静淑ナル者モ亦少ナカラズ」という考えを示している。昔からの、女子は才無きが徳という考え方は否定し、才学があって同時に身を常に引き締めている女性も少なくないとしている。また、「夫才学ハ華ノ如ク徳行ハ実ノ如シ、徳行アリテ之ニ才学ヲ加フルトキハ其徳益々美ナリ」ともいっており、才学を華に、徳行を実に喩え、徳行があって才学もあるときは徳もますます美になるとしている。「然ラハ才学固ヨリ軽ンズベカラズシテ、古人ノ言亦念ハザルベカラザルナリ、世ノ才学アルノ女子亦戒ムル所ヲ知ルベシ」というように、才学は軽んじてはならないもの、という考えを示すと同時に、才学を誇るのではなく常に身を引き締めるという点も必要なこととしていることがわかる。

「処変」に関しては、「人生変ナキコト能ハズ、人倫ノ変アリ、兵乱ノ変アリ、其変ニ応ジテ能ク其正ヲ失ハザル者ハ男子モ難ンズル所ナレバ、女子ニシテ善ク其身ヲ処スルハ最モ至難ノ事ナルベシ」と、「識見」等の説明文の場合と同様に、男女を並べて論じている。「是ヲ平日ニ養フニ非ザレバ、変ニ臨ンデ狼狽失錯」する、として普段からの修養を勧めている。そして「古ノ賢女ノ変ニ処セルヤ、烈ナル者アリ、貞ナル者アリ、智ナル者アリ勇ナル者アリ、皆後世ノ法ト為スベキ所ナリ」とする。これによって見ると、女性にとっての「処変」の中身は、貞節・智恵・勇烈など複数の内容を含んで考えられていることがわかる。

一二の徳目の最後には「雑徳」がある。「婦人ノ徳ノ大ナル者ハ上文既ニ之ヲ挙ゲタリ、其他婦徳ノ記スベキ者猶少ナカラズ、因テ其著ルキ者二三ヲ録シテ雑徳ト名ケ、以テ全編ノ終ヲ結ブ」とあり、これまであげた徳目以外の徳行の例話を収録しようとしたものであることが示されている。具体的にはどのような徳目を指しているのかについては、次章で例話の内容を見る際に、扱っている徳目を示すこととする。

なお、「婦女鑑西洋篇草稿」に挿まれている徳目の説明文の方にはあって「婦女鑑原稿」には掲載されていない

「貞節」の徳目の説明文についても、ここに掲げておくと、「清貞純一ハ殊ニ女子ノ美徳ナリ、縦令才芸窮テ抽ンスルドモ、若シ一貞ヲ喪フトキハ其余ハ観ルニ足ル者ナシ、宋若昭ノ女論語ニ曰ク、立身之法、惟務清貞、清則身潔、貞則身栄、又曰ク一行有失、百行無成ト、古ノ賢婦人、身ヲ棄テ、節ヲ全フスル者多シ、今処女ニシテ身ヲ潔フスル者ト、人ノ妻ニシテ節義ヲ守ル者トヲ記シ、以テ世ノ婦女子ノ師表トセントス」となっている。

以上、『婦女鑑』の編纂稿本の中の、「婦女鑑西洋篇草稿」に挿まれて綴じられている徳目の説明文、および「婦女鑑原稿」における徳目の説明文等をもとに、『婦女鑑』の徳目の構成について検討した。刊本では徳目の分類が本文には記されていないため、先行研究では主に刊本の凡例や序における記述から、『婦女鑑』では「孝行」「貞節」「母道」「慈善」という四つの徳目を扱っていると解釈されていることが多かった。しかし、編纂稿本によって見ると、『婦女鑑』は一二の徳目によって構成されており、それは上述のような数段階を経て決定されたものであることがわかる。

これら編纂稿本に記された徳目を見ると、親への「孝行」、兄弟姉妹の「友愛」、家での「婦道」「勤倹」、子への「母道」と、「家」に関する徳目が揃っていることがわかる。そしてこれらはいずれも配列の前半に含まれており、重視されているといえるであろう。しかし、編纂稿本ではこれら以外にも、社会・国家・個人に関する徳目が採用され、また、徳目の説明文の草稿には西洋の訓言が引用されている部分や西洋の女性を模範としている部分があること等、必ずしも儒教主義という評価とは合致しない点も多い。また、徳目の説明文の草稿において検討されている文章を見ると、日本の女訓書でも重視された、儒教の「三従」「七去」のような男性に隷従する女性を強いているわけではない。徳目遂行に関して意欲的・積極的な態度を女性に期待して、むしろ男性に勝る徳行をする女性を模範と考えていることが理解できる。このように、『婦女鑑』の編纂稿本によって徳目の構成と徳目の説明文の草稿内容等を検討すると、「家」に関する徳目に限らず、社会や国家に関する徳目を含んだ多数の徳目内容が、東西の訓言を引用しながら検討されていることが特徴的であることがわかる。

註

（1）海後宗臣「教育勅語渙発関係資料集第一巻解説」（国民精神文化研究所編『教育勅語渙発関係資料集』第一巻、国民精神文化研究所、一九三八年〔復刻版、コンパニオン出版、一九八五年〕）一六―一七頁。

（2）拙稿（浅川〔旧姓〕純子）「『婦女鑑』の成立事情と徳目構成―編纂稿本と刊本の検討を中心に―」（『お茶の水女子大学人文科学紀要』第四六巻、一九九三年）。

（3）徳目名に続いて記される、徳目を説明した文のことは、さまざまな名称で呼ばれており、一定していない。『幼学綱要』および『婦女鑑』の研究に関していえば、例えば、教学局編『教育に関する勅語渙発五十年記念資料展覧図録』（内閣印刷局、一九四一年）所収の海後宗臣による「解説」では「徳目の（中略）大旨」（一四九頁）、前掲「教育勅語渙発関係資料集第一巻解説」では「徳目の大義」（七頁）あるいは「徳目の概略を説明する文」「徳目の説明」（一六頁）、西谷成憲「『婦女鑑』に関する研究　草稿本の検討を中心にして」（『多摩美術大学研究紀要』第九号、一九九五年）では「徳目内容」（八九頁、一〇一―一〇二頁）、などと称されている。筆者の一九九三年発表の論文（前掲「『婦女鑑』の成立事情と徳目構成―編纂稿本と刊本の検討を中心に―」）では「徳目の説明文」という名称を用いているため、本書でも同様に「徳目の説明文」という名称を用いることとする。

（4）前掲「『婦女鑑』に関する研究　草稿本の検討を中心にして」八九―九二頁、一〇一―一〇三頁。

（5）国名の記述がないか不明の話もあるため、国名が確実なもののみによる。また、二～三ヵ国を移り住んでいる場合は生まれた国に含めた。

（6）後述するように、徳目の説明文に関しては、「婦女鑑西洋篇草稿」一に綴じられている草稿の方が早い時期のものである。

（7）前掲『教育に関する勅語渙発五十年記念資料展覧図録』所収の海後宗臣による「解説」に、「婦女鑑原稿」について、「各徳目の最初に加へられた大旨は西村茂樹の自筆のもの」とある（一四九頁）。

（8）「友愛第二」の中の「百底安波《ペチーアムボス》」という例話の途中に挿まれて綴じられている。編纂稿本は、原稿用紙に書かれたものを後で和綴じにしたものであるため、編纂時期の異なる原稿が「婦女鑑西洋篇草稿」に一緒に綴じられてしまったのであろうと思われる。

(9) 前掲「『婦女鑑』に関する研究　草稿本の検討を中心にして」一〇一頁。

(10) 西村先生伝記編纂会編『泊翁西村茂樹伝』上巻、日本弘道会、一九三三年、五六一―五六二頁。

(11) 渡辺幾治郎『明治天皇と教育』千倉書房、一九三八年、一九〇頁。

(12) 宮城栄昌・大井ミノブ編著『新稿日本女性史』吉川弘文館、一九七四年、二四二頁(福地重孝執筆部分)。

(13) 三井礼子編『現代婦人運動史年表』三一書房、一九六三年、三一頁。

(14) 片山清一『近代日本の女子教育』建帛社、一九八四年、二四四―二四五頁。

(15) 徳田進『孝子説話集の研究　近代篇(明治期)―二十四孝を中心に―』井上書房、一九六四年、二四一頁。

(16) 高橋昌郎『西村茂樹』吉川弘文館(人物叢書　新装版)、一九八七年、一二六―一二七頁。

(17) 片野真佐子『皇后の近代』講談社(講談社選書メチエ)、二〇〇三年、五八頁。引用文中の「ママ」は原文による。

(18) 西村茂樹編纂・山田安栄校勘・加部厳夫修文『婦女鑑』宮内省、一八八七年、凡例。

(19) 若桑みどり『皇后の肖像　昭憲皇太后の表象と女性の国民化』筑摩書房、二〇〇一年。

(20) 同上、一五九―一六二頁。

(21) 同上、一六五頁。

(22) 用紙の上部が後で切られているため、欄外に加筆された一部の文字が読めなくなっているもの。

(23) 「婦女鑑編修録」(宮内庁書陵部宮内公文書館所蔵「婦女鑑　明治孝節録　出版録」図書寮、自明治二〇年至同四四年、追加二八号)。

(24) 以下の引用は、特別な断りのない限り、宮内庁書陵部宮内公文書館所蔵「婦女鑑原稿」巻一～六からの引用である。「婦女鑑原稿」各巻に入っている徳目は、巻一(孝行第一・友愛第二・婦道第三上)、巻二(婦道第三下・勤倹第四)、巻三(慈善第五)、巻四(母道第六・忠誠第七)、巻五(識見第八・愛国第九・才学第十)、巻六(処変第十一・雑徳第十二)である(後述するように、刊本の構成とは異なる部分がある)。なお、「婦女鑑西洋篇草稿」からの引用は、「婦女鑑西洋篇草稿」一からの引用である。

(25) 前述したように、例話部分に関しては、「婦女鑑原稿」→「婦女鑑西洋篇草稿」という成立順序である。

(26) 前掲「『婦女鑑』に関する研究　草稿本の検討を中心にして」一〇一頁。

第四章　刊本『婦女鑑』の例話内容

第Ⅰ部第三章で述べた通り、『婦女鑑』に関しては、主に成立事情から「儒教主義」の書とされたり、刊本に徳目分類、徳目の説明文、嘉言・評言などの記載が全くないため、凡例の記述をもとに「孝行」「貞節」「母道」「慈善」の四つの徳目に関する例話を扱った書とみなされたりすることが多かったが[(1)]、第Ⅰ部第三章では、宮内庁所蔵の編纂稿本の検討により、編纂過程において一二の徳目（孝行・友愛・婦道・勤倹・慈善・母道・忠誠・愛国・識見・才学・処変・雑徳）が数段階を経て決定されたこと、さらに、編纂稿本に記載されている西村茂樹の自筆とされる各徳目の説明文の分析により、それぞれの徳目に関する内容を明らかにした。そこで、本章ではこれをさらに進めて、実際の例話内容を、前章で見た、編纂稿本に記された徳目別に詳しく検討することにより、これらの徳目の内容について掘り下げ、その特質等について考察することとしたい。

第一節　先行研究における『婦女鑑』の例話内容に関する記述

『婦女鑑』の例話内容を、編纂稿本記載の徳目分類別に検討した研究は、管見の限り、筆者が二〇一一（平成二三）年に発表した論文以外には見当たらない[(2)]。筆者と同様に編纂稿本を用いている西谷成憲の研究では、編纂稿本に記載された徳目の構成や例話の原典などを詳しく取り上げ、西村の思想との関係でその徳目について考察しているが、例話内容そのものの検討は行われていない[3]。

次に、編纂稿本の徳目分類を使用していない先行研究を見ると、『婦女鑑』の具体的な例話内容まで踏み込んでいるものは数少ないが、その一つとして、若桑みどりの研究[4]があげられる。若桑は、『婦女鑑』の内容を、「基本的に女性の和順・貞節という儒教的な女性道徳の教育を、女性国民に課す内容であった[5]」とし、『婦女鑑』を儒教的女性道徳教化の象徴物とみなしている[6]。具体的な例話名としては一九話をあげ、ジェンダー的視点から論じている。これらの一九話について若桑は、逆境・極貧・病気などに陥った夫を見捨てない妻の話（二話）は「儒教の烈女伝と選ぶところのない話」で、父母の墓を守った女性の話（一話）は「儒教の美徳の核心」と捉えている。一方、家の中のあらゆる事柄を生涯よく治めた妻の話（一話）を、「中産階級の主婦になるであろう女性を念頭に置いた教訓」とし、また、夫の成功を担った妻の内助の功に関する話（四話）を、「華族女学校向け、つまり、日本の支配階級の妻になるであろう階級の女性たちにむけて、新たな近代的女性像が示されている」とし、さらに、慈善・福祉の分野で社会的貢献をした女性の話（八話）を「儒教的烈女伝にはまず見ることのないもの」としている。そして、大学教師や天文学者になった女性（二話）と、負傷した軍人を献身的に看護する女性（一話）の話は、「例外的存在」とし、「あたらしい女性像」であるとしている[7]。

しかし若桑によると、「とはいえ、慈善、福祉は社会における女性役割であるから（中略）それ自体、性差別役割を超えるものではない[8]」とし、また「彼女らのうちだれ一人、男性の妻、母、妹でなかった存在としては語られていない[9]」と、性別役割を超えない女性像と論じる。そして、「男女の性役割を維持する枠組みのなかで、新しい近代国家、資本主義社会に適合したレベルの高い女性を養成する必要、これが『婦女鑑』と、これに続く良妻賢母論のすべてを貫く目的のひとつである。（中略）たしかに『婦女鑑』では儒教色が弱まり啓蒙的にはなっているが、（中略）孝貞和順の儒教的女訓は脈々と生きていることがわかる。それはあたらしい衣をきた儒教であって、皇后の洋装と同じく、着せかえられたものにすぎない[10]」と結論付けている。

しかし、若桑が取り上げている一九の例話は、第Ⅰ部第三章で見た編纂稿本の徳目分類に当てはめてみると、「婦道」（七話）、「孝行」（一話）、「慈善」（八話）、「才学」（二話）、「雑徳」（一話）に属する話で、特に「婦道」と「慈善」に集中している。前述の通り若桑の研究は、編纂稿本を参照していないため、特徴的な例話のみを取り上げた形となっており、編纂稿本に記された全ての徳目に関する例話への言及が網羅的になされているものではない。このような一部の例話のみの検討によって、また、性別役割を超えていないという視点だけで、これを儒教的な象徴物と形容し、良妻賢母論の目的と同類と判断してよいものか、疑問である。

また、『婦女鑑』の例話内容を扱ったもう一つの研究に、菅野則子の研究[11]がある。菅野の研究でも、編纂稿本が参照されていないため、例話で強調されている徳目を菅野が独自に分類することから試みられている。例話内容については、日本と西洋のもののみ、全例話の地域・時期・事績等を一覧表にまとめているが、例話内容を本文中であげているのは、九話（日本二話、中国〇話、西洋七話）である。結論として菅野が『婦女鑑』の「模範的女性像」の特徴としてあげているのは、「日本・中国の事例では「母」の存在が前面に出され、しかもその模範的女性の要件として「賢・教」というものが中心に据えられていた。それに対して、欧米の場合は趣を異にしていた。（中略）学問分野で、単に夫を補佐するにとどまらず、本人が「自立」して業績を挙げ、それが社会的にも評価されているということ、社会的位置をしっかりと確立している女性像が多く見られることである[12]」ということである。菅野が具体例としてあげた九つの例話を、第Ⅰ部第三章で見た編纂稿本の徳目分類に当てはめてみると、「婦道」（四話）、「慈善」（一話）、「才学」（二話）、「雑徳」（二話）となり、上述の、菅野が「模範的女性像」の特徴としているのは、日本・中国の例話は主に「母道」、西洋の例話は「婦道」「慈善」「才学」「雑徳」に属する例話、ということになる。

これらは、上で見た若桑の研究であげられた『婦女鑑』の例話の属する徳目と、「孝行」と「母道」以外は同じである。すなわち、『婦女鑑』の具体的例話内容を取り上げた研究において特徴としてあげられているのは、主にこれらの徳目に属する例話内容である、ということがわかる。

他に、『婦女鑑』の例話内容に触れているものとしては、以下のものがある。多田建次は、『婦女鑑』とその時代に関連するさまざまな事柄についてのエピソード等を紹介している中で、『婦女鑑』そのものについては、「学問・芸術・政治や社会福祉・慈善事業など、さまざまな分野ですぐれた事績を残した、有名無名の女性」を網羅した書で(13)、「日本の近代市民社会を担っていく良妻や賢母の姿を、読者に訴えようとするもの(14)」と説明し、三話（「撒拉倍渉《サラーベーチエ》」「弥《ミ》爾《ル》の妻」「美濃部伊織妻」）を紹介している。「撒拉倍渉」は、編纂稿本の分類でいうと「愛国」に属する例話であるが、ここでは、この女性がベンジャミン・フランクリンの娘であり、皇后が「フランクリンの一二徳」（または一三徳）といわれる徳目に沿って和歌を詠んでいることとの関連で取り上げているものである(15)。また、他の二話は、編纂稿本でいうと「婦道」に属する例話で、特にミルの妻については、『婦女鑑』にいくつか掲載されている、夫の学問を助けた「内助の功」の例としてあげ、「美濃部伊織妻」については、これが森鷗外の史伝小説『ぢいさんばあさん』と同じ人物を扱った話であるということであげているものである(16)。

また、孝子説話集を研究した徳田進は、「婦女鑑と孝子説話」という節を設け、列伝形式の書の系譜の中に『婦女鑑』を位置付けて論じているが、例話内容の検討は「孝行」に関するものにとどまっている(17)。明治後期の高等女学校の国語教材についての浮田真弓の研究では、『婦女鑑』の例話が比較的多く掲載されているという点から、採用されている『婦女鑑』の例話内容を、採用した国語教科書名の例とともに表にして示している（『婦女鑑』の国語教科書への影響については第Ⅱ部第三章参照）。尾崎るみは、グレース・ダーリングという女性の話が明治初期以降のさまざまな書物等に掲載されたことを分析する中で、『婦女鑑』の「額黎咀林《グレイスダルリング》」の話等にも言及している（第Ⅱ部第三章参照）。

このように、『婦女鑑』の例話内容に関する先行研究は、編纂稿本に記載された徳目分類と連動させた分析が行われていないか、または一部の例話の検討や紹介に限られたものになっている。そこで以下では、第Ⅰ部第三章で扱った編纂稿本記載の徳目分類に沿って例話内容を検討し、その上で、『幼学綱要』や、明治前期の列伝形式女子用修身書との比較検討を行い、その特質等について考察することとする。

第二節　刊本『婦女鑑』の徳目別例話数および例話内容

第Ⅰ部第三章第一節では、『婦女鑑』の巻別の例話内訳のみを示したが、第Ⅰ部第三章において見た、編纂稿本(18)に記載された徳目別に、改めて刊本の例話数をまとめると表3のようになる(19)。なお、編纂稿本「婦女鑑原稿」の徳目名にある「第一」「第二」などの序数は省略した。また、徳目の順序は、刊本の例話の順序に従った。

これを見ると、「婦道」に関する例話が最も多く、次に「慈善」が多く、次いで「母道」「処変」に関する例話が多いことがわかる。

各徳目の内容の概要については、第Ⅰ部第三章で明らかにした通り、編纂稿本にある徳目の説明文によって把握することができたが、より詳細な徳目の構成を知るには例話を検討しないとわからない点も多い。例えば、「雑徳」に属する例話では具体的にどのような徳目が取り上げられているのであろうか。「婦道」の内容は、編纂稿本の説明文によると、和順、治家、子女の教育、良妻の助などいくつかの内容を含んでいることがわかるが（第Ⅰ部第三章参照）、例話内容からはどのような徳目が含まれているといえ、また実際どのような行いがあげられているのであろうか。また、最初は候補にあがっていた「貞節」という徳目は編纂途中で除かれたが、刊本の凡例に、「婦人、孝行ヲ以テ聞ユル者アリ、貞節ヲ修ル者アリ、母道アリ、慈善ノ行アリ、言行専伝スベキ者、今古其類寡カラズ」とあり、貞節という徳目を例にあげていることから、内容的には貞節を扱った話が存在しているのではないだろうか。このような点を明らかにするには、例話内容から判断するしか方法がない。そこで以下では、編纂稿本に記された各徳目に属する刊本の例話内容から、より詳細な徳目の構成と内容を検討する。

表3　刊本『婦女鑑』の徳目別例話数

	「婦女鑑原稿」記載の徳目名	日本	中国	西洋	計(話)
巻一	孝行	3	2	3	8
〃	友愛	1	0	2	3
巻一・二	婦道上・下	9	3	9	21
巻二	勤倹	2	0	0	2
巻三	慈善	1	1	17	19
巻四	母道	5	10	3	18
〃	忠誠	1	0	2	3
〃	愛国	0	0	3	3
巻五	識見	4	8	0	12
〃	才学	1	1	3	5
巻六	処変	6	6	6	18
〃	雑徳	1	2	5	8
計（話）		34	33	53	120

1　孝　行

「孝行」の例話では、親に孝行した方法が最も注目される。『婦女鑑』の例話においては、三つの型に分けることができる。

まず一つは、貧困の上病気などで困窮している親を熱心に看病し孝養したという話である。孝子説話を研究した徳田進は、このような例話を「扶養看護型」と呼んでいる[20]。これに属する『婦女鑑』の例話には、病で目が見えなくなった父を傍らでひたすら助力した「路易斯《ルウキズ》女」、働いて常に薬を求め、父母を二〇余年いたわり養った「福依売《サチヨリメ》」、手足が不自由な母を二八年間看病した「孝女密茲《ミシ》」があり、父母を養うため働いていたが窮迫したため、歯医者に前歯を売ろうとした「新約克《ニューヨーク》の孝女」もこの型に属するということができる。

次に、身代わりとなって親を救おうとする話があり、これは前述の徳田の研究では「身替り救親譚」と呼ばれている。[21] これには、官婢となって父の罪を代わりに償うことを申し出て、父を死刑から救った「斉太倉女《セイノタイサウ》」、継母をかばい、自分が罪を犯したと継子も言い出した話である「珠崖《シュガイ》二義」、船の沈没時、母を救うために河に入水した「哈徳遜《ハドソン》河の孝女」がある。これらのうち、「斉太倉女」と「珠崖二義」の話は、いずれも願い出によって親を救っており、前述の徳田の分類で、「身替り救親譚」の中でも特に「訴願型」[22]と呼ばれている型に属する話である。ただし、この二話は劉向『列女伝』[23]にある話であるが、『列女伝』では「斉太倉女」は「弁通伝」に属していて、筋道が通った理屈で帝の心を動かすことのできた娘の弁論の力量に焦点が当たっており、純粋に「孝行」の徳目のみを取り上げた話ではなかった。「珠崖二義」は『列女伝』では「節義伝」に属していて、本来は継母と継子が互いに義を尽くしたことが主題になっている話であるが、ここでは継子の方に焦点が移されている。このように『列女伝』の話が主題を移して採用されているのは、『列女伝』には「孝行」を扱った伝がないからであろう。[24]『婦女鑑』ではこれらの話の主題を「孝行」に移して、中国の話を補ったことがわかる。

もう一つの型は、父や母が死んだ時に深く嘆き悲しんだという話であるが、これは「衣縫金継女《キヌヌヒノカナツグノムスメ》」の一話だけである。このような、子の孝心をめでた話は、江戸期の『本朝列女伝』等には多数採用されていて、むしろ実際に孝行を実行した話を凌いでいたが、『婦女鑑』ではわずかに一例のみであることは、注目に値する。

このように、「孝行」に関する例話内容としては、主に徳田の分類でいう「扶養看護型」と「身替り救親譚」に当てはまるということがわかる。

2　友　愛

「友愛」に関する例話は三話と少ない。日本の例話である「富女《トミ》」は、強盗から兄を救った八歳の妹の話である。話の筋としては「孝行」の「身替り救親譚」に似ている。一方、西洋の例話二話を見ると、「黒連窩加《ヘレンウオーカー》」は、死刑宣告された妹を尽力して救った話で、「百底安波《ペチーアムボス》」は、労役になった兄をドイツからシベリアまで追ったが、すでに死亡していた、という話である。二話とも権力者に嘆願書を作成して渡しており、「孝行」の時の表現を借りればこれも「訴願型」ということができる。このように「友愛」に関する例話では、兄弟姉妹の危機を救おうとした行動に焦点が当てられている。「友愛」は儒教でいう「長幼の序」とは性格の異なる徳目であることが、第Ⅰ部第三章で見た徳目の説明文の内容からと同様、これらの例話内容から見ても理解できる。

3　婦　道

「婦道」に関する例話は前述の通り『婦女鑑』の中で最も多く、二一を数える。

まず第一に、夫や舅姑によく仕え、倹約に努め、読み書きに明るく教養があり、子をよく教えた、というように、家の中のことは何でもよく治める妻の類型には、「黒柳《クロヤナギ》孝女」「稲生恒軒《イナフゴウケン》妻波留子《ハル》」がある。夫の死後の妻による子の教育に焦点を当てた話には「綾部道弘《アヤベミチヒロ》妻志知子《シチ》」「王受命妻」がある。これらは、編纂稿本の徳目の説明文にあった、「人ノ婦タルノ道ハ一ニシテ足ラズ、其徳ヲ称スレバ和順ト云ヒ、家ヲ治ムト云ヒ、子女ヲ教フト云フ」という言に合致している。

第二に、難病に罹った夫を看病し、夫等からの再婚の勧めを断り、看病を続けた類型の話には、「農夫忠五郎妻」

「佐璵女《サヨ》」「蔡《サイ》人妻」「馬屈利多《マルグリト》」がある。また、夫が苦境に遭う妻の話として、「亜耳巴地《アルバーチ》侯の夫人」「美濃部伊織妻」がある。これらの話の中には「貞節」という言葉がしばしば出てくるが、「貞節」そのものを賞しているというより、病気や苦境に陥った夫を捨てないということの方に焦点が当てられた「貞節」が語られている。

第三に、勇ましく夫を諌め励まして夫に節義を勧める妻の類型には、「毛利勝永妻」「百斯加拉《ペスカラ》侯匪地難多《ファジナント》の夫人微多利《ウイツトリア》」がある。

第四に、学者や芸術家や政治家である夫の仕事の良き助力者になる妻、という類型があり、「安弗拉斯曼《アーンフラツクスマン》」「抜克蘭《バツクランド》。呼倍爾《フーベール》。哈米爾敦《ハミルトン》の妻」「奈蒲爾《ナイプール》。弥爾《ミル》。発拉第《ファラデイ》の妻」「脱勒辺《ドルレーベーン》夫人」「任善徳弗《ジンゼンドルフ》の妻」がある。第Ⅰ部第三章で見た、編纂稿本にある徳目の説明文の、「古ヨリ男子ノ大業ヲ成セルハ、良妻ノ助ニ頼ル者多シ、婦人ノ事功決シテ小ナリト謂フベカラザルナリ[25]」という言の具体例に相当する。

このように、「婦道」の内容は一つではなく、さまざまな類型の話が含まれていることが、例話の内容からも理解できる。治家、子女の教育、夫や舅姑への奉仕、難病の夫を捨てない貞節の心掛け等、家を治めるための徳目内容が基本に据えられると同時に、夫の判断を正し、夫の仕事の良き助力者となるだけの才学や教養を備えた女性も望まれている。これに関しては主に西洋の女性の例を多く模範としていることが明らかである。

4　勤倹

「勤倹」に関する例話は日本の例話が二つのみである。「鐘尾ふで女姉妹」は、よるべを失った三姉妹が力を合わせて働いた話であり、「勤倹」というより「友愛」の要素も強い。「二村清助妻衛女」は、夫の死後三人の子を養育し、夫に代わって家業を営んだ話である。両方とも「勤倹」そのものに焦点を当てた話とは必ずしもいえないが、この理由は編纂稿本における徳目の説明文を見れば明らかである。そこに「縦令父母夫兄ノ助ヲ失フト雖トモ亦能ク家ヲ保ツコトヲ得ルノ例ヲ示セル者ナリ」(26)とある通り、両親や夫や兄の助けを失った際に女性だけでよく家を保った例が特に示されたものである。女性だけでもよく家を保ったことを強調したかったからこそ、「固ヨリ婦道中ノ一」(27)つである「勤倹」を独立させたと見てよいであろう。「勤倹」に属する例話自体が少ないのも、このような、もともと「婦道」の中の一つであるという捉え方によると見ることができる。

5 慈善

「慈善」に属する一九の例話のうち、一七話が西洋の話である。西洋の例話の占める割合が非常に高い徳目である。さまざまな形の「慈善」の例話が採用されており、第一に、貧困者や困窮する老人などを救う類型の話には、「鈴木宇右衛門妻」「厚瓦徳《ホワード》の妻」「少女馬利《マリー》」がある。また、自分自身大変貧しいが他の貧者をも世話する話には、「貧老嫗」「担水夫惹克面《ジヤクメン》の妻」「利禰《リネ》」「維匡《ヴヰギヨン》」がある。

第二に、人命救助や病人看護を行う類型には、灯台守の娘で父と暴風で沈みそうな船から九人を助けた「額黎咀林《グレイスダルリング》」、五人の病人を看護した「特多里蒙《デトリモン》」、病気の女性を夜通し看護して狼から守った「瑣妮《ソーニエ》」がある。

第三に、獄中で罪人と談話し、教導する類型には、「撒拉馬丁《サラマルテイン》」「以利沙伯《イリサベツス》 弗来《フライ》」等がある。

第四に、公益を図ったという類型の話には、外国で見聞した種痘法を国中に広めて功績を残した「馬利《マリー》夫人」、女学校・養護施設・勧業会等を創立した「以撒伯拉額拉罕《イサベラグラハム》」、子どもを救うための「婦人恵施会」を創設した「安那《アンナ》」、インドで苦労の末女子教育の道を開き、多くの育児院や女子教育諸会社を創立した「維爾孫《ウヰルソン》夫人」、家に六五人もの困っている人を受け入れた「聚侃《ヂユガン》」がある。

慈善事業や学校設立など、いずれも人並みでない社会的善行をした女性が模範とされている。西洋の例話がほとんどであることから、積極的に西洋の慈善を学ぶべきだとしていることがわかる。内容的には公益も含まれていると考えられる。

6　母　道

「母道」に属する例話は一八話で、その中では中国の話が一〇話を占める。中国の話が多いのは、劉向『列女伝』に「母儀伝」があり、例話が豊富なためであろう。「母道」の話で中心となっているのは、母が子を厳しく戒め諭したことや、母の教訓によって子が立派になったことなどの点である。特に、傲慢無礼な行いや義に適わない行為など、不適切な行為をした子に対して非常に厳しく訓戒する母の話が多く、「清水太郎左衛門母」「魯季敬姜」「鄒孟軻《スウノマウカ》母」「楚子発母」「斉田稷母」「陶侃母」等がこれに当たる。

一方、普段から子をよく戒め教えた話には、「湯浅元禎母」「楠正行母」「成田喜起母福島氏」「王孫氏母」「二程母」「舌弗爾《シエフエル》の母」等がある。特に「華聖頓《ワシントン》の母」「俄義的《ゴエテ》の母」「小出大助妻恵知子」等では、母の教育によって子が立派になったとし、母の役割を強調している。要するに、「母道」の例話では、母の教育や訓戒の重要性が取り上げられている。

7　忠　誠

「忠誠」に属する例話は三話で、そのうちの二話は西洋の話である。日本の話である「忠女福」は、夫の死後もよく雇い主に仕え、雇い主が病気となっても、一人とどまって看病を続けた話である。「白侖透《ベトロニトウ》」は、自分の家族の不幸に耐えても老主（父が仕えていた主）を養った話である。「藍巴耶《ラムバエー》」は、フランス王ルイの后マリーアントワネットの侍女が、王家への勇敢な忠誠を見せた話である。

いずれも「忠誠」の対象は夫ではなく、自分や家族が仕えていた雇い主等である主人への忠誠が称えられている。その理由としては、夫に仕えることに関しては「婦道」で扱っているため、ここでは夫以外への忠誠が扱われているものと思われる。

8 愛国

「愛国」に属する三話は全て西洋の話である。第Ⅰ部第三章で述べたように、刊本では「忠誠」と「愛国」の例話を続けて配列しているが、この二つの徳目に属する六つの例話のうち、五つが西洋の話であることは、注目に値する。

採用されている話には二つの類型があり、第一は、国のために戦った勇敢な女性の話である。「若安達亜克《ジョアンダーク》」（ジャンヌダルクのこと）と「亜俄底那《アゴスチナ》」では共に、自国の勝利への原動力となった女性の功績を扱っており、愛国心と武勇が称えられている。第二は、兵士の軍服作りに尽力した「撒拉倍渉《サラーベーチエ》」の話である。女性を集めて愛国の心を起こさせ、肌着を作り軍人に給した行為が、国家に対する義務を尽くす手本とされている。

このように、女性にも愛国心があるべきことを、西洋の女性を模範として示している。第Ⅰ部第三章で述べた通り、編纂稿本にある「愛国」の説明文でも、「婦人ニモ亦愛国ノ情無カルベカラズ、北亜米利加国独立戦争ノ時婦人女子ニ至ルマデ皆愛国ノ精神ヲ奮揚シタリシコト当時ノ史籍ニ昭々タリ[28]」と、アメリカ独立戦争時の女性の愛国心が例としてあげられているのと同様に、例話でも西洋の女性が模範とされており、愛国に関しては西洋の女性に倣う姿勢で一貫している。

「識見」に属する話は一二話で、日本のものが四話、中国のものが八話である。第Ⅰ部第三章で扱った編纂稿本の「識見」の説明文で、古来より識見が男性に勝る女性がいる、としているように、例話内容でもほとんどの話の中に男性を登場させ、その男性よりも識見が優れていることを強調している。

9　識　見

例えば、家臣や息子に対して驕奢の念を戒める類型の話には、「徳川秀忠乳母」「徳川吉宗母巨勢氏」がある。夫や、後に夫となる男性などの不適当な考えや行動を見抜いて強く諌めたり、物事の成り行きや人物の力量等を夫より先に見抜くという類型の話には、「斉桓衛姫」「晋文斉姜」「曹僖氏妻」「晋羊叔姫」「衛姑定姜」「楽羊子妻」「徳川頼宣母蔭山氏」「趙将趙括母」などがある。

このように「識見」では、賢明で、先見の明あるいは編纂稿本の「識見」の説明文でいう「独知ノ明」[29]がある女性が模範とされている。男性より優れた識見が強調され、例話からは男性の不適当な考えや行動を見抜くための識見であるともとれるほどである。「識見」の徳目の具体的内容は、賢明や先見の明であると捉えてよい。

10　才　学

「才学」に属する話は五話である。日本の例話は「紫式部」、中国の例話は『漢書』を完成させた「曹世斉妻」で、共に比類ない才学をもって大著を記した人物が採用されている。

西洋の三話は、ラテン語・フランス語・論理学・心理学・物理学等を学び、大学の教師となった「羅拉《ローラ》」、兄の助手として天文学を研究し、新たに彗星・星雲等を発見した「加羅林路古勒西《カロリンルクレシヤ》」、詩人「路古勒西馬利大闘遜《ルクレシヤマリアダヴツドソン》」と、いずれも学問に秀でた女性の話である。

第Ⅰ部第三章で見たように、『婦女鑑』の序の後半には、物理・経済を学び、読み書き算を習い、古今の盛衰を鑑とし、外国の文字言語を理解しなくてはならない、という内容の言があった。このような勤学の徳に関しては、主にこの「才学」に属する例話で取り上げられていることがわかる。

ただし、前章でも見た通り、編纂稿本にある「才学」の説明文では、才学に誇らず身を引き締めていることを必要条件としている。例話の中でも、「紫式部」では「身をつゝしみて人にほこらず。よく婦女たるの徳を修めし」とし、「羅拉《ローラ》」でも「その最も感ずべきは。学問を以て家事を廃せず。家事を以て学問を棄てず。またよくその児子を教育せしにて。こは殊に世の亀鑑ともなすべくこそ」と付加している。(30)つまり、「婦女たるの徳」あるいは、家事や子の教育等の「家」に関する徳目などを重視した上で、上記のような、才学のある女性をさらに期待している、と考えることができる。これは、同じく編纂稿本にある「才学」の説明文で、「夫才学ハ華ノ如ク徳行ハ実ノ如シ、徳行アリテ之ニ才学ヲ加フルトキハ其徳益々美ナリ」(31)と記されているのとも合致しているということができる。

11　処　変

「処変」に属する例話は、和漢洋とも六話ずつである。内容としては、戦時を扱った話が多数を占めている。

第一に、戦時に捕えられても貞節を守ったという類型の話には、「鳥井与七郎妻」「細川忠興夫人」「楚平伯嬴《ハクエイ》」「韓氏女」「藺氏《リン》」がある。

第二に、戦時に賢明な判断で夫を諫め助言するという類型の話には、源頼朝の挙兵時に味方に付くよう夫に勧めた「土肥二郎実平妻」、王を倒す計画への参加を躊躇する夫に強く勧め成功させた「楊夫人」、城を捨てて逃げようとする夫を諌めて難から救った「楊烈婦」がある。

第三に、女性の智略を強調した類型の話がある。「巴威畧《パワリア》の達渉《ダッチエス》」は戦の話であるが、他にも、強盗を智略で追い払った「山名禅高妻」や、計略を立てて夫を獄中から救出した「葛羅《グロ》周《チユース》の妻」がある。

第四に、戦時などにおける勇気や武勇を扱った類型の話があり、「奥村助右衛門妻」「達渉《ダッチエス》夫人」「多勒梅児《トレイムイル》」「蘇瓦突堡《シユワルツブルグ》の女侯」等がこれに当たる。

以上の類型は、第Ⅰ部第三章で見た編纂稿本の「処変」の説明文の、「古ノ賢女ノ変ニ処セルヤ、烈ナル者アリ、貞ナル者アリ智ナル者アリ勇ナル者アリ」(32)という言と合致している。つまり、「処変」の具体的内容は、主に戦時などにおける貞節・賢明・智略・勇烈等であることがわかる。

12　雑　徳

「雑徳」に属する話では、例話ごとに異なった徳目が扱われている。個々の例話内容から分析すると、まず、日本の話である「老婆亀」では、貧しい老婆の〈潔白〉な志が称賛されている。中国の話である「楚野弁女」「斉女徐吾」は、劉向『列女伝』の「弁通伝」から採用されており、筋の通った理屈で物事の道理を述べて相手を納得させた〈弁通〉の力量が称賛されている。

西洋の話は四話で、〈誠実〉を扱った「倫屈維爾《ロンギウヰール》の女侯」、贅沢や傲慢を戒めて〈質素〉を称賛する内容である「哥爾涅利《コルネリ》」「綿多嫩《メントノン》」、看護を拒否する負傷兵に熱心に薬を勧めた〈忍耐〉を称賛した「仁恵婦女社の看護人」、王を諌めて多妻制を廃させたハワイ王妃の〈卓見〉を称賛した「加馬馬児《カママル》」がある。

例話内容によって見ると、このように「雑徳」では、これまでの徳目の分類に入らない、潔白・弁通・誠実・質素・忍耐・卓見等の徳行に関する例話を最後に補っていることがわかる。

以上、編纂稿本における徳目分類を参照することで、刊本『婦女鑑』の例話について、徳目別に例話数と例話内容を検討することができた。

徳目別例話数の特徴としては、「母道」「識見」で中国の割合が比較的高く、「慈善」「愛国」で西洋の割合が際立って高く、「友愛」「忠誠」「才学」「雑徳」でも比較的西洋の割合が高いことが指摘できる。中国や西洋の女性のどのような面を模範としようとしたのかを窺い知ることができる。

また、例話内容の検討の結果、前章で行った編纂稿本の徳目の説明文の検討だけではわかりにくかった、「婦道」「処変」「雑徳」等の詳細な徳目の内容を明らかにすることができた。それと同時に、他の徳目についても、例話内容を類型等に分けて見ていくことにより、『婦女鑑』で扱われている徳目の内容をさらに深く掘り下げて把握することができた。これによって見ると、『婦女鑑』は、一二の徳目の中で、さらに多様な類型の例話で成り立っており、また、一つの徳目の中でも、内容的に複数の徳目を含んでいるものもある、ということが明らかになった。

例話内容の特徴をいくつか挙げると、「婦道」ではさまざまな形で家を治め夫を助ける女性が取り上げられているが、中でも、女性の知識や教養が夫を助力するという内容が多数見られるのは注目に値する。これは、第一節で見た先行研究においても一様に取り上げられており、特徴的な例話ということができる。

次に、「慈善」などで、西洋の女性を模範として、家以外の場におけるさまざまな活動が取り上げられていることも注目される。第一節で見た若桑みどりの研究では、『婦女鑑』の例話について「だれ一人、男性の妻、母、妹でなかった存在としては語られていない」(33)と述べられているが、もちろん『婦女鑑』には男性を登場させた、その役に立つ妻・母等の女性の話が多いが、実際にはこの「慈善」を始めとして「愛国」「雑徳」などで妻・母・妹ではない女性も掲載されており、必ずしも妻や母であることが必要不可欠な条件とはされていないことがわかる。

また、例話数は少ないが「忠誠」や「愛国」が女性にも必要とされている点も特筆すべきである。内容的には、妻・母役割を通じての間接的な「忠誠」や「愛国」ではなく、女性自らの直接的行動が扱われているのが特徴である。さらに、「識見」「才学」「処変」では男性を凌ぐ力量を発揮する女性の話が中心であることもあげられる。

このように、親への孝行、夫への奉仕、子への教育といった役割が重視されつつも、単に従順な女性が望まれているというわけではないことがわかる。特に、家に収まらない行動規範も示されているという点では、後に成立する「良妻賢母」とは内容的に異なる面があるといえるであろう。(34)

第三節　『幼学綱要』および明治前期列伝形式女子用修身書との比較に見る『婦女鑑』の特質

第Ⅰ部第二章において『幼学綱要』の成立事情等について詳述した際に取り上げた通り、『幼学綱要』編纂の趣旨は、序・例言、頒賜の際の勅諭などに詳しい。勅諭では、「彝倫道徳ハ教育ノ主本（中略）方今学科多端本末ヲ誤ル者亦鮮カラス年少就学最モ当ニ忠孝ヲ本トシ仁義ヲ先ニスヘシ因テ儒臣ニ命シテ此書ヲ編纂シ群下ニ頒賜シ明倫修徳ノ要茲ニ在ル事ヲ知ラシム」(35)と趣旨が明示されている。元田による序文でも、彝倫道徳が教学の要であることや、仁義忠孝を本、知識才芸を末とする精神、これを幼少の児童に教えることの重要性などが、天皇の意向を説明する形で繰り返し述べられている。(36)これらは「教学大旨」「小学条目二件」第一項(37)の趣旨に沿った内容であり、これを受けて具体化した書が『幼学綱要』であると考えられることは、先行研究でもしばしば指摘されるところであり、第Ⅰ部第二章でも述べたところである(38)。

『幼学綱要』は二〇の徳目によって編纂されている。いずれも最初に徳目名をあげ、それぞれの徳目について、その説明文（徳目の大義・大旨・大意などともいう）と、経書からの短い引用文（経語）をいくつかあげた後、和漢の例話を列挙する形をとっている。二〇の徳目の配列は、孝行第一・忠節第二・和順第三・友愛第四・信義第五・勤学第六・立志第七・誠実第八・仁慈第九・礼譲第十・倹素第十一・忍耐第十二・貞操第十三・廉潔第十四・敏智第十五・剛勇第十六・公平第十七・度量第十八・識断第十九・勉職第二十、となっている。最初の五つの徳目は、儒教でいう「五倫」（父子・君臣・夫婦・長幼・朋友）に対応しており、これらを首位に置き、その後に「勤学」や「立志」などの徳目を配列していることは、本末の別のあることを示したものである。

この徳目の配列に関して、元田は最初、「君ニ事フマツルノ忠」を筆頭に掲げて案を作成していた(39)。その内容は、万世一系の君を戴く臣民が忠君愛国の精神をもってその恩義に報いるべきことを示したものである。これについて久木幸男は、「儒教の常識を無視した配列」で、「流石に八一年二月の「編纂稿本」では「孝行第一」「忠節第二」という順に訂正され、むろん完成本（刊本）でも孝・忠の順になっている。ところが刊本は孝を第一におきながら、その例話として神武や仁明の神話・伝説を初めに掲げることによって、「天皇尊崇」を鼓吹する形になっている」とし、元田が儒教とは異質の「天皇尊崇」を中心に儒教道徳を再編しようとした「特異」性を指摘している(40)。元田の試みは徳目の配列においては訂正されて刊本では儒教の「五倫」に対応する本来の順となったが、この「孝行」の例話の例に限らず、多くの徳目では、筆頭に天皇や皇后についての例話が掲げられており、全般にわたって「天皇尊崇」の精神を感化しようとしたことが読み取れる。

例話に関する特徴として、西洋の例話を採用していないことは、『婦女鑑』との大きな違いである。編纂途中で西洋の例話が削除されるに至った経緯については第Ⅰ部第二章で述べた(41)。また、女性の例話は圧倒的に少なく、全七巻、二二九話中三二話で、多くが「和順第三」と「貞操第十三」に集中している(42)。

「和順第三」では九話全てが女性の話である。筆頭には雄略天皇の皇后の例話が掲げられている。徳目の説明文には、「人ニ男女アリ。故ニ必夫婦アリ。夫婦アリ。然後父子アリ。兄弟アリ。以テ一家ヲ成ス。夫ハ其外ヲ治メ。婦ハ其内ヲ修ル者ナリ。夫婦和順ナレバ。一家斉整ス。所謂ル人倫ハ夫婦ニ始ルナリ。之ヲ忠孝ニ並ベテ。人倫ノ大義トス(43)」とある。忠孝に並べて夫婦を仁倫の大義とし、夫婦の和順を意義付けている。ただし、実際に例話内容を見ると、全て夫婦を扱った話であるが、和順というよりむしろ「賢明」を扱った話がほとんどである。例えば、夫を善言で諭した「雄略天皇」の皇后の話(44)、帝である夫の行為をたしなめたり、賢い進言をするなどした「唐ノ太宗ノ后長孫氏」の話、嫁いだ時からとっておいた大金を差し出して夫が名馬を買うことができた、「山内一豊」の妻の話など、賢明な妻が理想とされている。この他にも、江戸期の『本朝女鑑』の「賢明伝」等にもある「上毛野形名」の妻の話や、劉向『列女伝』の「賢明伝」にある「周ノ宣王」の姜后の話などもあり、自らの機転で夫を助けたり、夫の行為を諫めたりする妻の話があげられ、妻の善言や行為が夫を助けることにつながったことを称えたものがほとんどである。

「貞操第十三」でも、一四話全てが女性の話である。徳目の説明文には、「女子父母ノ家ニ在ルトキハ。幽間静淑。敢テ非礼ニ従ハズ。嫁シテ人ノ妻ト為ルトキハ。又終身他靡ク。事変ニ遭テ。其守ヲ易ヘズ。是ヲ之貞操ト謂フ。婦徳ノ尤モ大ナル者ナリ。故ニ柔順恵和。要訓ニ非ル無シト雖モ。特ニ此ヲ以テ先トス。婦女其レ之ヲ体セザル可ケムヤ(45)」とある。貞操は婦徳の最も大なるものであるとされている。ここでも、昔からの日本の話で、江戸期の『本朝女鑑』や『本朝列女伝』などにも入っている話（例えば「漢部妹刀自売」や「源渡ノ妻袈裟」や「静」など）も多い。例話内容としては、早く死んだ夫の墓を守ったり、夫の死後も再婚せず（「家原音那」と「紀音那」の話、「楚ノ白貞姫」）、あるいは夫が病気または早く死んだ後も再婚せず舅姑や子などを長年世話した話（「漢部妹刀自売」「四比信紗」「安」「漢ノ陳孝婦」）や、耳や鼻を削いだり自殺に至るといった激しい決断と行為で貞烈を極めた話（「魏ノ曹爽ノ従弟文叔ノ妻」「唐ノ奉天竇氏ノ二女」「譚氏ノ婦趙」「元ノ闞文興ノ妻王氏」「明ノ解縉ノ子禎亮ノ妻」）が比較的多い。特に中国の話には、後者の内容が多い。

その他の徳目では、例えば「孝行第一」の「橘逸勢ノ女」「後漢ノ曹娥」の二例や、「勤学第六」の「橘皇后」、「倹素第十一」の「北条時頼ノ母安達氏」（松下禅尼）、「廉潔第十四」の「斉ノ相田稷子」の母の話、「公平第十七」の「推古天皇」など、徳目によって女性が掲載されている場合もあるが、掲載されていても一話程度である。

以上のように『幼学綱要』では、編纂の趣旨、徳目や例話の配列などにおいて、仁義忠孝を重視し、「天皇尊崇」の精神を感化しようとする姿勢が示されている。例話は和漢のみで、女性の例話は少なく、女性に期待する徳行が、主に夫を助ける行為と、夫の死後も夫の家に奉仕する行為、貞操を守る行為等に集中している。

一方『婦女鑑』では、「孝行」の例話が筆頭にあるが「忠誠」は七番目で、「仁義忠孝」という徳を前面に出した配列にはなっていない。また、日本の皇后に関する例話は掲載されていない。そして、女性の例話の採用の仕方には大きな違いが見られる。『婦女鑑』の凡例には、『幼学綱要』に掲載済みのものは重複するので取り上げないということが書かれており(46)、『幼学綱要』の例話は前提として受け入れている。しかし、それにとどまらず、和漢洋の多数の女性を取り上げ(47)、前節で見たような多様な徳行を女性に期待していることは、『婦女鑑』の大きな特質である。

これは、明治前期の列伝形式女子用修身書の傾向との比較によっても明らかである。第Ⅰ部第一章でも述べた通り、当時の主要なものを概観すると、(48)日本の女性のみを取り上げた書が主流である。前述の徳田進の研究でも同様のことが指摘されており、「明治初年より明治二十年代までは和漢洋の三脈統のうち圧倒的に和が多く、漢これに次ぎ、洋は乏しく、そのままが明治初期の東西両洋文化の我が国において占めた位置を物語っている」(49)と述べられている。また、和漢洋の例話を盛り込んでいること自体、当時の女子用のものとしては特徴的な書であったと見ることができる。

徳目によって明確に区分された書における掲載徳目数を見ると、孝・貞（婦道）・母に関する徳目か、それに加えて平安時代などの女性の文学者等を扱った「才芸」や武士の妻の「節義」をあげている傾向が見られる。(50)例えば、代表書の一つである『日本列女伝』(51)は、最も人数が多い部類で、三巻で約一〇〇人の女性を取り上げているものの、徳目は「孝弟」「貞順」「母儀」の三つで区分されている。『西洋列女伝』(52)は、「孝行」「貞操」「友愛」「慈母」という区分になっているが、これは原著で扱われている多数の徳目の中からこの四つの徳目に関係する話が取り上げられて抄訳されているものである。また『本朝女鑑』(53)は、「后妃」「母儀」「賢婦」「孝女」「節婦」「才女」という区分になっている。徳目区分がない書においても、上述したような徳目が例話の中心となっている書が多い。例えば、『校訂増補本朝列女伝』(54)や『小学勧善本朝列女伝』(55)では、近世の女訓書にもよく見られる例話等が列挙され、前者ではさらに「附録」として、病の舅姑・兄や、継子等の親族の世話を献身的に行った庶民の話が増補されており、主に孝・貞（婦道）・母に関する例話が扱われている。『皇朝女子立志編』(56)は、緒言に「孝貞節操才芸母則」とあるように、孝・貞・母・才・武士の妻、の例話が中心となっている。このような徳目のみに女性の徳行を限定せず、第二節で見たような、多様な徳目に該当する例話を採用していることが、『婦女鑑』の特質であるということができる。

以上のように、『婦女鑑』の徳目構成と例話内容を具体的に検討すると、『婦女鑑』は『幼学綱要』の補遺として作成されたが『幼学綱要』における「仁義忠孝」重視、「天皇尊崇」の精神の感化といった面は引き継いでいないことが読み取れる。『婦女鑑』では、親を孝養し、救い、夫を助け、家を治め、子への教育・訓戒を行うなどの徳行が上位に据えられ重視されているが、「孝貞和順の儒教的女訓[57]」のみに女性の徳行の範囲が限定されているわけではないこともまた明らかである。

上述の通り、これらの徳行に加えて「才学」や教養を持った女性が期待され、「識見」に優れるなど独自の判断で状況を打開する女性が取り上げられている。また特に、西洋の女性を模範像として、「慈善」や「愛国」の例話を掲載しているのは、この時期としては注目すべきことである。前述の通り、明治前期の列伝形式の女子用修身書は、日本の例話のみで構成されている書が多く、孝・貞（婦道）・母に関する徳目か、それに加えて才学・節義等の徳目に関する例話が中心であった。このような列伝形式の女子用修身書の流れの中で見た場合、『婦女鑑』は和漢洋にわたる例話を盛り込んだ総合的な列伝形式女子用修身書の登場と見ることができ、しかも多くの徳目を女性に期待し、特に「慈善」「愛国」などの徳目を取り入れた先駆的存在であったと考えられるのである。これは、『婦女鑑』が華族女学校の子女を対象として作成されたことにも関係しているものと考えられる。つまり、このような階層の子女に対して、早くから国家的・社会的な徳行にも目を向けさせようという編者の意図があったのではないかと思われる。なおこれらに関しては、編者西村茂樹の思想や、女子用修身書・教科書の歴史的な流れと併せて考察することが必要であると考えられるため、以下の第Ⅱ部第一章・第二章を中心としてさらに考察していくこととしたい。

註

（1） 徳目名と徳目の説明文は、刊本に近い編纂稿本「婦女鑑草稿」の段階で削除されたため、刊本には記載がない（第Ⅰ部第三章参照）。

（2）拙稿「『婦女鑑』の研究—徳目構成と例話内容の分析を通して—」（『人間文化創成科学論叢』第一三巻、お茶の水女子大学大学院人間文化創成科学研究科、二〇一一年）。
（3）西谷成憲「『婦女鑑』に関する研究　草稿本の検討を中心にして」（『多摩美術大学研究紀要』第九号、一九九五年）。
（4）若桑みどり『皇后の肖像　昭憲皇太后の表象と女性の国民化』筑摩書房、二〇〇一年。
（5）同上、一一五頁。
（6）同上、一一五頁、一五二頁。
（7）同上、一五九—一六二頁。
（8）同上、一六一頁。
（9）同上、一六四—一六五頁。
（10）同上、一六五頁。
（11）菅野則子「望まれる女性像—『幼学綱要』・『婦女鑑』を中心に—」（『帝京史学』第二六号、二〇一一年）。
（12）同上、一六〇頁。
（13）多田健次「美子《はるこ》皇后と『婦女鑑』の世界—『西洋品行論』・美濃部伊織の妻・橘曙覧—」（『弘道』第一〇四〇号、日本弘道会、二〇〇六年二月）五三頁。
（14）多田健次「美子《はるこ》皇后と『婦女鑑』の世界—フランクリン・元田永孚・和魂洋才」（『弘道』第一〇三六号、日本弘道会、二〇〇五年六月）四六頁。
（15）同上、四五—四九頁。
（16）前掲「美子《はるこ》皇后と『婦女鑑』の世界—『西洋品行論』・美濃部伊織の妻・橘曙覧—」五三—五六頁。なお、編纂稿本の記載によると『婦女鑑』の「美濃部伊織妻」の出典は、江戸期の『一話一言』である（第Ⅰ部第五章参照）。
（17）徳田進『孝子説話集の研究　近代篇（明治期）—二十四孝を中心に—』井上書房、一九六四年、二三四—二四五頁。
（18）徳目名と徳目の説明文の記述は「婦女鑑原稿」と「婦女鑑西洋篇草稿」にあるが、以下では原則として「婦女鑑原稿」を用いる。編纂稿本の概要および成立過程については第Ⅰ部第三章参照。
（19）前掲「『婦女鑑』に関する研究　草稿本の検討を中心にして」一〇三頁に同様の表があるが、数箇所に誤りが見られる。

(20) 前掲『孝子説話集の研究　近代篇（明治期）―二十四孝を中心に―』三八七頁。
(21) 同上、三一七頁。
(22) 同上、三一六頁。
(23) 第Ⅰ部第一章参照。
(24) 第Ⅰ部第一章でも述べた通り、劉向『列女伝』の徳目は、母儀・賢明・仁智・貞順・節義・弁通・孽嬖から成っており（ただし孽嬖は悪女を集めた伝）、孝行の徳目はない。
(25) 宮内庁書陵部宮内公文書館所蔵「婦女鑑原稿」巻一。
(26) 前掲「婦女鑑原稿」巻二。第Ⅰ部第三章参照。
(27) 同上。
(28) 前掲「婦女鑑原稿」巻五。
(29) 同上。
(30) 西村茂樹編纂・山田安栄校勘・加部厳夫修文『婦女鑑』巻五、宮内省、一八八七年。
(31) 前掲「婦女鑑原稿」巻五。
(32) 前掲「婦女鑑原稿」巻六。
(33) 前掲『皇后の肖像　昭憲皇太后の表象と女性の国民化』一六五頁。
(34) この点については、第Ⅱ部第一章も参照願いたい。
(35) 「幼学綱要頒賜勅諭」一八八二年（国民精神文化研究所編『教育勅語渙発関係資料集』第一巻、国民精神文化研究所、一九三八年〔復刻版、コンパニオン出版、一九八五年〕）二七頁。
(36) 『幼学綱要』宮内省、一八八二年（前掲『教育勅語渙発関係資料集』第一巻）二九―三〇頁。
(37) 「教学大旨」（前掲『教育勅語渙発関係資料集』第一巻）三―四頁。
(38) 海後宗臣『教育勅語成立史の研究』（私家版、一九六五年）一〇三頁、一一八―一二三頁等において指摘されている。
(39) 「幼学綱要編纂主意」（教学局編『教育に関する勅語渙発五十年記念資料展覧図録』内閣印刷局、一九四一年）二〇頁。
(40) 久木幸男「明治儒教と教育―一八八〇年代を中心に―」（『横浜国立大学教育紀要』第二八集、一九八八年）二五九頁。

(41) 元田永孚とともに『幼学綱要』の編纂に当たった一人である高崎正風らの積極論によって、一旦は西洋の例話の編纂がなされていたが、一八八一年の「小学校教則綱領」にて西洋史を除くことになり、文部卿からの要請があり削除に至ったものである（詳しくは第Ⅰ部第二章参照）。

(42) 『幼学綱要』の女性の例話の特徴に言及したものとして、前述の菅野則子の研究があり、徳目別に男女別例話数を表に示し、女性の事例は二三例で、「貞操」の項に集中していると述べている（前掲「望まれる女性像―『幼学綱要』・『婦女鑑』を中心に―」一四三―一四六頁、一六五頁）。しかし菅野は、おそらく各例話の冒頭に書かれた人名に基づいて数えていると思われ（『幼学綱要』には例話の題名を示す行がない）、主に女性が徳行に関わっている話も、男性の例話として計数しているものがしばしばあるようである。女性の徳行が取り上げられている場合には女性の例話に含めて数えている筆者の計数方法とは異なるため、筆者のカウント数よりも菅野の計数した人数は大幅に少なくなっている。なお、『幼学綱要』の女性の例話数に言及した他の研究を見ると、西谷成憲は三〇話（西谷前掲論文一〇一頁）、若桑みどりは三一人（若桑前掲書一七二頁）、深谷昌志は三一名（深谷昌志『良妻賢母主義の教育』黎明書房、一九六六年、一一五頁）としており、筆者の計上数（三二話）と同程度であり、「和順」の例話等も筆者と同様に女性の例話として数えていることが窺われる（筆者の計上数よりやや少ない理由としては、「公平」の「推古天皇」を女性の例話として数えていない場合などがある）。また、徳田進の研究では、「和順」の例話名を列記する際に、「…ノ妻」「…ノ母」と記しているため、同じく女性の例話として認識していることがわかる。

(43) 前掲『幼学綱要』五九頁。

(44) 『幼学綱要』の各例話には、題名だけが書かれた行がない。各例話の冒頭には大体人名が書かれているが、必ずしも徳行を行った中心人物とは限らない場合もある。そのため以下で例話名を記す場合には、冒頭に記載された男性に関連しての女性の徳行を主に扱っている例話については、男性名をカギカッコで括り、それに〝の皇后〟・〝の妻〟・〝の母〟等という言葉を付して記すこととする。

(45) 前掲『幼学綱要』一三五頁。

(46) ただし、『幼学綱要』にある「斉ノ相田稷子」の母の話は、『婦女鑑』にも掲載されている（「斉田稷母」）。

(47) 『婦女鑑』に西洋の例話が多いことに関して、前述の菅野則子は、『幼学綱要』編纂途中で削除された西洋の事例の多くが『婦女鑑』に流用収載されたのではないか、という仮説を述べている（前掲「望まれる女性像―『幼学綱要』・『婦女鑑』を中心に―」一六三頁）。しかし、筆者の調査によると（東京大学総合図書館所蔵の、編纂過程のものとされる「幼学綱要」二種。杉江京子のいうところの「東大活字本」一三冊と、三条実憲からの寄贈本〔巻一〜三のみ〕〔杉江京子「『幼学綱要』挿画成立事情考―松本楓湖・五姓田芳雄・月岡芳年との関わりをめぐって―」〈『美術史研究』第四九冊、二〇一一年、九〇―九三頁〉〕）、『幼学綱要』に掲載されるはずで削除された西洋の例話の中で、現在確認することのできる「孝行第一」から「勤学第六」および「貞操第十三」から「勉識第二十」までの一四の徳目に限ってではあるが、『婦女鑑』と同じ人物を扱った話は、「和順第三」の「フラッキスメン」の妻「アンデンマン」の話（『婦女鑑』の例話名は「安弗拉斯曼《アーンフラックスマン》」）と、「識断第十九」の「大霊《ダーリン》」の話（『婦女鑑』の例話名は「額黎咀林《グレイス・ダルリング》」）の二話しかない（このうち「安弗拉斯曼《アーンフラックスマン》」の話に関しては、『幼学綱要』と『婦女鑑』では異なる書籍を出典としていると思われる。第Ⅰ部第五章参照）。欠本となっている「立志第七」から「忍耐第十二」までの六つの徳目に関しては不明であるため、現在確認できる範囲に限ってではあるが、『幼学綱要』で削除された西洋の例話の多くが『婦女鑑』に収載されたわけではないことがわかる。ただし、『幼学綱要』の編纂時に使用されたと推定されている書物自体は、『婦女鑑』の例話の出典として複数使用されている。これについては、第Ⅰ部第五章を参照願いたい。

(48) 海後宗臣編『日本教科書体系　近代編』第三巻　修身(三)（講談社、一九六二年）所収の「修身教科書総目録」の中で、『婦女鑑』以前に刊行された女子用の列伝形式のものを参照した。第Ⅰ部第一章第二節参照。

(49) 前掲『孝子説話集の研究　近代篇（明治期）―二十四孝を中心に―』一七四頁。

(50) ただし、第Ⅰ部第一章でも述べた通り、教科書として作成されたもので、列伝形式というほどではなく例話の掲載が少数であるものや、嘉言と併せて例話を掲載しているもの等（例えば干河岸貫一『小学必携女子修身訓蒙』〔吉岡平助、一八八〇年〕や河野善『小学修身女訓』〔畠林専二郎・小川儀平、一八八二年〕など）では、徳目がこれよりは多めな傾向にある。

(51) 小島玄寿編『日本列女伝』山中八郎、一八七八年。

(52) エリッサベス・スターリング著、宮崎嘉国訳、片山淳吉閲『西洋列女伝』錦森堂、一八七九年。『婦女鑑』の西洋の例話の出典の一つにもなっている書である。第Ⅰ部第五章参照。

(53) 日柳政愬『本朝女鑑』浪華文会、一八八四年。

(54) 匹田尚昌編・斎藤実頴増補『校訂増補本朝列女伝』文昌堂、一八七九年。『挿画本朝列女伝』（一八七五年）の増補版。

(55) 松平直温編『小学勧善本朝列女伝』渡辺貞吉、一八八〇年（奥付には一八七九年一二月版権免許とあるが、「緒言」が翌年二月のため、ここでは一八八〇年とした）。

（56）　上野理一編纂兼出版人『皇朝女子立志編』一八八三年。『婦女鑑』の日本の例話の出典の一つにもなっている書である。第Ⅰ部第五章参照。

（57）　前掲『皇后の肖像　昭憲皇太后の表象と女性の国民化』一六五頁。

第五章　『婦女鑑』の例話の出典

『婦女鑑』は全六巻で一二〇話（日本三四話、中国三三話、西洋五三話）を掲載している。前章までにおいて、編纂稿本と刊本の両者を用いて『婦女鑑』の徳目分類と例話内容について検討し、その上でこれを『幼学綱要』や明治前期の列伝形式女子用修身書の傾向とも比べ、『婦女鑑』では、和漢洋の多くの女性を取り上げていることや、当時としては多様な徳目内容に関する例話を扱っていることなどをその特質として示した。『婦女鑑』のこのような特質とも関わる背景として、草稿段階で編者がどのような書物を参考にしていたのか、ということも注目すべき点である。

『婦女鑑』の各例話の出典名は、宮内庁所蔵の編纂稿本の一つである「婦女鑑原稿」に記載がある。このことについてはすでに海後宗臣によって指摘されていた。(2) 具体的に出典名をあげたものとしては西谷成憲の研究があり、「例話出典の検討」という節で詳しく言及されている。個々の例話の出典が一覧表にまとめられ、また、出典となった書物の概要についても記されており、『婦女鑑』の出典が概観できる。(3) そこでの結論としては、「明治一三年三月以降の文部省教科書取調べで小学校、中学校、師範学校の教科書として許可或いは口授用書に認可されたものを、例話出典選択の中心においていたと考えられる。加えて、学制期に刊行された修身書、あるいは江戸期に刊行された人物主義の歴史書や教訓書などに因っている」ということと、劉向『列女伝』からの引用において「孽嬖伝」（悪女を集めた巻）の話を除いていることから、「敢えて勧善懲悪の方針をとらず、あくまで婦女子の模範となる善行の女性のみを教示しようとした姿勢がうかがえる」との二点が指摘されているが、(4) さらに指摘すべき点もあると思われる。また、例話内容と関連させての考察は行われていない。

また、西谷の研究に基づいて西洋の例話の出典に言及し説明を加えているものに、尾崎るみの研究がある。尾崎は、「グレースダーリング」という女性の例話が掲載されているさまざまな書物を追う中で、この話が『婦女鑑』にも掲載されていることから、『婦女鑑』の西洋の例話の出典について、その書物やその原著の概要を説明している。(5)

そこで本章では、出典となった書物自体の概要の説明等は、先行研究で明らかになっている部分については最小限にとどめ、編者がどのような書物を参考にしたのか、という視点で出典の構成の特徴等について考察するとともに、その中からどのような例話を集めて採用したか、という例話の選択についても併せて検討を加え、この両者について検討することによって、上述の『婦女鑑』の特質等と、例話の出典に、どのような関連があるのかについて論じたい。

第一節　出典の構成

1　和漢洋別の出典構成

『婦女鑑』の各例話の出典名は、宮内庁所蔵の編纂稿本の一つである「婦女鑑原稿」に記載がある。出典元の文章と『婦女鑑』の文章を比較すると、文章自体は同一ではない。これは、例えば『野史』や中国の列女伝類は漢文である等の理由もあると思われるが、華族女学校の生徒向けであることを意識してか、全体として風雅な文体で記され、後述するように言葉の言い換えが行われたり、説明が付加されたり、長い話が縮められたりもされている。西村茂樹が宮内省において複数の属僚を従えて編纂作業を行っていたことは第Ⅰ部第二章において述べたが、この作業には西

表4 『婦女鑑』の各例話の出典

刊本の巻	編纂稿本記載の徳目名	例話名	編纂稿本記載の出典関係記述（書名・巻名等）
巻一	（孝行）	衣縫金継女	女子立志篇一
		福依売	姫鑑巻四
		孝女密茲	野史二百六十四
		斉太倉女	劉向列女伝六
		珠崖二義	劉向列女伝五
		路易斯女	勧懲雑話　第十六章
		新約克の孝女	西洋列女伝七
		哈徳遜河の孝女	修身教訓　第三十一課
	（友愛）	富　女	（「婦女鑑原稿」に例話の掲載なし）
		黒連窩加	西洋列女伝五
		百底安波	西洋列女伝巻上
	（婦道）	毛利勝永妻	夜鶴集
		三宅重固妻田代氏	畸人伝二
		瀧長愷妻	女子立志篇二
		黒柳孝女	野史二百七十
		美濃部伊織妻	一話一言二十
		稲生恒軒妻波留子	野史二百六十九
		農夫忠五郎妻	夜鶴集
		綾部道弘妻志知子	野史二百七十
		佐璵女	野史二百七十
巻二		蔡人妻	劉向列女伝四
		陳堂前	新続列女伝中
		王受命妻	閨媛典鈔録
		波立的那の妻塞斯達	西洋列女伝三
		百斯加拉侯匪地難多の夫人微多利	西洋列女伝九
		安弗拉斯曼	三百十四
		馬屈利多	（記載なし．「修身鑑」と推定される）
		亜耳巴地侯の夫人	西洋列女伝十五
		脱勒辺夫人	三百九十六
		任善徳弗の妻	西洋品行論十一編
		抜克蘭．呼倍爾．哈米爾敦の妻	西洋品行論十一編
		奈蒲爾．彌爾．発拉第の妻	西洋品行論十一編
	（勤倹）	鐘尾ふで女姉妹	女子立志篇三
		二村清助妻衛女	女子立志篇三
巻三	（慈善）	鈴木宇右衛門妻	小学読本五
		雋不疑母	劉向列女伝八
		厚瓦徳の妻	修身鑑
		抜　婁	修身鑑
		貧老嫗	修身鑑
		担水夫惹克面の妻	修身鑑

		利　禰	（記載なし．「修身鑑」と推定される）
		維　匡	修身鑑
		馬理夫人	四百三十四
		以撒伯拉額罕	三百三十一
		安　那	三百十六
		少女馬利	修身鑑
		撒拉馬丁	西洋品行論五編
		維爾孫夫人	五百五十五
		特多里蒙	修身鑑
		琑　妮	修身鑑
		聚　侃	修身鑑
		以利沙伯弗来	修身教訓　第三十二課
		額黎咀林	童蒙教草　第二十八章
巻四	（母道）	楠正行母	姫鑑二（参考太平記六）
		清水太郎左衛門母	姫鑑二
		湯浅元禎母	野史二百七十
		成田喜起母福島氏	女子立志篇二
		小出大助妻恵知子	（記載なし）
		魯季敬姜	劉向列女伝一
		鄒孟軻母	劉向列女伝壱
		楚子発母	劉向列女伝一
		魏芒慈母	劉向列女伝一
		斉田稷母	劉向列女伝一
		斉義継母	劉向列女伝五
		王孫氏母	劉向列女伝八
		程文矩妻	劉向列女伝　続
		陶侃母	劉向列女伝　続上
		二程母	新続列女伝中
		舌弗爾の母	西洋品行論二編
		華聖頓の母	西洋品行論二編
		俄義的の母	西洋品行論二編
	（忠誠）	忠女福	一話一言八　野史二百七十
		藍巴耶	三百八十
		白侖透	修身鑑
	（愛国）	若安達亜克	（記載なし）
		撒拉倍渉	百九十五
		亜俄底那	百六十
巻五	（識見）	徳川秀忠乳母	野史巻八十一　女子立志篇二
		徳川頼宣母蔭山氏	夜鶴集近古史談二　野史七十八　八十一
		本阿弥光悦母	空中斉草鈔
		徳川吉宗母巨勢氏	夜鶴集
		斉桓衛姫	劉向列女伝二
		晋文斉姜	劉向列女伝二
		曹僖氏妻	劉向列女伝三

		晋羊叔姫	劉向列女伝三
		魯漆室女	劉向列女伝三
		衛姑定姜	劉向列女伝一
		趙将趙括母	劉向列女伝三
		楽羊子妻	劉向列女伝　続上
	（才学）	紫式部	大日本史列女伝　女鑑九
		曹世斉妻	劉向列女伝　続上
		羅　拉	二百四
		加羅林路古勒西	三百五十三
		路古勒西馬利大闘遜	二百八十二
巻六	（処変）	土肥二郎実平妻	姫鑑十五
		鳥井与七郎妻	女子立志篇一
		奥村助右衛門妻	姫鑑十五
		山名禅高妻	姫鑑七
		細川忠興夫人	野史二百六十八
		堀部金丸女	女子立志篇巻二
		楚平伯嬴	劉向列女伝四
		楊夫人	劉向列女伝八
		楊烈婦	劉向列女伝　続上
		韓氏女	宋史二百十九　新続列女伝中
		藺　氏	劉向列女伝　続下
		盧妻妙恵	劉向列女伝　続下
		達渉夫人	西洋列女伝十一
		葛羅周の妻	西洋品行論十一編
		多勒梅児	西洋品行論五編
		巴威畧の達渉	西洋列女伝七
		蘇瓦突堡の女侯	修身鑑
		佛蘭格林の夫人	西洋品行論五編
	（雑徳）	老婆亀	野史二百六十九
		楚野弁女	劉向列女伝六
		斉女徐吾	劉向列女伝六
		哥爾涅利	修身鑑
		侖屈維爾の女侯	修身鑑
		綿多嫩	修身鑑
		仁恵婦女社の看護人	修身鑑
		加馬馬児	三百七十一

註　徳目と出典関係の記述は，編纂稿本「婦女鑑原稿」の記述を用いた．漢数字のみが記載された例話を除き，丁数・頁数等の記述は省略した．例話の順番は刊本の掲載順とした．

表5　『婦女鑑』の和漢洋別例話出典名と採用例話数

日　本　34話		中　国　33話		西　洋　53話	
野　史	11	劉向列女伝(続列女伝を含む)	22	修身鑑	15(17)
女子立志篇	8	新続列女伝	10	*Woman's Record*	13
姫　鑑	6	閨媛典鈔録	1	西洋品行論	10
夜鶴集	4	宋　史	1	西洋列女伝	8
一話一言	2			修身教訓	2
畸人伝	1			勧懲雑話	1
小学読本	1			童蒙教草	1
近古史談	1				
空中斉草鈔	1				
大日本史列女伝	1				
女　鑑	1				

註　稿本「婦女鑑原稿」の記載による（*Woman's Record* を除く）．複数の出典名が記されている5話については重複して掲載した．出典名の記載がない例話が4話，「婦女鑑原稿」に草稿自体がない例話が1話ある．以上により，合計の例話数とは一致しない．推測できる出典がある場合はこれを加えた数をカッコ内に示した．

村とこれらの属僚らが当たったと思われる。

刊本『婦女鑑』の例話ごとに、編纂稿本「婦女鑑原稿」に記された出典に関する記述を表にまとめたのが表4である。「婦女鑑原稿」には、出典の書物名とともに、該当する部分の巻数や丁数等も記されている場合もある。また、一つの例話に複数の出典名が記されている場合もある。西谷の研究にある同様の表では、各例話につき一つの出典名のみが記されており、巻数・丁数等も省かれている。そこで、表4では、複数の出典名が記されているものはこれを記し、記載されている巻数等の記述もそのまま記すことにする（丁数等は省略）。漢数字だけが記されているもの（一三話）はそのまま漢数字を記し、出典名の記載がないもの（四話）、「婦女鑑原稿」に草稿自体がないもの（一話「富女」）はその旨を括弧に入れて記した。推定できる書がある場合はそれにも言及した。

各出典の概要や、出典における例話の題目・徳目分類等については、上述の通り、西谷成憲の先行研究における、「例話出典の検討」という箇所において詳細に示されているので、本章での説明は最小限に止め、出典構成の特徴等を指摘することに努めたい。

まずは全体の傾向を知るため、「婦女鑑原稿」に記載された出典名（*Woman's Record* を除く。「劉向列女伝続上」「同下」は出典を確認すると「新続列女伝」の上と下を指すとわかるため「新続列女伝」に含めた。また、「参考」と書かれたものは除いた）と採用例話数を和漢洋別にまとめると、表5のようになる。なお、一つの出典名しか記載されていない場合に、他の出典にも同じ人物を扱った例話が掲載されていることがあるが、これについては後述する。

2 日本の例話の出典

日本の例話の中で、最も多くの話が採用されているのが飯田忠彦修『野史』（一八五一〈嘉永四〉年序、別名『大日本野史』）である。全二九一巻一〇〇冊で、『大日本史』の後を受け明徳～文政年間の約四二〇余年を紀伝体で記した歴史書である。『婦女鑑』での採用は一一話（孝行一、婦道四、母道一、忠誠一、識見二、処変一、雑徳二）で、「孝子列伝」から一話（『婦女鑑』では孝行）、「徳川外戚伝」から二話（『婦女鑑』では識見）の他は、女性のみを扱った「貞烈列伝」（三巻）から採用されている。

次に多いのが「女子立志篇」（上野理一編纂兼出版人、千河岸貫一・関徳校閲『皇朝女子立志編』〈一八八三〈明治一六〉年〉のこと）である。全三巻で、緒言に、千河岸貫一の『日本立志編』の欠を補い、「孝貞節操才芸母則」の著しいものを蒐輯したこと、中小学校の生徒に女子の道を教え志を大いに立てさせるものであること、素材は正記に拠りとったこと、などが記されている。編者の言が各例話の末尾に付された構成となっている。『婦女鑑』での採用は八話（孝行一、婦道一、勤倹二、母道一、識見一、処変二）である。他に、『婦女鑑』で他の出典からの採用となっている同じ人物を扱った話が一〇話ある。

続いて多いのが「姫鑑」（中村惕斎著『比売鑑』〈紀行篇は一七一二〈正徳二〉年〉のこと）である。述言篇一二巻、紀行篇一九巻から成り、紀行篇には、述言篇に対応して和漢の女性の話が列伝形式で多数掲載されている。『婦女鑑』

での採用は六話〈孝行一、母道二、処変三〉である。なお、中国の例話には、劉向の『列女伝』その他の書物から多数の例話が採用されている。

他に、『婦女鑑』での採用は一～四話と少数であるものに以下がある。

近藤武群編『夜鶴集』〈全二〇巻二一冊、一八二八〈文政一一〉年序〉は、保元～安永頃の六百余年の人物を掲載した書で、(7)『婦女鑑』での採用は四話〈婦道二、識見二〉である。大田南畝『一話一言』〈一七七五〈安永四〉年頃～一八二二〈文政五〉年頃執筆〉は、さまざまな事柄に関する雑記・随筆で構成されている書で、『婦女鑑』での採用は二話〈婦道一、忠誠一〉である。「畸人伝」〈伴蒿蹊『近世畸人伝』〈全五巻、一七九〇〈寛政二〉年序〉のこと〉は、近世の人物評伝であり、『婦女鑑』での採用は一話〈婦道〉である。榊原芳野・那珂通高・稲垣千頴編『小学読本』〈首巻および一～五巻、文部省、一八七三〈明治六〉年、翌年改正〉は、当時広く普及した国語の読本で、巻四・五が和漢洋の話で構成されている。『婦女鑑』での採用は一話〈慈善〉である。大槻磐渓〈清崇〉『近古史談』〈全四巻、一八六四〈元治元〉年〉は、近世初頭の武将等に関する逸話を集めたもので、『婦女鑑』での採用は一話〈識見〉である。本阿弥長識鈔『空中斎草鈔』〈全一冊、吉川半七、一八八四〈明治一七〉年〉は、本阿弥光甫〈一六〇一―一六八二〉『本阿弥行状記』の抜粋で、『婦女鑑』での採用は一話〈識見〉である。「大日本史列女伝」は、徳川光圀が編纂に着手し明治期に完成した『大日本史』の一部にある列女伝〈巻二二四〉で、『婦女鑑』での採用は一話〈才学〉である。「女鑑」〈浅井了意編とされる『本朝女鑑』〈全一二巻、一六六一〈寛文元〉年〉のこと〉は、江戸期の列伝形式の女訓書の代表作で〈第Ⅰ部第一章参照〉、『婦女鑑』での採用は一話〈才学〉である。

以上を見ると、日本の例話の出典として使用された書物は、近世の伝記類・歴史書が多いことがわかる。特に、『野史』からの採用が注目される。『野史』は、江戸期には一〇〇冊のうちの一部が印刷され、稿本の謄写、仁孝天皇の天覧もなされていた。明治期には、著者が生前有栖川宮に仕えていたことから一八七〇年に宮家蔵版で刊行の手続きがなされたが、太政官から国史編集の参考のため献納を命じられ宮家での印刷は中止、[8]ただし、内務省の『版権書目』の「明治九年五月分」に「大日本野史」（訓点者　清水彦介・飯田文彦〔養子―引用者註〕、著者　飯田忠彦、出版人飯田文彦）とあり、[9]また、「明治九年文部省交付」の朱印がある、版心に「勧学校蔵」とある活字本の一部が国立国会図書館に所蔵されていることから、この頃に刊行されたと見られる。また一八八一～一八八二（明治一四～一五）年刊行のもの（飯田忠彦修、飯田文彦訓点、竹中邦香校、国文社）には熾仁親王から下賜された序が付されている。

『野史』が『婦女鑑』の例話の出典として多く使用された要因の一つには、『野史』がこのように皇室や太政官とも関係のある書物であったことが考えられる。西村が『婦女鑑』の編纂を命じられる以前に編纂の長となっていた記録がある川田剛は、太政官修史館勤務の経歴のある漢学者であり、川田の『婦女鑑』編纂への具体的な関わりは不明なものの、[10]日本の例話の資料収集において川田の影響も多少引き継いだ部分があるのではないかと思われる。また徳田進の研究によると、『幼学綱要』の日本の例話には「大日本史、野史、日本外史、扶桑蒙求の類から採ったものが見出せる」[11]とあり、『幼学綱要』の編纂において『野史』が出典として使用されていたことも大きな要因としてあげられよう。

3　中国の例話の出典

中国の例話の多数を占める出典が、劉向撰『列女伝』（前漢時代に成立、七巻）に「続列女伝」（撰者不明）一巻が付されているものである。『婦女鑑』での採用は二二話（うち『列女伝』は一九話〔孝行二、婦道一、母道六、識見七、処変一、雑徳二〕、「続列女伝」は三話〔慈善一、母道一、処変一〕）である。日本では一六五三～一六五四（承応二～三）年に、上述の八巻（『列女伝』七巻と「続列女伝」一巻。内題は『新刻古列女伝』）に『新続列女伝』（内題）上・中・下が付され出版された。これら合わせて一一巻の題箋（外題）は『劉向列女伝』となっている。[12] そのため、『婦女鑑』の編纂稿本における各例話の出典名の記載のされ方は複雑で、「劉向列女伝一」〜「劉向列女伝六」と書かれているのは上述の劉向の『列女伝』の巻一〜六を指し（巻七は悪女を集めた「孽嬖伝」で『婦女鑑』には掲載なし）、「劉向列女伝八」は上述の「続列女伝」を指し、「劉向列女伝続上」「劉向列女伝続下」はそれぞれ『新続列女伝』の上・下巻を指し、「新続列女伝中」とあるのが『新続列女伝』の中巻を指している。

『新続列女伝』には、明代までの中国の女性の例話と、韓国人女性の例話が収められており、『新続列女伝』は李氏朝鮮舶載本に手を加えて日本の書肆が上述の八巻に恣意に付した書と推測されている。[13]『新続列女伝』の例話の『婦女鑑』での採用は一〇話（婦道一、母道三、識見一、才学一、処変四）である。

この他、採用一話ずつのものに、『閨媛典鈔録』と『宋史』がある。『閨媛典鈔録』は西谷の先行研究では「未確認」とされていたが、『閨媛典』（全三七六巻、一二二冊、清の蔣廷錫等撰、清代までの女性の列伝）の抄録と思われる。第Ⅰ部第二章で述べた通り、『婦女鑑』の編纂記録である「婦女鑑編修録」[14]には、一八八二年一月一三日に「閨媛典女史　書籍館ヨリ借用」という記載があり、西村茂樹が編纂を担当することになった一八八四年一〇月以前の段階からすでに編纂のために文学御用掛において借りられていた書物である。一八八五年七月一一日には「女史八冊　閨媛典百廿二冊　東京図書館へ返却セリ」と返却の記録がある。『婦女鑑』での採用は一話（婦道）である。

また、『宋史』については先行研究では触れられていないが、『宋史』の中の列女伝（列伝巻第二〇九）のことであり、『婦女鑑』での採用は一話（処変）である（ただしこの例話には『宋史』と『新続列女伝』の二つが出典名として記載されている）。

以上のように、中国の例話は列女伝類から採用されている。しかも、『閨媛典鈔録』を出典とする一話を除いて、全て『列女伝』と『新続列女伝』が出典となっている。第Ⅰ部第一章でも述べた通り、劉向『列女伝』（これに付された「続列女伝」を含む。以下同様）は、古来日本に影響を及ぼしてきた書物であり、特に近世に入り、これに倣って『本朝列女伝』『本朝女鑑』等の同類書が出版され、列伝形式の女訓書・修身書の系譜を形作ってきた古典である。

『婦女鑑』の出典として『列女伝』および『新続列女伝』が使用された理由としては、『幼学綱要』の例話の出典との関係が指摘できる。『幼学綱要』の中国の女性の例話一五話は、全て『列女伝』および『新続列女伝』にある例話である。『列女伝』にある話が四話[15]、『新続列女伝』にある例話が一一話である[16]。『幼学綱要』の中国の例話の出典に関しては、これまで徳田進が、「中国のものについては、史記列伝、二十四史の列伝、蒙求類、古列女伝が指摘できる」と述べており、「古列女伝」（劉向『列女伝』のこと）および二十四史の列伝について指摘しているが、『新続列女伝』との関連については言及されていない。徳田の指摘のように、男性の例話を二十四史（正史）の列伝の中から採用するのと同様に、女性の例話も二十四史の中の列女伝から直接個別に採用した可能性もあるが[17]、上述の『劉向列女伝』（『列女伝』と『新続列女伝』を合わせた外題）の中に『幼学綱要』の中国の女性の例話が載っていることを考えると、『幼学綱要』の中国の女性の例話はこの『列女伝』と『新続列女伝』から採用した可能性が高いと考えられる。『婦女鑑』の中国の例話の出典としてこれが用いられているのも、『幼学綱要』において使用されていた書を使用したものと見ることができる。

4　西洋の例話の出典

西洋の例話の出典で最も多いのが、中川元訳述、中村正直閲、中島雄校正『修身鑑』（全七巻、普及舎、一八七八年[18]）

である。版心に「東京女子師範学校」とあるのは、一八七五〜一八八〇年に同校の摂理であった、校閲者の中村正直との関係からかと推察される。訳者中川元は一八七〇年に大学南校に入りフランス学を修め、その後一八七四年文部省一一等出仕、外国語学校勤務を命ぜられ、一八七八年からは師範学科取調べのためフランスへ派遣された、文部省の官僚である。(19) 例言には、フランス人バルロオー編纂の「モラール・プラチック」が原書とあり、原序には、小学の課業書となすために編纂したことが記されている。この「モラール・プラチック」自体については先行研究では説明がなされていなかったが、今回の調査で、Th. H. Barrau, *Livre de morale pratique, ou choix de préceptes et de beaux exemples, destiné a la lecture courante dans les école et dans les familles*（Nouv. éd., Paris: Hachette et Cie, 1872）(20) であることがわかった。『婦女鑑』での採用は、一五話、出典の記載がないが『修身鑑』と推定できるものを含めると一七話（婦道〔推定一〕、慈善九〔推定を含めると一〇〕、忠誠一、処変一、雑徳四）である。

ところで、「婦女鑑原稿」に出典名ではなく漢数字だけが記載されている西洋の例話が一三話ある。先行研究では「未確認」（西谷）とされ不明であったが、今回調査した結果、これらの例話の出典が Sarah Josepha Buell Hale, *Woman's Record; Or, Sketches of All Distinguished Women, from the Creation to A.D. 1868. Arranged in Four Eras. With Selections from Authoresses of Each Era*（3rd ed., rev., New York: Harper & Brothers, 1870）(21) であることが判明した。「婦女鑑原稿」に記載されている漢数字は、この書のページ数を示している。編纂稿本「婦女鑑原稿」と「婦女鑑西洋篇草稿」には、編纂・修文・校文の人名のほかに「翻訳　坂田伝蔵」という記載があるため、翻訳作業には坂田が関係したのではないかと考えられる。(22)『婦女鑑』での採用は一三話（婦道二、慈善四、忠誠一、愛国二、才学三、雑徳一）である。

その次に多いのが、スマイルス著、中村正直訳『西洋品行論』（全一二冊、珊瑚閣、一八七八〜一八八〇年）である。

『西洋品行論』は、サミュエル・スマイルズの『キャラクター』（*Character*, 一八七一年）の翻訳で、中村正直が『西国立志編』（一八七一年。スマイルズの『セルフ・ヘルプ』の翻訳）に続いて翻訳したものである。全一二編から成り、第一章で総論を、第二章以下で、家庭・友人・仕事・勇気・克己・職分・読書・夫婦等に関する内容を、所々に人物伝を織り込みながら述べたもので、その根本理念は、「「品行は力なり（中略）」とする考え方を基盤として、イギリスにおける人間の最高の資質─真のジェントルマンのあり方を説いたものであり、国家形成の最大の原動力であるとするものである[23]」とされる。そのうちの「第二編　家ノ勢力」「第五編　剛勇ヲ論ズ」「第十一編　婚姻ノ伴侶」から『婦女鑑』に一〇話（婦道三、慈善一、母道三、処変三）採用されている。

続いて多いのがエリッサベス・スターリング著、宮崎嘉国訳、片山淳吉閲『西洋列女伝』（全二巻、錦森堂、一八七九年）である。緒言には、「ノーブルヂーズ、ヲフ、ウーマン」の抄訳であること、片山淳吉の助言に従ってこの書を訳すことにしたこと、同じく片山の言に従い、女子教育に急務とする者を取り、その中でも柔順温和の婦徳ある者を選び、勇女列婦の如きは省いたため、原書の順番には倣わなかったこと等が示されている。孝行・友愛・貞操・慈母の四部構成で、『婦女鑑』での採用は八話（孝行一、友愛二、婦道三、処変二）である。『西洋列女伝』の原著である *Noble Deeds of Woman*[24] は一五の徳目によって構成されているが、『西洋列女伝』では、このうち上記の四つの徳目に関係する話が抄訳されているものである。

その他、例話採用が一〜二話と少ないものに、以下がある。コウドレイ編、宮崎駿児訳『修身教訓』（全一冊、文部省、一八七七年）は、一課ごとに格言と例話をあげた構成で、原著[25]が一部省略されて訳されたものである。『婦女鑑』での採用は二話（孝行一、慈善一）である。「勧懲雑話」（ドラパルム著、和田順吉訳、石橋好一訂『訓蒙勧懲雑話』〔全二冊、文部省、一八七五年〕のこと）は、一八七二年の原著の翻訳で、所々に例話が挿まれた構成となっており、『婦女鑑』での採用は一話（孝行）である。チャンブル著、福沢諭吉訳『童蒙教草』（全五巻、福沢諭吉、一八八〇年再版。初版は『童蒙をしへ草』尚古堂、一八七二年）は、チェンバースの『モラル・クラスブック』の翻訳で、さまざまな徳目に関して、その説明と例話・寓話が掲載されたものである。『婦女鑑』での採用は一話（慈善）である。

以上のように、西洋の例話は、洋書（*Woman's Record*）を除くと、明治初期の「翻訳修身教科書」といわれる部類の書を多く出典としている。これらの訳・閲を行った人物を見ると、中川元は西村の文部省勤務時代の文部官僚、中村正直と福沢諭吉は、西村とともに明六社を結成した社員、『婦女鑑』編纂後であるが宮崎嘉国の関係した他書の題辞を中村正直が書いており[26]、片山淳吉は文部省編輯寮で物理教科書『物理階梯』（文部省、一八七二年）を編纂、西村も片山の『物理階梯附録』（一八七九年序）を一八八二年に皇后に進講したことがあり[27]、宮崎駿児と片山淳吉は、西村が関係した文部省における『百科全書』の翻訳に関わっている[28]。また、『修身教訓』と『訓蒙勧懲雑話』は西村の文部省勤務時代に文部省から刊行されている。つまり、『婦女鑑』の西洋の例話の出典には、西村と直接・間接につながりがある書物が使用されている、ということが指摘できるのではないかと思われる。また、『修身鑑』『西洋品行論』『訓蒙勧懲雑話』は、西村が文部省において自ら選録した『小学修身訓』（文部省印行、一八八〇年）の嘉言の出典にもなっており、以前から参考にしていた書物を『婦女鑑』編纂にも利用したということができる。

さらにもう一つ指摘できることとしては、『幼学綱要』の編纂において収集された書物を一部利用したことが考えられる。第Ⅰ部第二章でも述べた通り、『幼学綱要』では西洋の例話が掲載される予定でほぼ完成近くまで進んでいたが、「小学校教則綱領」で西洋史を除くことになった兼ね合いで文部卿からの要請があり編纂途中で全て削除されたため、刊本には西洋の例話は掲載されていない。掲載されるはずであったこれらの例話は、西洋の例話が削除される前の編纂途中の段階で印刷されたものの中に一部が残っている[29]。これらを用いて『幼学綱要』の挿画の研究を行っ

の歴史像を描き出した二大シリーズ！

東北の古代史

全5巻 完結！

各二四〇〇円

〈企画編集委員〉熊谷公男・柳原敏昭

四六判・平均二七八頁・原色口絵四頁／『内容案内』送呈

●最新刊

④三十八年戦争と蝦夷政策の転換

鈴木拓也編

〈最終回配本〉本文二九六頁

奈良時代の末、東北は本格的な征夷の時代に突入する。三十八年におよぶ戦争は、北上盆地を制圧して終結し、蝦夷と国家との関係は新たな段階を迎える。交流・災害・信仰にも注目し、アテルイとその後の東北を描く。

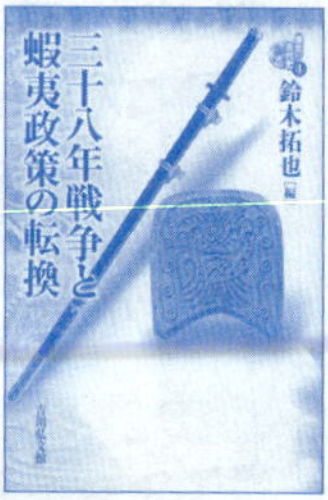

【好評既刊】

①北の原始時代

阿子島 香編　本文二六六頁

東アジアの中で独自の発展を遂げた、東北文化の夜明けを描く。

②倭国の形成と東北

藤沢 敦編　本文二四四頁

古墳文化と続縄文文化、異なる文化が対峙した東北の歩み。

③蝦夷と城柵の時代

熊谷公男編　本文二八四頁

蝦夷社会と古代国家との接触、交流と軋轢…東北の転換点を描く。

⑤前九年・後三年合戦と兵(つわもの)の時代

樋口知志編　本文二九四頁

『陸奥話記』『奥州後三年記』から描き出す古代[illegible]

東北のルーツを見つめ直し、新たな〝北〟

東北の中世史 全5巻 完結!

〈企画編集委員〉柳原敏昭・熊谷公男

四六判/各二四〇〇円 『内容案内』送呈

全5巻の構成

❶ **平泉の光芒** 柳原敏昭編二八二頁・原色口絵四頁 〈2刷〉

世界遺産平泉。みちのくに一大都市はなぜ生まれたのか。中尊寺、毛越寺に代表される仏教文化が栄えた原動力は。清衡の草創、基衡の苦悩、秀衡の革新、そして滅亡へ、中世東北の扉を開けた平泉藤原氏の実像に迫る。

❷ **鎌倉幕府と東北** 七海雅人編 二五六頁・原色口絵四頁

奥州合戦をへて東北は鎌倉幕府の支配に帰す。ただし在来の勢力もまた幕府権力の中へ根を張っていく。政権内の政争を反映した所領の展開、交通や人々の生活の様相など、幕府の盛衰と軌を一にした鎌倉時代の東北を描く。

❸ **室町幕府と東北の国人** 白根靖大編 二七〇頁・原色口絵四頁

南北朝の争いから室町幕府と鎌倉府の対立へと至る政情不安。東北でも、北畠顕家や奥州管領、篠川公方などの諸勢力が相争った。そうした不安定な時代を生き抜いた地元の国人たちと、東北社会の実態を多面的に描き出す。

❹ **伊達氏と戦国争乱** 遠藤ゆり子編 三一二頁・原色口絵四頁

戦国期の東北は一時の停戦・和睦を除き、常に戦争が繰り広げられていた。伊達氏の登場から奥羽仕置まで、陸奥・出羽の大名・領主らの動向と各地の争乱を描き、その居城や領地、民衆の生活まで東北の戦国社会が甦る。

❺ **東北近世の胎動** 高橋 充編 二六〇頁・原色口絵四頁

豊臣政権による東北大名処分である「奥羽仕置」以降、近世へと至る時代の潮流に、東北の地域社会はいかに向き合ったのか。伊達政宗と蒲生氏郷の拮抗、〝北の関ヶ原〟長谷堂合戦など、激動する東北の転換期を描き出す。

歴史文化ライブラリー

●16年5月〜7月発売の6冊

四六判・平均二二〇頁　全冊書下ろし

人類誕生から現代まで／忘れられた歴史の発掘／常識への挑戦／学問の成果を誰にもわかりやすく／ハンディな造本と読みやすい活字／個性あふれる装幀

426 自由主義は戦争を止められるのか

芦田均・清沢洌・石橋湛山

上田美和著

個人の信条から政治・経済政策まで多岐にわたる自由主義。〈寛容〉と〈自律〉が対立する戦時下での芦田・清沢・石橋という自由主義者の苦闘を探り、「自由主義は戦争を止められるのか」という現代がかかえる問題に迫る。

二四〇頁／一七〇〇円

427 化粧の日本史

美意識の移りかわり

山村博美著

化粧にはおしゃれ、みだしなみのほか、身分や年齢、未既婚などを示す機能もあった。メイクアップの変遷をたどり、流行の背景を社会現象とともに探る。美意識の変化やメディア戦略にも触れつつ、化粧の歴史を描きだす。

二三八頁／一七〇〇円

428 近代日本の就職難物語

「高等遊民」になるけれど

町田祐一著

高学歴ながら定職に就いていない「高等遊民」。彼らはいかに生み出され、社会はどう向き合ってきたのか。日本特有の「縁故」採用の実態をはじめ、当時の就活戦線を描く。今日も続く過酷で理不尽な就職事情の歴史に迫る。

二三八頁／一七〇〇円

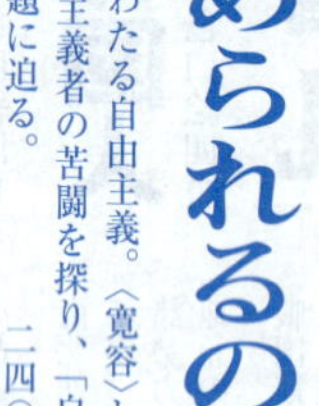

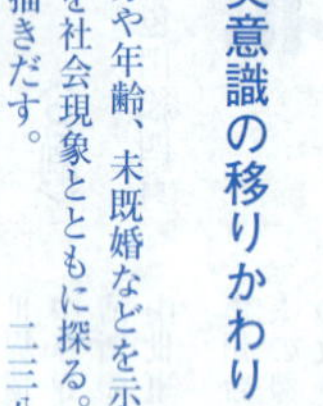

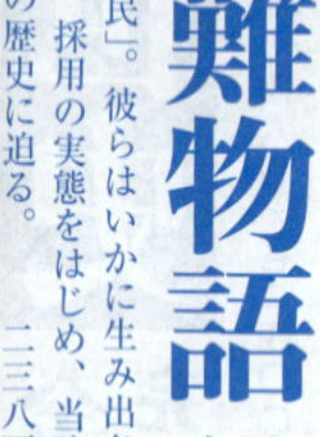

429 大元帥と皇族軍人 大正・昭和編

小田部雄次著

日露戦後よりアジア・太平洋戦争終結にいたる、天皇を大元帥とした軍事システムの全盛から崩壊までを描き出す。天皇と皇族軍人の同調と不和の構図を追い、軍事大国の絶頂期からの変貌と陸海軍崩壊への過程を追う。

三三六頁／一九〇〇円

430 国分寺の誕生 古代日本の国家プロジェクト

須田　勉著

仏教を中心とする古代国家構想の核心だった国分寺。近年の考古学による成果から、堂塔の配置が統一的なものではなく地域情勢との関係の中で建設されたことを解明。建立にいたる政治状況を辿り、諸国国分寺を解説する。

二八二頁／一八〇〇円

431 原爆ドーム 物産陳列館から広島平和記念碑へ

頴原澄子著

近代化の歩みの中で建設された広島県物産陳列館。原爆投下で廃墟となり、凄絶な悲劇を伝えながら、核廃絶希求の象徴として世界遺産に登録されるまでの歴史を追う。原爆ドームとは何かをその前史とともに捉え直す。

二四〇頁／一七〇〇円

【既刊】

422 洛中洛外図屛風 つくられた〈京都〉を読み解く
小島道裕著　二四〇頁／一七〇〇円

423 犬と鷹の江戸時代 〈犬公方〉綱吉と〈鷹将軍〉吉宗
根崎光男著　二七二頁／一八〇〇円

424 大元帥と皇族軍人 明治編
小田部雄次著　二七二頁／一八〇〇円

425 昭和天皇とスポーツ 〈玉体《ぎょくたい》〉の近代史
坂上康博著　二八四頁／一八〇〇円

人《ひと》をあるく 聖徳太子と斑鳩三寺

千田　稔著

幼少よりの秀でた能力で「和」の貴さを説き、人々の苦悩を救済した聖徳太子。推古女帝を補佐して仏教の興隆に尽し、後世、太子信仰を生み出した。飛鳥・斑鳩・大阪・京都を訪ねて太子の足跡を辿り、実像を描き出す。

Ａ５判・一五二頁／二〇〇〇円

古代の人々の心性と環境 異界・境界・現世

三宅和朗著

現代の大都会とは異なる暗い夜、静かな音の風景《サウンドスケープ》のなか、古代の人々は研ぎ澄まされた五感を介して何を感じていたのか。生活空間の周囲に広がる異界と人々との関わりから、彼らの心性に迫り、現代の社会や環境を見直す。

Ａ５判・三七八頁／四八〇〇円

ここまでわかった飛鳥・藤原京 倭国から日本へ

豊島直博
木下正史編

古代史の舞台を解明する発掘が続けられている飛鳥・藤原の地。王宮・王都、都市陵墓、寺院、木簡、古代朝鮮の都城など、さまざまなテーマを論じた日本考古学協会シンポジウムの記録。これからの課題を整理・展望する。

四六判・二五六頁／二四〇〇円

三浦一族の研究

高橋秀樹著

相模国随一の大豪族、三浦一族。桓武平氏出自説をはじめ、「三浦介」の成立事情、三浦義村や宝治合戦の実像などの諸問題を、「常識」にとらわれず追究。これまでとはまったく異なる新しい三浦一族のイメージを提示する。

Ａ５判・三三四頁／三八〇〇円

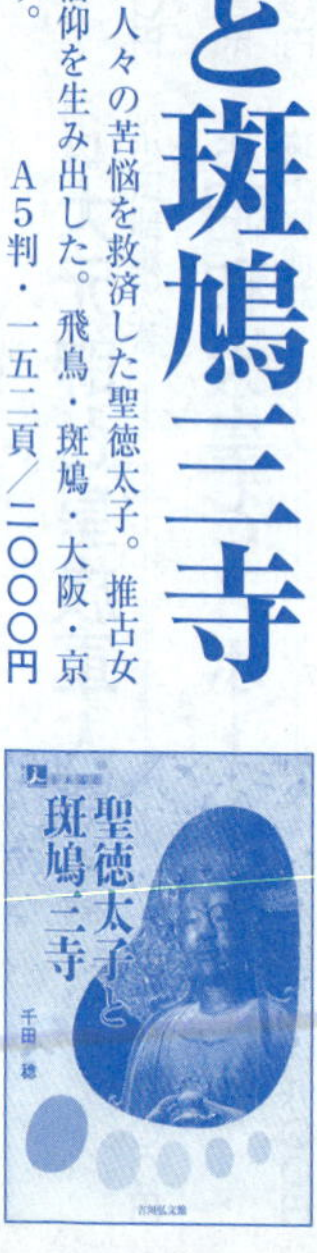

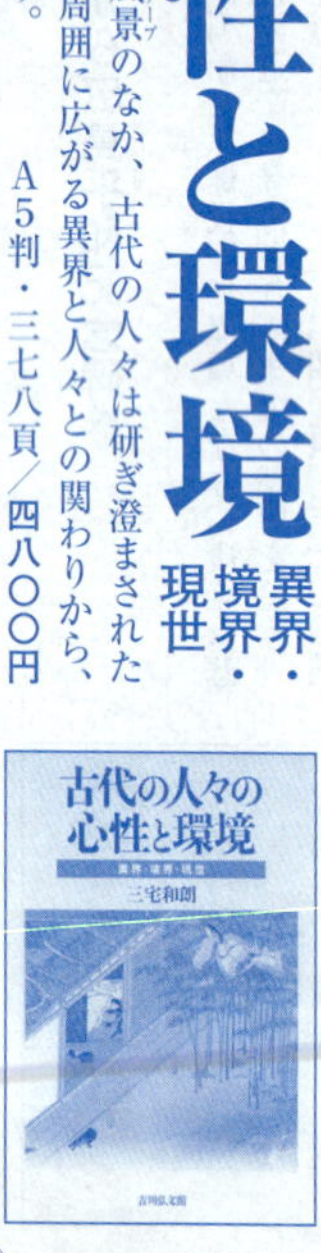

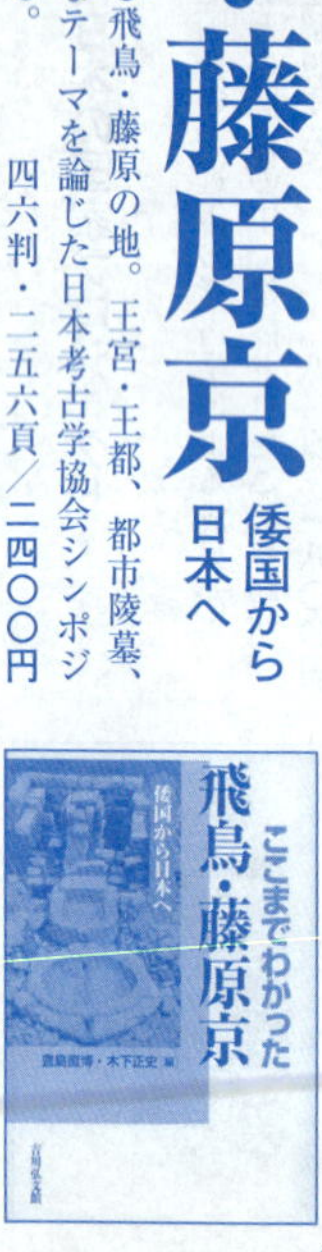

三条実美

孤独の宰相とその一族

刑部芳則著

明治政府の最高責任者として要職を歴任した三条実美《さねとみ》の評価が低いのはなぜか。政局内での言説や行動、宗族・親族との密接な関係などを探り、続発する諸問題に苦悩しつつ誠実に対応した、新たな実像に迫る戦後初の伝記。

Ａ５判・二七二頁／二五〇〇円

モノから見たアイヌ文化史

関根達人著

アイヌの刀はなぜ切れなくてもよいのか。彼らはどうして交易に貨幣を使わなかったのか―。平安時代の和鏡から軍服用の米国製金ボタンにいたる「モノ資料」を取り上げ、文字を持たなかったアイヌ文化の歴史に迫る。

Ａ５判・二〇二頁／一九〇〇円

読みなおす日本史

毎月１冊ずつ刊行中　四六判

入道殿下の物語　大鏡

益田　宗著

二三二頁／二二〇〇円（解説＝加藤静子）

平安中期、幼少の天皇に代わり、外戚の藤原氏が摂政・関白となって政治を行う体制が成立した。その最盛期を迎える道長の時代に至る推移を、歴史物語「大鏡」を軸に、平易な語り言葉で述べる。文学的にも優れた入門書。

中世京都と祇園祭　疫神と都市の生活

脇田晴子著

二四八頁／二二〇〇円（解説＝京樂真帆子）

華麗な神輿渡御と豪壮な山鉾巡行で京都に夏の訪れを告げる祇園祭。都市から疫病を退散させ人々の生活を守る目的で始まり、祭りの形式は全国の先駆けとなった。中世戦乱を乗り越え今日まで、千年続く歴史を描き出す。

吉野の霧　太平記

桜井好朗著

二一四頁／二二〇〇円（解説＝阿部泰郎）

天皇・貴族・武士から庶民までもが動乱に巻き込まれた南北朝時代。楠木正成、後醍醐天皇、足利尊氏、佐々木道誉ら主役を演じた人物の生き様と、混沌の中から生まれる新たな時代の動きを大胆かつ平易に描く歴史物語。

古代の人やモノは、どのように移動し、交流が生まれ、情報が伝わったのか？

日本古代の交通・交流・情報 全3巻

古代では、天皇から商人まで様々な人が旅をし、使節や僧侶らが海を渡った。同時に人の移動はモノを運び情報をもたらし、文化が伝わった。文学作品や記録から、多様な旅の実態を再現し、情報の伝達・広がりを考える。

近年、道路・駅家などの古代の交通施設の遺構が各地で発見され、考古学や歴史地理学の成果から古代交通のイメージが一新されている。交通施設と交通に関わる技術から古代交通の様相を具体的に描き、その景観を考える。

完結！ 新刊2冊

❷**旅と交易**

❸**遺跡と技術**

舘野和己・出田和久編

A5判・平均三六六頁／各五五〇〇円 『内容案内』送呈

〈既刊〉❶**制度と実態**…交通制度とその実態を、東アジアの制度も視野に入れ解明。

総力戦体制下の満洲農業移民

玉 真之介著

A5判・二二二頁／八五〇〇円

「満蒙開拓」の名のもと、国策として推進・強化された満洲農業移民。従来の植民地支配ではなく、深刻化する食糧問題への対応という新たな観点から実態を追究。日満農政研究会も考察し、農業技術面で与えた影響を探る。

沖縄返還後の日米安保 米軍基地をめぐる相克

野添文彬著

A5判・二五六頁／五八〇〇円

沖縄返還後、なぜ米軍基地の集中化が方向づけられたのか。日米両国の史料や聞き取り調査をもとに、返還前後から八〇年代の動きを分析。多様に絡み合う要因を追及し、今日まで続く沖縄基地問題の起源に迫る注目の書。

日本考古学 第41号

日本考古学協会編集——A4判・一一二頁／四〇〇〇円

日本考古学年報 67

日本考古学協会編集——B5判・三八四頁／四〇〇〇円

古文書研究 第81号

日本古文書学会編集——B5判・一五六頁・口絵二頁／三八〇〇円

交通史研究 第88号

交通史学会編集——A5判・七八頁／二五〇〇円

浅草寺日記 第36巻（慶応三年）

浅草寺史料編纂所・浅草寺日並記研究会編——A5判・六六八頁／一〇〇〇〇円

読者の皆さまからのリクエストをもとに復刊。好評発売中

10出版社共同復刊

書物復権 2016

平安王朝の子どもたち 王権と家・童
服藤早苗著　A5判・三三六頁／七六〇〇円
ジェンダーの視点から、平安王朝の子どもの実態を追究する。

室町絵巻の魔力 再生と創造の中世
髙岸　輝著　A5判・原色口絵四頁・二〇八頁／三八〇〇円
歴代の足利将軍と絵師の両者から描き出す、政治と美の交錯。

陸軍幼年学校体制の研究 エリート養成と軍事・教育・政治
野邑理栄子著　A5判・三〇四頁／八五〇〇円
教育界の反発に対抗しつつ特権化を図る過程を、史料を駆使して解明。

日本キリシタン史の研究
五野井隆史著　A5判・四〇八頁／九〇〇〇円
日本人の信仰生活や社会の仕組みに焦点をあて、布教の実態を追究。

日本食生活史 (歴史文化セレクション)
渡辺　実著　四六判・三五二頁／二七〇〇円
食材の種類や生産法、調理法・調味料・食器など食生活の歴史を詳説。

歴史リバイバル 2016
人物叢書復刊書目　名著・基本図書を一括復刊。　四六判

聖徳太子
坂本太郎著　日本史上不世出の偉人。史実と伝説を峻別し、推理や憶測を排し透徹の史眼で描く決定版。　一九〇〇円

鑑真
安藤更生著　五度の渡海失敗にめげず失明の身で来朝。奈良仏教と日本文化に感化与えた唐僧、唐招提寺開祖。　一九〇〇円

西行
目崎徳衛著　知られなかった多くの史実を明らかにし〝数奇の遁世者〟西行の特異な生き方の全貌を描く。　一八〇〇円

足利義昭
奥野高広著　室町幕府最後の将軍。失脚後も見果ぬ夢を抱いて諸国を流浪。運命に翻弄された数奇な生涯。　二二〇〇円

千利休
芳賀幸四郎著　茶聖利休。偉大な芸術的天才。其人と芸を転換期の世相上に浮彫し、自刃し果る数奇な生涯。　二二〇〇円

徳川家光
藤井讓治著　江戸幕府三代将軍。機構の整備、大名統制、「鎖国」により幕制を確立。「生まれながらの将軍」を描く。一九〇〇円

島津斉彬
芳　即正著　人格・識見に優れ、内治・外交に英知を示す。殖産興業・富国強兵に努めた開明派薩摩藩主の伝。　一九〇〇円

高杉晋作
梅溪　昇著　幕末の長州藩士。尊攘・討幕運動を指導し、奇兵隊を創設。維新の夜明け前に病没した生涯。　二二〇〇円

〝あの戦争〟とは何だったのか？

アジア・太平洋戦争辞典

吉田　裕
森　武麿
伊香俊哉
高岡裕之　編

二七〇〇〇円

戦争体験の継承や歴史認識が問題となる今日、アジア・太平洋戦争をとらえ直す本格的辞典。満洲事変から東京裁判、サンフランシスコ平和条約などの戦後史まで約二五〇〇項目を、図版を交え平易に解説。付録と索引を付す。

四六倍判・八四二頁・原色口絵一六頁

推薦します
姜　尚中（東京大学名誉教授）
早乙女勝元（東京大空襲・戦災資料センター館長）
敬称略
五十音順

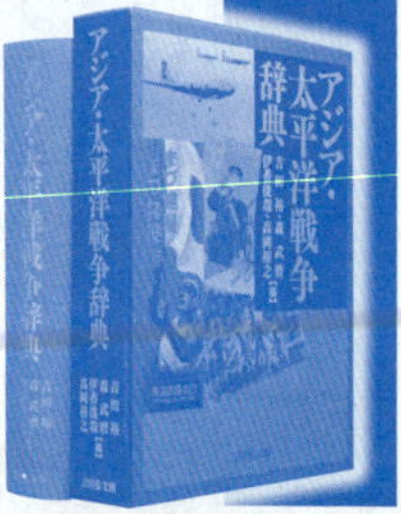

『内容案内』送呈

門閥・血縁・偉人の子孫・功績のあった人…。なぜ華族になりたかったのか？
爵位を請願した約九〇〇人を紹介！

〈華族爵位〉請願人名辞典

松田敬之著

一五〇〇〇円

明治二年の華族誕生から戦後の廃止に至る約八〇年間、士族・平民から華族への昇格を望み請願した約九〇〇人を収録。『授爵録《じゅしゃくろく》』や諸史料から、経歴・請願年・受理・不受理理由を解説。授爵・陞爵《しょうしゃく》・復爵《ふくしゃく》者一覧などを付す。

菊判・九二八頁
『内容案内』送呈

飛鳥板蓋宮跡、飛鳥寺跡、甘樫丘、石舞台古墳、亀石、キトラ古墳、下ツ道、剣池、藤原京跡、大和三山、上之宮遺跡、大神神社…。
日本人の心の故郷へ誘う、初の〝飛鳥〟事典！

飛鳥史跡事典

木下正史編

四六判・三三六頁／二七〇〇円
『内容案内』送呈

「日本国」誕生と古代〝文明開化〟の舞台、飛鳥・藤原の地。宮殿・寺院・陵墓の史跡など約一七〇項目を、歴史的事件や関連人物とともに解説。史跡巡りのコースや展示施設も紹介するなど、歴史探訪に必携のハンドブック。

国史大辞典 全15巻(17冊)
国史大辞典編集委員会編
四六倍判・平均一一五〇頁
本文編(第1巻~第14巻)=各一八〇〇〇円
索引編(第15巻上中下)=各一五〇〇〇円
全17冊揃価 二九七〇〇〇円

明治時代史大辞典 全4巻
宮地正人・佐藤能丸・櫻井良樹編
四六倍判・平均一〇一〇頁
第1巻~第3巻=各二八〇〇〇円
第4巻(補遺・付録・索引)=二〇〇〇〇円
全4巻揃価 一〇四〇〇〇円

歴史考古学大辞典
小野正敏・佐藤 信・舘野和己・田辺征夫編
四六倍判 一三九二頁 三二〇〇〇円

日本歴史災害事典
北原糸子・松浦律子・木村玲欧編
菊判・八九二頁 一五〇〇〇円

歴代天皇・年号事典
米田雄介編
四六判・四四八頁/一九〇〇円

日本古代氏族人名辞典【普及版】
坂本太郎・平野邦雄監修
菊判・七六〇頁/四八〇〇円

源平合戦事典
福田豊彦・関 幸彦編
菊判・三六二頁/七〇〇〇円

戦国人名辞典
戦国人名辞典編集委員会編
菊判・一一八四頁/一八〇〇〇円

戦国武将・合戦事典
峰岸純夫・片桐昭彦編
菊判・一〇二八頁/八〇〇〇円

織田信長家臣人名辞典 第2版
谷口克広著
菊判・五六六頁/七五〇〇円

日本古代中世人名辞典
平野邦雄・瀬野精一郎編
四六倍判・一二二二頁/二〇〇〇〇円

日本近世人名辞典
竹内 誠・深井雅海編
四六倍判・一三二八頁/二〇〇〇〇円

日本近現代人名辞典
臼井勝美・高村直助・鳥海 靖・由井正臣編
四六倍判 一三九二頁 二〇〇〇〇円

有識故実大辞典
鈴木敬三編
四六倍判・九一六頁／一八〇〇〇円

年中行事大辞典
加藤友康・高埜利彦・長沢利明・山田邦明編
四六倍判・八七二頁
二八〇〇〇円

日本石造物辞典
日本石造物辞典編集委員会編
菊判・一四二〇頁
二〇〇〇〇円

事典 墓の考古学
土生田純之編
菊判・五二〇頁／九五〇〇円

事典 江戸の暮らしの考古学
古泉 弘編
四六判・三九六頁／三八〇〇円

二〇世紀満洲歴史事典
貴志俊彦・松重充浩・松村史紀編
菊判
八四〇頁
一四〇〇〇円

〈沖縄〉基地問題を知る事典
前田哲男・林 博史・我部政明編
A5判・二二八頁／二四〇〇円

大石 学編

徳川歴代将軍事典
菊判・八八二頁／一三〇〇〇円

江戸幕府大事典
菊判・一一六八頁／一八〇〇〇円

近世藩制・藩校大事典
菊判・一一六八頁／一〇〇〇〇円

吉川弘文館編集部編

奈良古社寺辞典
四六判・三六〇頁・原色口絵八頁／二八〇〇円

京都古社寺辞典
四六判・四五六頁・原色口絵八頁／三〇〇〇円

鎌倉古社寺辞典
四六判・二九六頁・原色口絵八頁／二七〇〇円

世界の文字の図典【普及版】
世界の文字研究会編
菊判・六四〇頁／四八〇〇円

知っておきたい日本の名言・格言事典
大隅和雄・神田千里・季武嘉也・山本博文・義江彰夫著
A5判・二七二頁／二六〇〇円

知っておきたい日本史の名場面事典
大隅和雄・神田千里・季武嘉也・森 公章・山本博文・義江彰夫著
A5判・二八六頁
二七〇〇円

知っておきたい名僧のことば事典
中尾 堯・今井雅晴編
A5判・三〇四頁／二九〇〇円

知っておきたい日本の年中行事事典
福田アジオ・菊池健策・山崎祐子・常光 徹・福原敏男著
A5判・二二四頁／二七〇〇円

日本仏像事典
真鍋俊照編
四六判・四四八頁／二五〇〇円

大好評のロングセラー

日本史年表・地図
児玉幸多編
B5判・一三六頁／一三〇〇円

世界史年表・地図
亀井高孝・三上次男・林 健太郎・堀米庸三編
B5判
二一〇六頁
一四〇〇円

日本の食文化史年表
江原絢子・東四柳祥子編
菊判・四一八頁／五〇〇〇円

日本史総合年表 第二版
加藤友康・瀬野精一郎・鳥海 靖・丸山雍成編
四六倍判・一一八二頁／一四〇〇〇円

日本軍事史年表 昭和・平成
吉川弘文館編集部編
菊判・五一八頁／六〇〇〇円

誰でも読める［ふりがな付き］日本史年表 全5冊
吉川弘文館編集部編
菊判・平均五二〇頁
古代編 五七〇〇円
中世編 四八〇〇円
近世編 四六〇〇円
近代編 四二〇〇円
現代編 四二〇〇円
全5冊揃価＝二三五〇〇円

第11回学校図書館出版賞受賞

●近刊

樹木と暮らす古代人 木製品が語る弥生・古墳時代
樋上 昇著 （歴史文化ライブラリー434）四六判／価格は未定

天智天皇（人物叢書287）
森 公章著 四六判／二三〇〇円

古代の恋愛生活 万葉集の恋歌を読む（読みなおす日本史）
古橋信孝著 四六判／価格は未定

日本古代女官の研究
伊集院葉子著 A5判／価格は未定

シルクロードの仏蹟を訪ねて 大谷探検隊紀行
本多隆成著 四六判／価格は未定

平安初期の王権と文化
笹山晴生著 A5判／価格は未定

頼朝政権と街道（歴史文化ライブラリー435）
木村茂光著 四六判／価格は未定

日本中世の権力と寺院
高橋慎一朗著 A5判／九〇〇〇円

西行・慈円と日本の仏教 遁世思想と中世文化
大隅和雄著 四六判／二三〇〇円

神道の形成と中世神話
伊藤 聡著 A5判／九〇〇〇円

甲信越の名城を歩く 山梨編
山下孝司・平山 優編 A5判／価格は未定

江戸のパスポート 旅の不安はどう解消されたか（歴史文化ライブラリー432）
柴田 純著 四六判／一八〇〇円

幽霊 近世都市が生み出した化物（歴史文化ライブラリー433）
髙岡弘幸著 四六判／一七〇〇円

近世後期の対外政策と軍事・情報
松本英治著 A5判／一〇〇〇〇円

近代真宗大谷派の革新運動 白川党・井上豊忠の生涯
森岡清美著 A5判／価格は未定

日本海海戦の真実（読みなおす日本史）
野村 實著 四六判／二二〇〇円

昭和の戦争と内閣機能強化
関口哲矢著 A5判／価格は未定

ここまで変わった日本史教科書
高橋秀樹・三谷芳幸・村瀬信一著 A5判／一八〇〇円

※書名は仮題のものもあります

平安語の宝庫、ついに成る！

平安時代の日記から蒐集した〈記録語〉約三万を集成。

平安時代記録語集成 上・下

附 記録語解義

7月発売

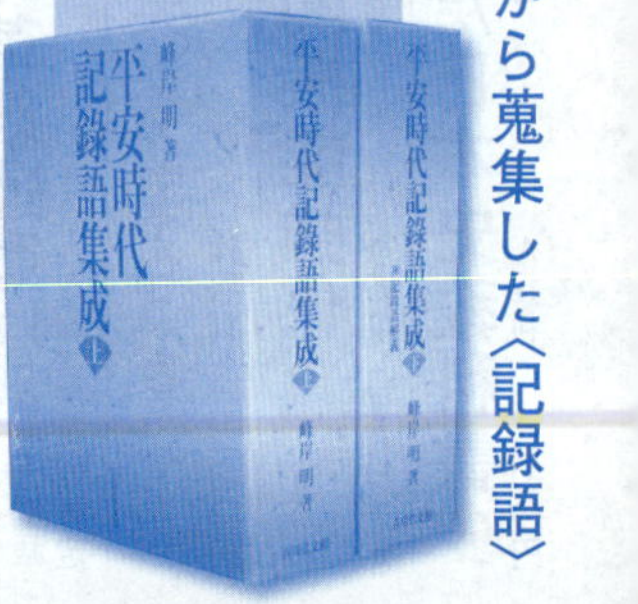

峰岸 明著　各三四〇〇〇円

四六倍判・上製・函入　『内容案内』送呈
上＝一六一二頁　下＝一五七六頁

記録語辞典の編纂を志した国語学の権威が蒐集した、平安時代の記録語約三万語の資料を集成。小右記など十一点から採録し、所出箇所（年月日・刊本頁行）・用例を示す。記録語辞典原稿の一部を「記録語解義」として附載。

本書の特色

◆平安時代の記録（日記）に使用されたことば「記録語」を集成した初めての書

◆小右記・御堂関白記・権記・兵範記など、十一の日記の中から用例を蒐集

◆蒐集された約三万の語句を、使いやすい漢和辞典の方式により掲出

◆項目ごとに用例の所出箇所（記録名・年月日・刊本頁行）や引用文などを示す

◆膨大な用例を通覧することで、読者みずから語義を考え、既刊の辞典類の載録から洩れた語を見いだせる

◆これまで説かれてきた語義に修正を加え、語の使用例の年代を遡らせることが可能

◆下巻には記録語辞典原稿の一部、約二千項目を「記録語解義」として附載

予約募集

日本近代の歴史 全6巻

【9月刊行開始】四六判・平均二八〇頁／予価各二八〇〇円
〈第1回配本〉❶維新と開化…奥田晴樹著

日本生活史辞典

【10月発売】木村茂光・安田常雄・白川部達夫・宮瀧交二編
四六倍判・九〇〇頁予定・原色口絵三二頁／予価二五〇〇〇円

た杉江京子は、いくつかの例話に関して、『童蒙をしへ草』『訓蒙勧懲雑話』『西国立志編』が出典なのではないかと推定している(30)。これらは、上述した明治初期の「翻訳修身教科書」といわれる部類の書であり、『童蒙をしへ草』（『童蒙教草』）と『訓蒙勧懲雑話』は、『婦女鑑』では数はそれぞれ一話と少ないが、例話の出典となっている。つまり、『幼学綱要』の西洋の例話の編纂時に使用した書物を、一部『婦女鑑』の西洋の例話の出典としても使用したと見ることができる。

第二節　例話の採用

それでは、出典とされた書物の中から、どのような例話が選択されたのであろうか。以下では、和漢洋別に主要な出典について検討する。また最後に、出典の文章との異同についての傾向や特徴等についても併せて見ることとする。なお、『婦女鑑』に掲載されている話については『婦女鑑』での例話名を記すこととする。

1　日本の例話

『野史』全二九一巻の内訳は、本紀二一巻・列伝二七〇巻で、列伝には、武将・文臣・武臣・儒林・逆臣等が掲載され、中でも武将・武臣の列伝が多くを占めている。女性は、主に皇族の列伝（「后妃列伝」「皇女列伝」）と、女性のみを扱う「貞烈列伝」に掲載されており、他に「徳川外戚列伝」や「孝子列伝」などの中にも多少掲載されている。『野史』から『婦女鑑』に採用の一一話中八話は、「貞烈列伝」（巻二六八〜二七〇）から採用されている。巻二六八は江戸期以前の話で、武士の妻の、特に戦時に自殺するなどの話が多く、その代表格のような「細川忠興の妻」（『婦女鑑』の編纂稿本の徳目分類では〔＝以下略〕処変）が採用されたと見られる。他の二巻は江戸期の話（年代が記載されているもの）であり、巻二六九では貞節・勇烈・才芸の話がほとんどの中で、「稲生恒軒妻波留子」（家の中のことを全てよく治めた話。婦道）と、潔白・正直を扱った「老婆亀」（雑徳）を採用しているのは特殊である。続く巻二七〇でも、婦道・貞節・忠節・子の教育・才芸などの話があげられている中から、「綾部道弘妻志知子」「黒柳孝女」「佐璵女」（以上婦道）、「湯浅元禎母」（母道）といった、家の中をよく治め夫や子をよく世話・訓戒したという話を採用しており、特に、このような、子の教育を含めた婦道全般をよく行う女性を抽出している傾向を窺うことができる。近世の列伝形式の女訓書の代表作（『本朝女鑑』〔一六六一年〕、黒沢弘忠『本朝列女伝』〔一六六八年〕、『比売鑑』〔紀行篇は一七一二年〕等）と比べて後発であることもあり、『野史』からは、これらに掲載の例話よりも比較的新しい江戸中期の話を採用したことになる。(31)

次に、『皇朝女子立志編』には徳目分類はないが、緒言で「孝貞節操才芸母則」の著しいものを収集したというように、実際の例話内容を見ても、孝・貞・母・才・武家の妻、に関する例話が多い。『婦女鑑』で採用の例話も大体は同様であるが、ただし、「才芸」に関する話は『婦女鑑』に採用されていない。この『皇朝女子立志編』に限らず、江戸期以来の列伝形式の女訓書・女子用修身書中には、「才芸」の徳目に関して女性の歌人等の話が多数掲載されている場合があるが、『婦女鑑』の「才学」に属する例話においては、日本の女性は「紫式部」しか採用されておらずむしろ西洋の例話の方が多く（第Ⅰ部第四章参照）、『婦女鑑』では積極的には日本の歌人を取り上げようとしていなかったことが察せられる。他に特徴的なのは、『婦女鑑』における「勤倹」の二話全てが採用されていることである。『皇朝女子立志編』巻三にはほぼ孝・貞の話が多い中で、身寄りのない姉妹が力を合わせる「鐘尾ふで女姉妹」、夫の死後一家を再興する「二村清助妻衛女」という、この巻では少し特殊な例話が採用されており注目される。また、

『皇朝女子立志編』は幅広い時代の例話で構成されているが、『婦女鑑』では『皇朝女子立志編』からは「衣縫金継女」（古代）以外は近世の話を採用している（年代不明の話を除く）。また『皇朝女子立志編』は明治期と思われる例話が少数含まれる特色ももっているが、そのような新しい例話は『婦女鑑』では採用していない。

なお、日本の例話については、出典としての記載の有無に関わらず、出典相互に重複して同じ人物を扱った話が掲載されていることも多い。日本の例話の出典の上位三書（『野史』『皇朝女子立志編』『比売鑑』）の二書以上に掲載されている話で『婦女鑑』にも同じ人物の話が掲載されているものを見てみると、例えば「清水太郎左衛門母」（子を誡めた母。母道）、「鳥井与七郎妻」「細川忠興夫人」（以上、戦時の貞烈。処変）は三書ともに掲載、「衣縫金継女」「福依売」（以上、古代の孝行話。孝行）、「三宅重固妻田代氏」「稲生恒軒妻波留子」「綾部道弘妻志知子」「湯浅元禎母」（以上、婦道全般〔子の教育を含む〕をよく治めた妻・母。婦道・母道）や「佐璵女」（夫の看病話。婦道）、「鈴木宇右衛門妻」（飢饉時の救済話。慈善）、「楠正行母」（子を誡めた母。母道）、「奥村助右衛門妻」（戦時の勇烈。処変）なども二書で登場している。逆に重複して登場していながら『婦女鑑』では採用されていない話について見ると、例えば「橘逸勢女」「上毛野形名妻」「北条時頼母（松下禅尼）」といった例話は、『幼学綱要』の方に採用されていることがその理由としてあげられる。『婦女鑑』の凡例には、『幼学綱要』に掲載済みのものは重複するので採用しないことが記載されている。他には、武士の妻等が戦時に自殺する話（「山名氏清妻」「武田勝頼妻」「奈良左近妹」「松田将監妻」等）が、『婦女鑑』では上記の鳥井・細川の話以上には列挙されていないことも指摘できるが、同類の例話を『新続列女伝』から二話（「韓氏女」「藺氏」〔以上処変〕）採用しているため、このような類の例話は日本の例話としては数を絞って採用したことが窺える。また、「瓜生保母」「那須五郎母」（以上、子の戦死と母の忠義心）といった例話が『婦女鑑』で上記の楠正行の例話と列挙されていないのは、子を通した忠君をことさら強調しようとしたわけではないことを示すものと見ることができる。

2　中国の例話

『列女伝』は、劉向が前漢末期の、特に「成帝の外戚尊重、寵姫との乱行に心痛し」撰したものといわれ、内容としては、「壮烈な言動で世人を圧倒し、美徳・悪徳」の発揮によって名を成した女性の事蹟が掲載されている。(32)徳目構成は、母儀・賢明・仁智・貞順・節義・弁通・孼嬖（悪女の話を集めたもの）で、「孼嬖伝」の話は『婦女鑑』には採用されていない。

以下、徳目別に『婦女鑑』への採用を見ると、最も多いのが「母儀伝」からの採用で、単に子を教育したという話ではなく、強く子を教え正したエピソードをもつ母の話が採用されている。次に、「賢明伝」と「仁智伝」の例話が、『婦女鑑』で「識見」の話として多く採用されていることが特徴としてあげられる。「賢明伝」は、主に夫をさとし成功した話（「斉桓衛姫」「晋文斉姜」）、「仁智伝」は、女性の方に先見の明があり良くも悪くも予言が当たる話（「曹僖氏妻」「晋羊叔姫」「魯漆室女」「趙将趙括母」）である。また、「貞順伝」には自殺や自傷等に至る話も多い中、『婦女鑑』では、言論で貞節を守った話（「楚平伯嬴」処変）と、病夫との離婚を断る話（「蔡人之妻」婦道）を採用している（自殺に至る話は『新続列女伝』の方から二話採用している〈上述〉）。「節義伝」でも「義」のために自殺するといった激しい話が多いが、『婦女鑑』で採用しているのは継母子の「義」についての話（「珠崖二義」「斉義継母」孝行・母道の話として採用）である。また、「弁通伝」に属する例話を『婦女鑑』では「雑徳」の中に入れて採用しているのも特徴の一つである。以上のように、『列女伝』からは、激烈な貞・節義の例話は量的には比較的抑えて採用されている。そして、「孼嬖伝」を除く全ての伝から例話が採用され、孝・貞・母以外の徳目に関する例話も『婦女鑑』の「識見」

「雑徳」等の中で採用されていることは注目すべき点であるといえる。

3 西洋の例話

まず、『修身鑑』の全体の構成は、各巻の中の項目を示すと以下のようである（各項目〈款〉の末尾にある「ヲ論ズ」という語は省略して抜粋する）。巻七の各款の中の細目はまとめて記載する）。第一篇（巻之一）は、「道徳」「内外両部ノ敬礼」「宗教ヲ守テ死ニ就ク者」で、これらは宗教関係の話で、『婦女鑑』での採用はない。第二篇（巻之二〜三）は、「心ヲ格シ意ヲ誠ニスル」「質直」「節望ト無欲」「質素ト節食」「忍耐」「堅忍耐難」「勇気」「固執」「労作勉励及ビ用時ノ方」「戒虞ト智巧」「慎言沈黙」「順序倹約及ビ先見」で、個人の徳目を扱っている。第三篇（巻之四〜七）は、「正理」「正潔」「信義」「誠実」「報恩」「善心ト寛宥」「仁恵ト善行」「仁義」「豪侠」「本国ニ対スル義務」「父母ノ義務・人子ノ義務・夫婦ノ義務・兄弟姉妹ノ義務・主従ノ義務」「官吏ノ義務・教徒ノ義務・陸軍士官ノ義務・海軍士官ノ義務・諸職ノ義務、教育」「待遇、礼恭、友誼」で、他人との関係における徳目、家族関係の徳目、社会的・国家的徳目を扱っている。『修身鑑』には男性の話が圧倒的に多いが、巻一〜五の中に掲載されている女性の話の多くが『婦女鑑』に掲載されている。逆に、巻六〜七の女性の話は、『婦女鑑』には採用されていない。巻六はもともとほとんどが男性の話であるが、巻七には「父母・人子・夫婦・兄弟姉妹・主従」の義務という、家族関係（「侍女」の話も含む）の徳目において女性の話が計一一話あるものの『婦女鑑』には掲載されていない。このことから、『修身鑑』からは、主に家族関係以外の徳目に関する話を積極的に採用したと考えられる。『婦女鑑』に採用された例話の徳目を見ると（例えば、「メントノンノ事」は「第二款　質直ヲ論ズ」の中にある例話であるため、「質直」とする。以下同様）、質直（「綿多嫩《メントノン》」〈『婦女鑑』の編纂稿本の徳目分類では〈＝以下略〉〉雑徳）、無欲（「貧老媼」慈善）、質素

（「哥爾涅利《コルネリ》」雑徳）、忍耐（「仁恵婦女社の看護人」雑徳）、勇気（「蘇瓦突堡《シユワルツブルグ》の女侯」処変）、信義（「馬屈利多《マルグリト》」婦道）、誠実（「侖屈維爾《ロンギウホール》の女侯」雑徳）、仁恵（「抜婁《バルロー》」「厚瓦徳《ホワード》の妻」「少女馬利《マリー》」「担水夫惹克面《ジヤクメン》の妻」「利禰《リネ》」「維匡《ヴヰギヨン》」以上慈善、「白侖透《ベトロニトウ》」忠誠）、仁義（「特多里蒙《デトリモン》」「瑣妮《ソーニエ》」「聚侃《ヂユガン》」以上慈善）、である。このような徳目があり、そこに女性の例話があることが特徴である。『修身鑑』が男女共用の本であることも要因の一つであろう。このような孝・貞・母等ではない独特の内容の例話を、『婦女鑑』では主に「慈善」や「雑徳」等の例話として採用していることがわかる。

次に、*Woman's Record* は、四つの時代別（①キリスト生誕まで、②キリスト生誕以降一五〇〇年まで、③一五〇〇〜一八五〇年までの故人、④生きている人々）にアルファベット順に女性を掲載した、約九〇〇頁（補遺・資料等も含む）にも及ぶ、女性の人名事典のような構成になっている本で、『婦女鑑』に採用の一三話は全て上記③の時代から選ばれている。芸術家や政治家である夫の助力者となった妻の話（「安弗拉斯曼《アーンフラックスマン》」「脱勒邊《ドルレーベーン》夫人」以上婦道）、種痘法を広めたり、さまざまな慈善組織や学校を創設するといった公益を図った話（「馬利《マリー》夫人」「以撒伯拉額拉罕《イサベラグラハム》」「安那《アンナ》」「維爾《ウヰル》孫《ソン》夫人」以上慈善）、仕えていた王家への忠誠（「藍巴耶《ラムバエー》」忠誠）、戦時の愛国心・武勇（「撒拉倍渉《サラーベーチエ》」「安俄底那《アゴスチナ》」以上愛国）を扱った話、大学の学者、彗星の発見者、詩人となった話（「羅拉《ローラ》」「加羅林路古勒西《カロリンルクレシヤ》」「路古勒西馬利大闢遜《ルクレシヤマリアダヴツドソン》」以上才学）、多妻制を廃させた王妃の話（「加馬馬児《カママル》」雑徳）という、いずれも和漢の例話には見られない類の個性的な話である。このような話が翻訳してまで『婦女鑑』に採用されたのは注目すべきことである。

『西洋品行論』は一二編から成り、各編の名称は、「品行ノ勢力感化ヲ論ズ」「家ノ勢力」「伴侶及ビ儀範」「労作スルコト（即チ工夫《シゴト》ヲ做《ナス》コト）ヲ論ス」「剛勇ヲ論ズ」「自《ミヅカラ》治ムルコトヲ論ズ」「職分及ビ真実ヲ論ズ」「性情ヲ論ズ」「儀容ヲ論ズ」「書籍ノ伴侶」「婚姻ノ伴侶」「経錬ノ教法」で、「「品性は、世界における最大なる原動力の一つである。（中略）」の理念のもとに、第一章において、品性論の総論を述べ、第二章以下は、家庭、友人や仕事などの人間関係において、次いで、自己統制、職分、勇気、気質、礼儀、読書や結婚について述べ、最後に、自己訓練の方法を説いている」[33]という構成となっている。『婦女鑑』に採用があるのは、「家ノ勢力」「剛勇ヲ論ズ」「婚姻ノ伴侶」の中の例話であるが、「剛勇」を扱った編にも女性の例話があり、そこから『婦女鑑』にも例話が採用されているのが特徴的である。また、「婚姻ノ伴侶」から採用された例話は、『婦女鑑』の「婦道」の例話中の特徴的な例話群ともなっている（後述）。「家ノ勢力」では、特に母親の影響力を強調しているため、母親に関する多数の例話が掲載されており、要するに、子は母の品行によること、幼少時の教えが染み込んで後に出ること、等を述べた内容が多く、『婦女鑑』には「舌弗爾《シエフエル》の母」「華聖頓《ワシントン》の母」「俄義的《ゴエテ》の母」が「母道」の話として採用されている。例話以外の部分に、女性の「才智識見」「裁度の智」「聡明才智」といった、西村茂樹選録『小学修身訓』[34]の嘉言の中にも引用されている内容が書かれていることも注目すべき点である（第Ⅱ部第二章参照）。「剛勇ヲ論ズ」では、「天下ハ剛勇ノ男子婦人ヨリ恩沢ヲ受ルナリ。所謂剛勇ハ。身体ノ謂ニ非ズ」と、「剛勇」が身体の剛勇ではないとされ、「男女ニ限ラズ。極高ノ人物ト定メラル、モノハ。徳善ノ勇ナリ。詳カニ之ヲ言ハ。真理ヲ求メ之ヲ知ルノ勇、公正ナルベキノ勇、忠直ナルベキノ勇、職分ヲ尽スノ勇、誘惑ニ抵抗スルノ勇ナリ」と、男女とも「徳善ノ勇」がある者が「極高ノ人物」であることが示されている。例話は全般的に処変的な内容で、『婦女鑑』で採用されている「処変」の二話と「慈善」の一話の例話内容も、戦で防御した話（「多勒梅児《トレイムイル》」処変）、行方不明の夫の足跡を北海洋に調査発見した話（「佛蘭格林《フランクリン》の夫人」処変）、獄中で罪人を教導した話（「撒拉馬丁《サラマルテイン》」慈善）といった特殊な話である。上述した「剛勇」の意味に照らすと、このような行動をとった「徳善ノ勇」が称えられているものと考えられる。「婚姻ノ伴侶」では、主に妻が夫の力になったという内容の例話が多く掲載されている。『婦女鑑』には「婦道」に三話七名（「抜克蘭《バツクランド》。呼倍爾《フーベール》。哈米爾敦《ハミルトン》の妻」「奈蒲爾《ナイブール》。弥爾《ミル》。発拉第《ファラデイ》の妻」「任善徳弗《ジンゼンドルフ》の妻」）と「処変」に一話（「葛羅周《グロチユース》の妻」（夫を脱獄させた話））が採用されている。「婦道」の方は夫の学術・事業の助をなした妻の例で、この編（「婚姻ノ伴侶」）には他にも同趣旨の話がいくつか掲載されており、説明部分にある「絶好ナル幇助者」「夫ノ従事スル事業ヲ助クル者」という言に集約される。この例話群の話が除かれずに『婦女鑑』の「婦道」に属する例話に採用されているのは大きな特徴である。

『西洋列女伝』は、孝行・貞操・友愛・慈母という四部構成で、「孝行之部」から一話、「友愛之部」から二話、「貞操之部」から五話が『婦女鑑』に採用されている。特に「友愛之部」から『婦女鑑』の「友愛」に属する西洋の例話（「黒連窩加《ヘレンウオーカー》」「百底安波《ベチーアムボス》」）が採用されているのが特徴である。また、全体的に牢獄・処刑・捕虜・戦等々に関係する悲痛な話が多い中、「孝行之部」からはそれらに関係ない話が、「貞操之部」からは夫と苦境を共にした話などが採用されており、比較的まだその度合いが低いものが選択されているようである。「慈母之部」に関しても一場面の特殊な話が多いためか、『婦女鑑』の「母道」に属する例話としては、前述の『西洋品行論』の例話の方が採用されている。

以上のように、西洋の例話の出典の著書にはそもそも孝・貞・母といった内容ではない徳目に関する例話が多数存在しており、『婦女鑑』ではこれらが「慈善」「忠誠」「愛国」「才学」「処変」「雑徳」といった徳目に関する例話として採用されている。また「婦道」であっても、例えば夫の学術・事業の助をなす妻等の独特な例話群が排除されずに採用されている。このような例話選択が、当時としては多様な徳目・例話内容を包含するという『婦女鑑』の特色を形作っているということができる。

4　出典の文章との比較

前述の通り、『婦女鑑』では、出典の文章と全く同一の文章を掲載してはおらず、編纂時に文章自体は書き直されている。その際に、どのような部分が削除・追加されているか等について、具体例をあげて示し、その傾向や特徴について見ておくこととする。

まず、文章自体の書き直され方について概観するために、最初の例話である「衣縫金継女」について、出典である『皇朝女子立志編』と『婦女鑑』の全文をあげる。

『皇朝女子立志編』巻之一

第一　衣縫金継の女父母に孝を尽す事

衣縫金継の女は。本右京の人なれど。故ありて。河内志紀郡に居れり。十二歳の時父死去せしかば。女深く之を悲しみ。為に食を廃するに至る。服闋りて後に。母の巳を嫁せんとするを知り。竊に出て父の墓側に住み。朝夕号哭して声を絶さず。母も終に感動せられて再び之に嫁することを言はざれば。是より母と倶に居て。父の忌日に遇ふことに。厚く祭祀の礼を行ひ。少しも怠らず。又其近傍に恵賀河といへる河あり。常に橋なきが為に。冬に至れば。人皆之を渉ることに難渋するを以て。女は母と共に。年々材木を買ひ。仮橋を造りて。往来の便をはかること。十五年の久しきに及べり。母は八十にして没せしが。此時も痛く悲哀を尽せり。事朝廷に聞えければ。承和八年。勅して三階に叙し。終身戸田の租を免して。門閭を旌表せられけり。

『婦女鑑』巻一

衣縫金継女

衣縫金継の女は。もと右京の人なれど。故ありて河内国に住みけり。十二歳の時に父みまかりにしかば。女深く之を歎き悲しみ。為に寝食を廃するに至れり。服をはりて後。母の己を他家に嫁せしめむとするを知り。ひそかに家をいで、父の墓側にいたり。なげきさけぶこゑ夜昼たえざりしかば。母もつひにそのこゝろざしの奪ふべからぬをしり。其事をばおもひやみていひいでねば。是より母とともに居て。父の忌日ごとに。厚く祭祀の礼をおこなひて。いさゝかも怠ることなく。又その家のちかきあたりに。恵賀河といへる河ありけるが。わたせる橋のあらぬにより。冬にいたるごとに。わたりなやむもの多ければ。女は母と共に。年々に多くの材木をかひもとめ。仮橋を造りて往来の人の便をはかること。十五年の久しきに及び。母はその齢八十にて身まかりぬ。此時も痛くなげきかなしみて。祭祀のことどもいと懇にいとなみけり。此事朝廷にきこえて。承和八年といふとし。勅して三階を叙し。終身復を給ひ。門閭に旌表せられけり。

行文はほぼ同じで、言葉の言い換えが多くなされているが、この言い換えは、特別大きな意味の変更は伴っていない。唯一、母の死去の際の説明部分に「祭祀のことどもいと懇にいとなみけり」という文が追加されており、父の死去の時だけに記されている厚く祭祀を行ったということを、母の死去時の記述にも追加して「孝」を強調したことが考えられる。

『皇朝女子立志編』から採用の他の例話においても、同様に、行文はほぼ同じで言葉の言い換えは多く行われている。全般的に『婦女鑑』では、行文や筋の展開が出典とほぼ同じで言葉や表現の言い換えが行われている場合には特別大きな意味の変更を伴っていないことが多い。『皇朝女子立志編』から採用の例話では他に、説明の付加や、逆に長い説明をまとめることもなされているが少数である。削除や加筆が行われている例を具体的に見ると、「堀部金丸女」(『婦女鑑』の編纂稿本での徳目分類は〔以下同様のため略〕処変)で「婦女の身ながら雄々しくも」という箇所を削除、「徳川秀忠乳母」(識見)で人物の説明を初めに付加、「鐘尾ふで女姉妹」(勤倹)で「妄りに道路に食を乞ふが如きの事を為すべけんや」という長女の言を「いざ力をあはせよ」と変更、三女が二人の姉を助けようとする志が憐れであるという内容を、「殊勝の行ひども多かりき」とし、「二村清助妻衛女」（勤倹）で、妻が亡き夫の残した旧債の返済に努力したことについてのやや長い説明を「百般の家事を経営」としたりしている。「雄々しく」「道路に食を乞ふ」等の削除は、望ましくないような言い方を意図的に削除しているとも考えられる。

変更箇所の例を、他の出典についても見てみると、例えば『比売鑑』から採用の例話では、「清水太郎左衛門母」（母道）で、崖から落ちそうな牛を持ち上げて救った怪力を示した話と、子の傲慢無礼を諫めた話の順序を『婦女鑑』では逆にしており、「母道」に関する話を先にして力点を置いたことが察せられる。「山名禅高妻」（処変）は妻の智略を扱った話であるが、『婦女鑑』では最後に「もしこの時その妻の智謀あらずば。夫の命も危ふかるべきを。即智をもつて賊刃を撓めしは。克く変に処せるものと云べし」という一文が付加されており、よく「変」に「処」したという、「処変」という徳目に沿った内容であることを、末尾で示し強調したものと考えられる。同様に末尾に一文が付加された例として、『修身鑑』から採用の西洋の例話である「仁恵婦女社の看護人」もあげられる。『婦女鑑』では末尾に「柔よく剛に克つとは。かゝる婦人をやいふべからん」との一文が付加されており、これは、「柔能制剛（柔よく剛を制す）」という語に絡めて説明を加えたものと思われるが、第Ⅱ部第三章でも述べるように、この話が『婦女鑑』を出典元として後の国語教科書に掲載された際のタイトルに「柔よく剛に克つ」という言葉が使われている場合が見られることを考えると、後続の教科書にも影響している付加であるといえる。逆に、前述の『比売鑑』から採用の「処変」を扱った「山名禅高妻」では、もう一つのエピソード（餅を一生食べなくなった理由の話）が『婦女鑑』では掲載されておらず、扱う徳目に関係の薄い話を削除していると考えられる。

『列女伝』(35)から採用の例話でも、行文がほぼ同じで若干の修正（わかりにくい部分や残酷な部分等の削除・変更、説明的な文の付加等）以外はほとんど訳されている場合（「楚子発母」〔母道〕、「斉桓衛姫」〔識見〕、「晋文斉姜」〔識見〕等）がある一方、長い話では、複数のエピソードの中からいくつかのエピソードが削除されるなどが行われている。例えば、「衛姑定姜」（識見）では、四つのエピソードのうち二つ（子の死後に嫁を実家に帰した際に詩を詠み涙で見送った話と、部下を憎む夫を諫め、亡命した部下を戻した話）は『婦女鑑』に掲載されているが、他の二つ（夫の死後、君主となった別の妻の子の怠慢や国外逃亡の試みを諫めた話と、占いの結果を判読して敵をとらえることに成功した話）は削除されている。『婦女鑑』では、掲載された二つの話に続いて「おほよそ定姜の行ひかくのごとく。温恭慈愛にして大智をさへ備へられければ。よく定公を佐けて君徳を失はしめず」という言葉が付加されている。ここから、掲載された二つのエピソードは、主人公の性格（「温恭慈愛」）を表す話がまず紹介された上で、夫（定公）を「大智」によってよく助けた話が「識見」の話として選ばれて掲載されたようであることがわかる。

「魯季敬姜」（母道）では、七つのエピソードのうち、一つ（友人との付き合い方を子に訓戒した話）はほぼ同じで、一つ（子の奢った考え方を戒めた話）は途中にある長い具体的説明の部分が削除されて訳されているが、五つのエピソード（織機にたとえて宰相の務めを子に訓戒した話、子が客に小さな鼈を出したことを戒めた話、子の死後の話、訪問先で公務の場では男性と話をしなかった話、面会に来た男性とは門を開けたまま話した等の話）は削除されている。後者（削除された方）は、話がわかりにくい、あるいは「男女の礼」等を扱っているが「母道」の話としてはそれほど適当でない等の理由で掲載されなかったのではないかということが窺われる。

「鄒孟軻母」（母道）では、『列女伝』に掲載されている四つのエピソードのうち、「孟母三遷」「孟母断機」を含む三つのエピソードはほとんどそのまま訳されて掲載されているが、四つめの、孟子の母が「婦人の礼」や「三従の道」を引き合いに出して息子に自分の思う義に従って行動するよう諭した話は削除されている。これは、『婦女鑑』の徳目の説明文や例話内容が「三従」「七去」のような女性を強いているわけではないということと関係していることとも考えられる（第Ⅰ部第三・四章参照）。

Woman's Record から採用された例話（前述のように、編纂稿本にはこの書の頁数を表す漢数字のみが出典名を記す箇所に記載されているため、この書から直接翻訳したと思われる）について見ると、出典の文章が比較的短い場合（「安那」（慈善）、「羅巴耶《ラムバエー》」（忠誠）、「以撒伯拉額罕《イサベラグラハム》」（慈善）等）は、大部分の内容が『婦女鑑』にも訳されて掲載されている。例えば、「撒拉倍渉《サラーベーチエ》」（愛国）の話では、冒頭にある主人公の幼少時の説明と、最後にある当時の女性の概況と絡めて述べた部分が削除されているが、他はほぼ同じ内容である。出典の文章が長い場合は、筋を追って述べたり、部分的に抜粋されたりしている。削除されているのは、同じような内容が繰り返し述べられている部分、詳しい説明や描写、関連するエピソード、親族の名前や場所等の説明、主人公の話から離れた一般的な説明、死去の際の様子の説明、主人公や関係者の詩や手紙を紹介した部分等である。

例えば、「加馬馬児《カママル》」（雑徳）は、ハワイ王妃の話であるが、冒頭の、異母兄弟との血族結婚のこと等の説明部分は削除されている他、カメハメハⅠ世死去後の祭事の際のエピソードと、死後に遺体がイギリス（夫妻は海外渡航中に死去したため）からハワイに運ばれ埋葬されたことについての説明部分等は削除されている。一方追加は、わかりやすく説明が付加された部分が若干ある程度である。

逆に、『婦女鑑』で文章が付加されている例をあげると、「羅拉《ローラ》」（才学）では、『婦女鑑』で削除されている部分（話の途中に挿入されている、世の中の女性についての一般論や、末尾の、主人公の著作がラテン語であるため広く知られていないことや葬式の説明等が記された部分）がある一方で、『婦女鑑』の末尾には、「かくの如く羅拉が人に絶れたるは言までもなけれど。その最も感ずべきは。学問を以て家事を廃せず。家事を以て学問を棄てず。またよくその児子を教育せしにて。こは殊に世の亀鑑ともなすべくこそ」という文が付加されている。「脱勒辺夫人《ドルレーペーン》」（婦道）でも、義母が主人公をほめた言に関して、「このひと言にても。夫人の孝貞にして温柔なりしを知るに足れり」という説明が付加されている。「羅拉《ローラ》」は大学の教師になった博学の女性の話で、「脱勒辺《ドルレーベーン》夫人」はアメリカ大統領マジソンの妻の話であるが、家事や孝行といった、家庭内のことを疎かにしなかったことを、説明を付加することによって強調しようとしたものと考えられる。

このように、出典から『婦女鑑』への文章の掲載に際しては、行文や話の筋・内容がほぼ同一である例話が多数ある一方、付加や削除が行われている場合も見られる。上述のように、細かい所では、人物や状況等の説明の付加、同じような内容の繰り返しや長い説明の修正・削除、親族等の説明や一般論の部分の削除、残酷等望ましくない表現の削除・変更、といったことが行われている。また、長い話の場合、あらすじを追うように示したり、いくつかのエピソードや、関係する詩・手紙等が掲載されている部分の削除等がなされている場合もある。特に、徳目に沿っていることや他の徳目とも相反しないことが末尾などで補足・強調される場合が見られたり、また、長い話の場合は、その中のわかりにくいエピソードや、扱う徳目と離れたエピソード等が削除されたりしており、編者が徳目を意識して例話の中身の選択と加除修正を行っていたことがわかる。

以上、本章では、『婦女鑑』の例話の出典について、出典の構成と、その中での例話の選択という、二つの面から考察を加えてきた。

上述の通り、『婦女鑑』では、日本の伝記・歴史書、中国の列女伝類、洋書や「翻訳修身教科書」といった、女子用に限らないものも含めた、和漢洋にわたる多様な書物が出典として使用されている。この多様さが『婦女鑑』の特質を形作っている一つの要因である。個々について見てみると、『野史』『列女伝』『新続列女伝』『童蒙教草』『訓蒙勧懲雑話』のように、『幼学綱要』で使用されたことが使用理由として考えられる出典もあるが、特に西洋の出典に関しては、西村と直接・間接につながりのある書物や、西村が以前から参考にしていた書物が多く使用されており、西村の影響も窺われる。

主要な出典からの例話選択を見ると、一般的な孝・貞・母に関する内容はもちろん採用されているが、他の特徴的な点としては以下があげられる。まず日本の例話の場合、主に近世中期の、子の教育を含めた婦道全般をよく治めた妻・母等の話が抽出されている傾向が見られる。中国の例話の場合、賢明・仁智・弁通に関する話が『婦女鑑』の「識見」「雑徳」等に属する話として採用されている。西洋の例話では、夫の学術上の助をなす妻等の独特な例話群が『婦女鑑』の「婦道」に属する例話に採用され、また、質直・無欲・質素・忍耐・勇気・信義・誠実・仁恵・仁義・公益・忠誠・愛国・才学・剛勇・友愛といった内容の話が、『婦女鑑』の「慈善」「忠誠」「愛国」「才学」「処変」「雑徳」に属する例話として採用されている。つまり、孝・貞・母と同類のものだけを採用しようとしたのではなく、それ以外のさまざまな徳目の例話や特徴的な例話群も採用したのである。これにより、出典の書物における多様な徳目構成と特徴的な例話内容が『婦女鑑』に反映され、『婦女鑑』の特質につながったといえる。

これには、『婦女鑑』の成り立ち、中でも『婦女鑑』が後に欧化政策の舞台の一つになっていく創立期の華族女学校向けの書物であったという成立事情や（第Ⅰ部第二章参照）、編者西村茂樹の意図なども関係していると思われる。また、このような特質を持つ『婦女鑑』が女子用修身教科書史の中でどのように位置付くのか等について、より広い視点で検討することも必要である。そこで第Ⅱ部では、これらの点も含め、『婦女鑑』の性格を歴史的に明らかにしていくこととしたい。

註

（1）宮内庁書陵部宮内公文書館所蔵「婦女鑑原稿」巻一〜六。

（2）海後宗臣「教育勅語渙発関係資料集第一巻解説」（国民精神文化研究所編『教育勅語渙発関係資料集』第一巻、国民精神文化研究所、一九三八年〔復刻版、コンパニオン出版、一九八五年〕）一六頁。

（3）西谷成憲「『婦女鑑』に関する研究　草稿本の検討を中心にして」（『多摩美術大学研究紀要』第九号、一九九五年）九三―九九頁。

（4）同上、九九頁。

（5）尾崎るみ「『婦女鑑』の「額黎咀林《グレイスダルリング》」をめぐって―明治の少女向け読み物の軌跡（八）」（『論叢　児童文化』第四八号、くさむら社、二〇一二年八月）五九―六二頁。

（6）編者上野理一（号は有竹）は、朝日新聞の初期の経営者である。

（7）国立国会図書館所蔵の写本の序による。

（8）武田勝蔵『勤王志士野史編者贈従四位飯田忠彦小伝』武田勝蔵、一九三五年、一七―二二頁、六八―七〇頁。朝倉治彦「『野史』解題」（飯田忠彦著、杉山博監修『大日本野史　戦国の群雄（東国編）』新人物往来社、一九七一年）二四九―二五三頁。

（9）内務省『版権書目』第一号、自明治八年一〇月至明治九年五月（明治文化資料叢書刊行会編『明治文化資料叢書』第七巻　書目編、風間書房、一九七二年）一〇一頁。

（10）「婦女鑑編修録」（宮内庁書陵部宮内公文書館所蔵「婦女鑑　明治孝節録　出版録」〔図書寮、自明治二〇年至同四四年〕追加第二八号）には、西村が編纂を命じられる以前の一八八二年一月に川田が長となったことが記されているものの、その期間の記録がほぼ空白となっているため詳しい状況が不明である（第Ⅰ部第二章第三節で詳述したので参照願いたい）。

（11）徳田進『孝子説話集の研究　近代篇（明治期）―二十四孝を中心に―』井上書房、一九六四年、一三〇頁。

（12）国立国会図書館所蔵。

（13）山崎純一『列女伝』上、明治書院、一九九六年、五六―五八頁。

（14）前掲「婦女鑑　明治孝節録　出版録」追加第二八号。

（15）『幼学綱要』の「和順第三」の「周ノ宣王」の姜后、「貞操第十三」の「楚ノ白貞姫」「漢ノ陳孝婦」、「廉潔第十四」の「斉ノ相田稷子」の母の話は、『列女伝』にある話である。

(16) 『幼学綱要』の「孝行第二」の「後漢ノ曹娥」、「和順第三」の「後漢ノ鮑宣ノ妻桓氏」「唐ノ太宗ノ后長孫氏」「順聖皇后」、「誠実第八」の「後唐ノ章仔鈞ノ妻」、「倹素第十一」の「宋ノ真宗ノ后」、「貞操第十三」の「魏ノ曹爽ノ従弟文叔ノ妻」「唐ノ奉天竇氏ノ二女」「譚氏ノ婦趙」「元ノ闞文興ノ妻王氏」「明ノ解匠縉ノ子禎亮ノ妻」は、『新続列女伝』にもある話である。

(17) 「『正史』二十四種のうち「列伝」に「列女」が含まれているのは『後漢書』、『魏書』、『晋書』、『隋書』、『北史』、『旧唐書』、『新唐書』、『宋史』、『遼史』、『金史』、『元史』、『明史』の十二種」(山内正博「『旧唐書』の「烈女伝」と『宋史』の「列女伝」─現代語訳─」〔『宮崎大学教育学部紀要』第二九号、一九七一年〕二八頁)である。

(18) 旧開智学校所蔵。

(19) 一八八一年以後は普通学務局勤務、視学官、参事官、高等中学校長などを歴任した。

(20) 国立国会図書館所蔵。同館所蔵の原書では書名中の"a la lecture"部分の"a"にはアクサン・グラーブが付いていない。

(21) 国立国会図書館所蔵(改訂三版)。

(22) 坂田伝蔵は、一八八四年一一月二〇日に東京大学御用掛から宮内省文学御用掛に任ぜられた(宮内庁書陵部宮内公文書館所蔵「御歌所日記」〔御歌所、自明治一六年至明治一九年〕)。

(23) 室伏武「サミュエル・スマイルズと『西洋品行論』」(『東と西』第一三号、亜細亜大学言語文化研究所、一九九五年)一五頁。

(24) Elizabeth Starling, *Noble Deeds of Woman: Or, Examples of Female Courage and Virtue*, 7th ed., London: Henry G. Bohn, 1864.(国立国会図書館所蔵)

(25) M. F. Cowdery, *Elementary Moral Lessons, for Schools and Families*, Cowperthwait & Co., 1867.(国立国会図書館所蔵)

(26) 宮崎嘉国編『和訳詳解英語女用文かゞみ大全』宮崎嘉国、一八八七年。

(27) 宮内庁『明治天皇紀』第五、吉川弘文館、一九七一年、六九二頁。

(28) 文部省による『百科全書』(分冊本)の刊行は、一八七三年から一八八三年にかけて順次行われ、西村茂樹は『天文学』(一八七六年)、片山淳吉は『植物生理学』(一八七四年)、宮崎駿児は『南亜米利加及印度地誌』(一八七八年)を訳している。

(29) 杉江京子の研究でいう「書陵部本」と「東大活字本」のこと(「『幼学綱要』挿画成立事情考─松本楓湖・五姓田芳雄・月岡芳年との関わりをめぐって─」〔『美術史研究』第四九冊、早稲田大学美術史学会、二〇一一年〕九〇─九三頁)。

(30) 前掲「『幼学綱要』挿画成立事情考―松本楓湖・五姓田芳雄・月岡芳年との関わりをめぐって―」九四―九五頁、一〇〇―一〇二頁。
(31) 『野史』に記されている出典によると、巻二六八は『比売鑑』からの採用が多く、巻二六九・二七〇では、近世の人物評伝である角田簡大可（九華）撰『近世叢語』（一八二八年）、同『続近世叢語』（一八四五年）が比較的多く出典となっており、ここであげた婦道全般をよく行う例話群もここから採用されている。
(32) 前掲『列女伝』上、一五―一六頁。
(33) 前掲「サミュエル・スマイルズと『西洋品行論』」一一頁。
(34) 西村茂樹選録『小学修身訓』文部省編輯局印行、一八八〇年。
(35) 『列女伝』の例話に関しては、山崎純一『列女伝』上・中・下（明治書院、一九九六～一九九七年）の原文および通釈、および、中島みどり『列女伝』一～三（平凡社〔東洋文庫〕、二〇〇一年）の訳文を参照した。

小括

第Ⅰ部では、『婦女鑑』そのものの性格を、成立の背景、徳目構成および例話内容、例話の出典等を検討することにより明らかにした。

『婦女鑑』は、女性の模範的徳行の話を列伝形式で一二〇話収めた構成となっているが、このような形式の女子用の書物は以前から存在しており、近世では中国の劉向『列女伝』の影響を受けて列伝形式の女訓書が著され、これらの一部は明治期においても学校の教科書や口授用書として用いられた。明治期においてもこの系譜を受け継いで列伝形式の書物は出版されていき、教訓的読み物として読まれると同時に、一部は教科書・口授用書として使用され、さらに、例話を相当数入れた教科書も作成されていった。明治前期の列伝形式の女子用修身書の特徴としては、書名に「列女伝」を付したものが多い、日本の女性のみを取り上げた書が多い、徳目で区分された書の掲載徳目を見ると孝・貞（婦道）・母か、それに加えて才芸・節義をあげたものが多い、ということがあげられる。

このような列伝形式の女訓書・女子用修身書の流れの中で成立した『婦女鑑』は、明治前期の宮内省蔵版の修身書三書（『明治孝節録』（一八七七年）、『幼学綱要』（一八八二年）、『婦女鑑』（一八八七年））のうちの一つである。『明治孝節録』は皇后が以前から行っていた庶民の徳行の記事収集に端を発している。歌道や国学の範囲にとどまらない書籍編纂事業が宮内省文学御用掛において行われるようになったことは、『幼学綱要』成立の背景の一つともなったものと考えられる。列伝形式の書物刊行への皇后の内意は後の『婦女鑑』刊行への伏線となったとも考えられ、また、これが一般に発売され教科書として使用されたことは、前例として後の『婦女鑑』の一般発売と教科書使用につながった。『幼学綱要』は明治天皇の内意を受けて元田永孚等によって編纂されたもので、「教学大旨」「小学条目二件」を具体化し、彝倫道徳を教育の主本として本末を明らかにして教学の要を立てるという精神で編纂されており、儒教主義の姿勢が読み取れる。例話は和漢のみで女性の例話は「和順」と「貞操」の徳目に集中している。皇后はこの補遺として『婦女鑑』の編纂を命じた。『婦女鑑』が儒教主義の書とされることがあるのも、『幼学綱要』の補遺という成立事情に依っているのである。

『婦女鑑』は、皇后の内意により宮内省文学御用掛（刊行時は宮中顧問官）の西村茂樹が編纂したもので、華族女学校の教科書に充てさせる目的ももっていた。従来、西村が文学御用掛に任命されてから『婦女鑑』の編纂が始まったと考えられてきたが、宮内庁所蔵史料を見ると、『婦女鑑』の編纂は一八八一年頃から企画され、翌年一月には川田剛が編纂の長となった記録が見られ、その後一八八四年一〇月に西村が編纂の長となった記載が登場する。西村がこの時点で編纂を命じられた背景としては、西村が宮内省で主に洋学者として取り立てられていたことに関係があると考えられる。一八八四年当時は、伊藤博文が宮内卿に就任して各種改革を行い、華族女学校の設立準備も行われ、鹿鳴館時代とも重なり、皇室の近代化・欧米化が目指されていた時代であり、『婦女鑑』の編纂に際しても「特異な洋学者」である西村が適当とされたのではないかと考えられる。

『婦女鑑』の内容については、刊本には例話の徳目分類が書かれていないため、先行研究では「凡例」に記されている「孝行」「貞節」「母道」「慈善」という四つの徳目があげられることが多いなどの傾向があった。宮内庁所蔵の『婦女鑑』の編纂稿本には、徳目構成に関する記述が残っており、その中の「婦女鑑西洋篇草稿」に挿まれて綴じられている、徳目の説明文の草稿、および「婦女鑑原稿」によって見ると、編纂段階では一四の徳目が候補にあがり、一二の徳目（孝行・友愛・婦道・勤倹・慈善・母道・忠誠・愛国・識見・才学・処変・雑徳）が数段階を経て決定されたことがわかる。編纂稿本に記されているこれらの徳目名および徳目の説明文について検討すると、孝行・友愛・婦道・勤倹・母道と、「家」に関する徳目が揃い、重視されていると考えられるが、社会・国家・個人に関する徳目も採用され、徳目の説明文の草稿には西洋の訓言が引用されている部分や西洋の女性を模範としている部分があること等、必ずしも儒教主義という評価とは合致しない点も多い。また、徳目の説明文の草稿を見ると、男性に隷従するのではなく、男性に勝る徳行をする女性を模範と考えていることも理解できる。このように、編纂稿本にある徳目名および徳目の説明文を見ると、「家」に関する徳目に限らず、社会や国家に関する徳目を含んだ多数の徳目内容が、東西の訓言を引用しながら検討されていることが特徴的であることがわかる。

次に『婦女鑑』の例話内容を、編纂稿本に記された徳目別に見ると、親への孝行、夫への奉仕、治家、子への教育といった役割が重視されつつも、単に従順な女性が望まれているわけではないことがわかる。また、『婦女鑑』では『幼学綱要』における「仁義忠孝」重視、「天皇尊崇」の精神の感化といった面は引き継いでいない。また明治前期の列伝形式の女子用修身書と比べ、『婦女鑑』は和漢洋にわたる多数の女性の例話を盛り込んだ総合的な列伝形式女子用修身書の登場と見ることができ、多様な徳行を女性に期待し、特に「慈善」や「愛国」などの徳目を取り入れた先駆的存在であったと考えられる。

また、編纂稿本に記されている『婦女鑑』の例話の出典名を基に、出典構成の特徴を見ると、日本の伝記・歴史書、中国の列女伝類、洋書や「翻訳修身教科書」といった、和漢洋にわたる多様な書物が出典として使用されており、この多様さが『婦女鑑』の特質を形作っている一つの要因であるといえる。『幼学綱要』で使用されたことが使用理由として考えられる出典もあるが、特に西洋の例話の出典に関しては、編者西村茂樹の影響も窺われる。例話選択の特徴としては、日本の例話の場合、婦道全般をよく治めた妻・母の話が抽出されている傾向が見られ、中国・西洋の例話の場合、孝・貞・母と同類のものだけでなく、それ以外のさまざまな徳目の例話や特徴的な例話群も採用したことがわかる。これにより、出典の書物の多様な徳目構成と特徴的な例話が『婦女鑑』に反映され、『婦女鑑』の特質につながったということができる。

第Ⅱ部　『婦女鑑』の歴史的性格

第Ⅱ部では、『婦女鑑』の性格を、第一に良妻賢母思想の変遷や女子用修身教科書史の中での位置、第二に編者の思想等との関係、第三に下賜・普及の状況を考察することにより、歴史的に明らかにしていく。

まず第一章では、これまでの検討において明らかにした『婦女鑑』の特質が、良妻賢母思想の特徴や女子用修身教科書の良妻賢母像とどのような関係にあるのかを、特に妻・母に関する徳目と、社会・国家に関する徳目に注目して検討し、さらに、『婦女鑑』以前・以後の女子用修身教科書に照らしてどのように位置付くものといえるのか、ということについて、より広い視点から考察を加えることとしたい。

次に、西村茂樹が『婦女鑑』編纂に携わることになった経緯は第Ⅰ部第二章においてすでに明らかにしたところであるが、編者の思想が『婦女鑑』にどのように影響しているのか、ということを考察することも、『婦女鑑』がどのような書物であったかを知る一つの手掛かりとなると考えられる。西村は当時、宮内省の他にも文部省や民間において、修身教科書の編纂や、各種演説等を行い、また『婦女鑑』の編纂を終えた翌年からは『婦女鑑』が下賜された華族女学校の校長となり、これ以後、女子教育等に関する演説なども行っていった。第二章では、西村のこのような各種の活動における言説や、西村が置かれた当時の宮内省をめぐる状況等と、『婦女鑑』の内容との関係を見ていくこととしたい。

そして、『婦女鑑』がどの程度の範囲に下賜され、その後どのような扱いがなされたのかを明らかにすることも、『婦女鑑』の性格の歴史的把握には重要な要素である。しかし、これまで『婦女鑑』の下賜、刊行後の扱い、普及状況に関しては、詳細には明らかにされていなかった。そこで第三章では、宮内庁所蔵史料等を用いて、下賜の状況および下賜後の扱いについて明らかにし、さらに、後続の教科書・教訓読物等

——への影響や、再版の状況、解説書の出版状況等も含めて検討し、『婦女鑑』の後世への影響関係について明らかにする。

第一章　女子用修身教科書史上における『婦女鑑』

これまで見てきた通り、『婦女鑑』の特質は、和漢洋の多数の女性を取り上げ、孝・貞（婦道）・母といった徳目はもちろん、慈善や愛国など、当時の女子用としては多様な徳目に関する例話を取り上げている、ということであった。それでは、このような特質をもつ『婦女鑑』は、良妻賢母思想の歴史的な展開や女子用修身教科書史等に照らした場合、どのように位置付く書物・教科書といえるのであろうか。ここでは、まず主として小山静子『良妻賢母という規範』（勁草書房、一九九一年）の中におけるこれらに関する議論を一つの手掛かりに[1]、『婦女鑑』の特質等がこれにどのように当てはまり、または当てはまらないのかを、特に、良妻賢母思想の中核である妻・母に関する徳目、および、『婦女鑑』の特質を形成する大きな要因となっている慈善・愛国といった社会・国家に関する徳目について注目し、検討する。これに続いて、女子用修身教科書史全般の流れに照らして考察することとしたい。

第一節　良妻賢母思想の変遷および女子用修身教科書における良妻賢母像の変遷と『婦女鑑』

1　母・妻に関する徳目

江戸期から明治期への、往来物における女性観の変化として小山があげるのが、母としての徳目の登場、すなわち賢母論の登場である。そしてこれは明治啓蒙期の女子教育論と関係があるとしている。

『婦女鑑』にも「母道」に関する話が多数収められている。例話の採用には、小山の指摘するような、明治以後の母役割の強調の背後にある明治啓蒙期の論説の影響は見られると考えられる。それは、「母道」の例話に、中村正直訳の『西洋品行論』の中にある西洋の例話が用いられていることからも見てとることができるだろう（第Ⅰ部第五章参照）。女子教育に関する中村の言説としては、母の役割に注目した「善良ナル母ヲ造ル説」が知られている。小山もこの内容を引用し、「当時の政府高官や啓蒙知識人にとって最大の課題は、日本の独立維持、近代国家の建設、近代的国民の形成であったが、女子教育の振興もまたこの文脈において語られ」て「善キ母」が求められたのであり、このような考え方は「なにも中村正直が特殊なわけではなく、啓蒙期の女子教育論に共通に見られる観点であった」としている(2)。中村が訳した『西洋品行論』の中の、『婦女鑑』での採用例話の関係箇所（「第二編　家ノ勢力」）においても、要するに子の品行は母の品行によること等を述べた内容が多く、『西洋品行論』からの『婦女鑑』への採用例話も、母による教育や訓戒の重要性を取り上げた内容である。『婦女鑑』の編纂稿本（宮内庁書陵部宮内公文書館所蔵「婦女鑑原稿」。以下同様）にある「母道」の徳目の説明文では、ナポレオンの「方今我国ニ於テ人民教育ノ為メニ少ク所ハ何物ゾ」という問いに対し女学士カンパンが「母ナリ」と答えたことにナポレオンは「深ク其言ヲ然リトセリ」ということをあげ、「蓋シ家庭ノ教育ハ最人ニ入ルコト深キヲ以テナリ、母道ノ世教ニ関スルコト甚大ナリト言フベシ」としている。人民の教育のために母の役割が重要であることを述べたエピソードであり、これは『西洋品行論』にも掲載されている。

ただし、このような明治啓蒙期の賢母論の影響だけでなく、『婦女鑑』が、列伝形式の女訓書の系譜に属しているということも考慮すべき点である。序章でも述べた通り、往来物ではない方の書物群には、江戸期から母の役割の重要性が指摘されている。(3) このうちの一部（中村惕斎『比売鑑』など。「母儀」の徳目がある中国の劉向『列女伝』の影響を直接受けている）が『婦女鑑』における例話の出典ともなっており、その『列女伝』自体も『婦女鑑』の例話の出典になっているのである。『婦女鑑』に「母道」に関する例話が存在しているのは、このような江戸期以来の、列伝形式の女訓書の系譜の影響と、上述したような、明治啓蒙期の女子教育論の影響の両者を受けているものと考えることができる。

また、日清戦争後（一八九五年〔『婦女鑑』刊行から八年後〕以降）の女子教育論では、小山によると、単なる賢母論にとどまらず良妻賢母論が登場するという。「江戸期の女訓書が理想的女性像として掲げたのは、もっぱら良き妻や嫁であり、そこでは夫や舅姑に対する従順という徳目が第一に求められた」のに対し、良妻賢母論では、「知識による内助」（教育をうけ、獲得した知識をもって夫を助けていくこと）や「女性の道徳性」に対する注目が、新たに論点として登場してきたといい、これは良妻という言葉の意味が変化しつつあることを示すものであったという。(4)「日清戦後の女子教育論においては、（中略）女性が妻・母として家庭内で果たす役割や女性の「高い」道徳性が国家的な視点で価値づけられ、そのことによって女子教育の必要性が主張されていた」とし、このことは、「女が（中略）家事・育児を通して国家に貢献する具体的国民としてとらえられたことを意味しており、まさにここに良妻賢母思想登場の意義があった」としている。(5) そして、このような観点は、高等女学校の修身教科書においては、文部省『高等女学校用修身教科書』の一九〇二（明治三五）年版ではそれほど明確ではなかったが一九〇七年版に至って登場したとし、「ここに至り、（中略）良妻賢母思想が、修身教科書に登場してきたといえるだろう」としている。(7)

『婦女鑑』では、ここでいう「知識による内助」に関するような例話が「婦道」において掲載されていることが特徴的である（第Ⅰ部第四章参照）。つまり、日清戦争後の女子教育論で登場し、その後の修身教科書に現れていく観点が、『婦女鑑』の例話内容の中に部分的に先取りされて入っている、ということになる。ただし、小山が「良妻賢母思想の特徴」とする、「家事・育児を国家の視点でとらえ直し、そのことによって女性と国家の関係性を明確化した」ということについては、『婦女鑑』においては、話の内容としてそこまで明確に価値付けられているわけではない。編纂稿本にある「婦道」の徳目の説明文でも、「婦人ノ事業ハ一家ノ内ニ在ルヲ以テ其功外ニ顕ハレズト雖トモ、古ヨリ男子ノ大業ヲ成セルハ、良妻ノ助ニ頼ル者多シ、婦人ノ事功決シテ小ナリト謂フベカラザルナリ」とし、女性の内助の功が男子の大業につながることを述べているが、国家との関係を直接説いてはいない。つまり、『婦女鑑』には、小山が日清戦争後の明治三〇年代に確立するとしている「良妻賢母思想」の特徴の一部も先駆的に入っているが、部分的であるといえるだろう。

2 国家・社会に関する徳目

修身教科書における良妻賢母像の変遷を考える上での区切りの一つとして、小山は前述の文部省『高等女学校用修身教科書』（一九〇一年初版、翌年訂正再版）をあげている。同書の内容は「教育勅語解釈のほか、徳目は、個人道徳（正直、親切、質素など）、家族道徳（孝行、貞操など）、社会道徳（慈善、公衆衛生など）、国家道徳（国体、兵役など）から構成されていた」(8)。そして、同書以前に高等女学校で修身用の教科書として使用されていた本に関して、『明治二六年一二月現在、公私立高等女学校教科用図書取調表』という冊子がある。これによるとこの当時使われていた修身用教科書は、『論語』などの経書、『勅語衍義』（井上哲次郎）などの教育勅語解釈書、『婦女鑑』（西村茂樹）や『修身女訓』（末松謙澄）などの女訓書であった。経書を除き、これらの書物はいずれも明治二三（一八九〇）年から二六年にかけて発行されたものである。これらの教育勅語解釈書や女訓書は、唯一の例外である井上哲次郎の『勅語衍義』を除き、個人道徳や家族道徳が徳目のほとんどを占め、対社会道徳や対国家道徳はほとんど言及されていないという特徴を持っていた。その意味で、高等女学校用として編集された修身教科書は、それ以前の修身用の書物と大きく一線を画すものだったのである(9)。

とし、「このような社会道徳や国家道徳が存在していることが、実はこの『高等女学校用修身教科書』、そしてこれ以降の文部省検定済修身教科書の大きな特徴なのである」(10)と述べている。

ただし、「個人道徳や家族道徳が徳目のほとんどを占め、対社会道徳や対国家道徳はほとんど言及されていないという特徴」をもつ、という点については、『婦女鑑』に関していえば、これまで本書で言及してきた『婦女鑑』の徳目構成を見れば明らかなように、「慈善」や「愛国」という徳目に関する例話が存在しており、特に「慈善」は一九話で「婦道」に次いで例話が多い徳目であり、一二〇話中「慈善」「愛国」合わせて二二話を占めている、ということを指摘しておきたい。それから、ここでは特に指摘されていないが、この一九〇一年版の文部省『高等女学校用修身教科書』やそれ以降の高等女学校用の文部省検定済修身教科書に社会道徳や国家道徳が盛り込まれているのは、「高等女学校令施行規則」（一九〇一年三月、文部省令第四号）の「学科及其ノ程度」に、「修身ハ初ハ嘉言善行等ニ徴シ又生徒日常ノ行状ニ因ミテ道徳ノ要領ヲ教示シ又作法ヲ授ケ進ミテハ稍々秩序を整ヘテ自己、家族、社会及国家ニ対スル責務ヲ知ラシムヘシ」とあり、社会・国家に対する責務を知らしめることも高等女学校の修身の内容として規定されたということと連動していることもここで確認しておきたい。

『婦女鑑』に照らした検討に戻ると、この社会・国家道徳の中身に関しては、『高等女学校用修身教科書』と『婦女鑑』とはやや相違があると思われる。特に、「国家道徳」に関してである。『高等女学校用修身教科書』の「国家道徳」の内容は「国体、兵役など」[11]で、「兵役の必要性を十分に自覚すること、あるいは男子を通して間接的にではあるが、国益を守り、公務に尽くすことを求めている」[12]というものである。「明治三五年の『高等女学校用修身教科書』に描かれた良妻賢母像」は、「いってみれば、舅姑と同居し、家事使用人も抱えた家族にあって、夫や舅姑につかえ、子を育て、教育し、家政を管理できる女性、そして国民としての自覚をも持ち合わせた女性が、「良妻賢母」だったのである」[13]とされるが、この「国民としての自覚をも持ち合わせた」に当たる内容が、先ほどの「兵役の必要性を十分に自覚すること、あるいは男子を通して間接的にではあるが、国益を守り、公務に尽くすこと」ということである。

「国家道徳」の中身について、詳しく『高等女学校用修身教科書』によって見てみると、同書巻四の「国家に対する本務」の内容は、「国体を重んずべきこと」「国憲を重んずべきこと」「国法に遵ふべきこと」「兵役に服する心得」「納税を怠るべからざること」「国益を図るべきこと」「公務に尽すべきこと」である。このうち、「兵役」については、「男子に連れ添ひ、又母と為りて子を育つる女子は、よく此必要を知りて、子をして国民の義務を欠かしむることなきを期せざるべからず」[14]とあり、女子も兵役の必要性をよく知り、子にその義務を全うさせることが求められている。「国益を図る」ことについては、「国益」の内容は、実業を拡張したり、富源を開拓したり、農工商の事業を盛大にしたり、輸出を盛んにする、といったもので、「女子は直接にかゝる実業に関係する所少しと雖も、間接に之を遂行せしむるに与って力あるものなれば、常に此心掛を以て女子の本務を完うせざるべからず」とあり、このような実業への間接的な関わりや心掛けが述べられている。また「公務に尽す」については、公務に従事するものは官吏・公吏等であり「公務に従事する人の妻・姉妹・子女たる者は、常に其身を慎みて、夫又は父・兄弟の名誉を害はざるやうに勉むるのみならず、進んで其職務を完うせしむるやう心掛けざるべからず」とある。つまり、官吏・公吏の妻・姉妹・子女は、名誉を害さないように身を慎み、職務を完うさせるように心掛けないといけない、ということである。

すなわち、『高等女学校用修身教科書』の「国家道徳」の内容は、国体・国憲・国法・兵役・納税などについての理解と、国益を図る実業への間接的な関わりや心掛け、官吏・公吏の妻・姉妹・子である場合の謹慎や心掛け、といったことである。

『婦女鑑』の「愛国」の例話（三話）は、ここでいうような国体や兵役理解などの内容ではなく、またすでに第Ⅰ部第四章で見た通り、三話のうち二話は、自国の勝利の原動力となった女性の愛国心と武勇を扱ったもので、女性自らが戦場で行動し活躍する話であり、残りの一話はアメリカ独立戦争の際に女性を集めて肌着を作り軍人に給した人物の話である。いずれも内容的に、女性自らの直接的行動が扱われているのが特徴であり、妻・母役割を通じての間接的な「愛国」ではない。

次に、「社会道徳」というのは、『高等女学校用修身教科書』で詳しく見てみると、同じく巻四の「社会に対する本務」の部分で、内容は、「社会の秩序を重んずべきこと」「社会に損害を被らしめざること」「慈善を行ふべきこと」「公衆の衛生を重んずべきこと」「公共物を重んずべきこと」「社会の繁栄を図るべきこと」「公益を図るべきこと」「博く公衆を愛すべきこと」「外国人に対する心得」となっている。「慈善」の内容としては、「総て不幸の人を救ふ為に、自ら其資を投じ、其力を致し、或は同志相謀りて、貧民の為に学校・病院等を建設し、或は応分の金銭・品物を寄附して、之が事業を助くる如きは、皆社会に向って慈善を行ふ人といふべし」とある。「慈善」に限らず、いずれも女性限定の心得を特に説いているわけではなく、一般的な内容である。『高等女学校用修身教科書』では、このようなさまざまな「社会道徳」が登場し一般的内容が説明されているが、その中の一つである「慈善」が、『婦女鑑』においては先駆的に例話内容として含まれている、ということである。

以上のように、『婦女鑑』は、江戸期の要素や明治啓蒙期の要素も受け継いでいるし、後に確立する良妻賢母思想の一部、後々の高等女学校用修身教科書に至って現れてくる特徴の一部も先取りされて入っているところがあるが、『婦女鑑』では、女性の果たす家庭内役割について国家的視点を強調しているというわけではなく、また社会・国家的徳目に関する例話が先駆的にあるが、夫や子を通じての間接的な役割や心構え、というより女性の直接的行動を扱っていて趣が異なり、扱われている内容も部分的であるといえる。

このように見ると、『婦女鑑』は、小山のいう、儒教的女性観（収斂する目標が「家」を支える女性の育成）と良妻賢母思想（収斂する目標が国家の一員としての女性の育成）[15]の中間的位置にあるもの、また良妻賢母思想確立への過渡期の産物であったと位置付けることができる。

第二節　女子用修身書の展開の中での『婦女鑑』

1　『婦女鑑』以前の女子用修身書と『婦女鑑』

明治初期においては、近世以来の伝統的な修身書やいわゆる「翻訳修身教科書」等、さまざまな書物が、教訓的読物として、あるいは修身教科書・口授用書として使用されていた。文部省は、一八七九（明治一二）年以降、公立学校が教則の認可を受ける際の教科書の記載方やその際の開申の書式等を示すようになり（一八七九年文部省達第八号、一八八〇年文部省達第一三・一五・一九号）、その後「教育令」改正（一八八〇年一二月）で、小学校の教則は文部省頒布の綱領に基づき府知事県令が編制し文部卿の認可を経て施行することが示されたため、翌年の「小学校教則綱領」

（一八八一年五月）の頒布に伴い、同綱領に基づいて小学校教則を編制して伺い出ることが府県に達せられ、小学校の教科書開申の書式が示された（一八八一年文部省達第一六号）。また、「中学校教則大綱」（同年七月）および「師範学校教則大綱」（同年八月）の制定を経て、同年一二月には中学校・師範学校も含めて教科書を開申する際の書式が示された（同年文部省達第三七号）。その後一八八三年七月からは認可制に改められた（一八八三年文部省達第一四号）。この流れと同時に、文部省は一八八〇年、地方学務局内に「取調掛」を設け、小学校・中学校・師範学校の教則に記載されている教科書の適否を調査し、同年八月と九月に調査結果を公表した。調査は一八八五年まで続けられ、調査結果をまとめた「調査済教科書表」「調査済小学校教科書表」「調査済中学校師範学校教科書表」が、調査の都度、府県に配布された。

これらの「教科書表」には（高等）女学校教科書という範疇はない。というのも、高等女学校が法令上に登場し制度的に規定されるのは、一八九〇年代に入ってからのことであるからである。[16] 文部省は一八八二年三月七日の普通学務局通牒の中で、「中学校教則大綱」は男子対象のものという認識を示し、女子高等普通学科に関して別に教則大綱等を達する見込みであることを示したものの、[17] 結局（高等）女学校対象の教則大綱が制定されることはなかった。『文部省年報』上には同年から「高等女学校」が学校種別の一つとして登場しているが、当時は「公立女学校は一〇校に満たず、一八八五（明治十八）年から一八八六（明治十九）年にかけては、財政難を理由に廃止されたものも少なくなかった。要するに、制度として高等女学校が成立する以前の女子中等教育は、官公立女学校よりも私学、とりわけキリスト教系女学校の教育活動の方が盛んで」[18] あり、そのキリスト教系女学校の学科課程には「後の高等女学校修身科に相当するような、女子としての伝統性に裏付けられた徳育重視の学科がなかった」ことが特色であった。[19] キリスト教系以外の女学校の教則を例に見ると、例えば下田歌子の桃夭学校（一八八二年開校。華族女学校開校時（一八八五年）に生徒が華族女学校に合流）の学則（一八八三年九月改正）では、別表に記された「学科課程表」の「修身」には「嘉言善行」とあり、「教科書表」の「修身科ノ部」には、『女四書』『小学』『論語』『劉向列女伝』、黒沢弘忠『本朝列女伝』（江戸期のもの。寛文八年）という、江戸期や中国の書物の名が記載されている。[20]このうち列伝形式の書物は、『劉向列女伝』および『本朝列女伝』で、『婦女鑑』の出典にもあるのは『劉向列女伝』である。東京女子師範学校附属高等女学校の規則（一八八三年八月創定）では、「学科課程表」の「修身」には「嘉言善行」とあり、「教科用図書表」の「修身の部」には、「下等科」（修業年限三年）で『修身叢語』『皇朝女子立志編』（口授）、『嘉言録』『古文孝経』『女学孝経』『女誡』『女論語』『内訓』『小学』が、「上等科」（修業年限二年）で『小学』『論語』『初学知要』が記載されている。[21]貝原篤信『初学知要』が江戸期（一六九八〔元禄一一〕年）、福井光編『修身叢語』（一八八一年）・上野理一編『皇朝女子立志編』（一八八三年）・鈴木至政編『嘉言録』（一八八二年）が明治期のものである以外は、全て中国の書物である。このうち列伝形式のものは『皇朝女子立志編』で、『婦女鑑』の例話の出典の一つでもある。

このように、当時キリスト教系以外の女学校で修身教科書・口授用書として使用されていた書物は、女子用以外も含めた、中国の経書・女訓書、江戸期の教訓書・女訓書、嘉言や善行を集めた明治期の教科書類という、和漢の書物であった。

なお、東京女子師範学校附属高等女学校の規則と同時に出されている、同師範学校および同師範学校附属女児小学校の規則にある「教科用図書表」も参考に見ると、師範学校の方では、『嘉言録』『古文孝経』『女誡』『女論語』『小学』『論語』『初学知要』（以上、附属高等女学校と同じ）の他、松本万年『標註劉向列女伝』（一八七八年）が口授用書として掲載されている。[22]附属女児小学校の方では、「下等科」（修業年限三年）では文部省『小学修身書』（一部口授）、貝原篤信『初学訓』（江戸期のもの。一八一五〔文化一二〕年）、近藤芳樹編『明治孝節録』（巻一・三・四、宮内省蔵版）、

『幼学綱要』（以上口授、宮内省蔵版）があげられ、「上等科」（修業年限三年）では、南摩綱紀『小学修身課書』（巻三～五、一八八二年）、『改正　女四書（女論語・内訓・女孝経・女誡）』、『幼学綱要』（口授）、中村惕斎『姫鑑』（口授。述言編巻一一・一二、紀行編巻五・一一を除く）が記載されている。(23) 文部省発行や宮内省蔵版のものと、江戸期や中国の書物がほとんどである。このうち、列伝形式の書物は『標註劉向列女伝』『明治孝節録』『幼学綱要』『姫鑑』の紀行編で、『婦女鑑』の例話の出典にもあるのは『姫鑑』である。

また、文部省が一八八〇～一八八五年に出した前述の「調査済教科書表」「調査済小学校教科書表」「調査済中学校師範学校教科書表」には上述の通り（高等）女学校の教科書という範疇はないが、当時小学校（小と略記する）・中学校・師範学校（中師範と略記する）で使用されていた教科書の例がわかるため、これらの教科書表に「採用シテ苦シカラサル分」「口授ノ用書ニ限リ採用シテ苦シカラサル分」などと、使用して差し支えないと示された女子用の修身教科書を抜き出してみると、以下のような書物名があがっている（列伝形式の書については第Ⅰ部第一章参照）。

【列伝形式のもの】

〔日本の例話〕

疋田尚昌編・斎藤実頴増補『校訂増補　本朝列女伝』（小、中師範）

小島玄寿『日本列女伝』（小口授、中師範口授）

上野理一『皇朝女子立志編』（小口授）

松平直温『小学勧善本朝列女伝』（中師範口授）

〔中国の例話〕

松本万年標註『標註劉向列女伝』（小口授、中師範口授）

劉向『新刻古列女伝』〔巻七・八は不可〕（小口授、中師範）
『新続列女伝』（小口授、中師範）
〔西洋の例話〕
宮崎嘉国訳『西洋列女伝』（小）
【一部が列伝形式のもの】
仲文敬甫（中村惕斎）『姫鑑』（小、中師範〔六・一二は中師範口授〕）〔紀行篇が和漢の例話〕
阿部弘国『女子修身訓』（小、中師範）〔下巻が和漢洋の例話〕
岡本賢蔵編次『修身女訓』（小、中師範）〔巻一・二は嘉言、巻三〜六が善行〔和漢の例話〕〕
（他に、一つの徳目につき一〜三話程度の和漢の例話が掲載されているものに、干河岸貫一『小学必携　女子修身訓蒙』（小口授）〔徳の説明と和漢の例話〕がある）
【徳〔教訓〕を説明した形式、嘉言録の形式のもの】
貝原益軒『女大学宝文庫』（小）
西坂成一『小学必読　教女軌範』（小、中師範）
小田深蔵『改正　女範』（小、中師範）
萩原裕『改正　女訓』（小、中師範）
若松雅太郎編『小学女子修身要録　中等科』（小）〔嘉言録の形式〕
『女四書〔女論語・女誡〕』（小）
『女四書〔女孝経・内訓〕』（小口授）（ただし「女孝経」には一部例話が含まれている。以下同様）

安藤一郎校補『改正　女四書（女誡・女論語・女孝経・内訓）』（小、中師範）
曹大家著・王相晋箋註『校訂　女四書（女誡・女論語・内訓）』（小、中師範）
『鄭氏　女学孝経』（「女孝経」のこと）（中師範）
若江秋蘭和解『和解女四書』一・二・四・五（小、中師範、三は小口授、中師範口授）

主に口授用書として列伝形式の書物が用いられていることがわかる。このうち『婦女鑑』の例話の出典になっているのは『皇朝女子立志編』『姫鑑』『新刻古列女伝』『新続列女伝』『西洋列女伝』である。なお、「小学校教則綱領」（一八八一年五月）の「小学各等科程度」の「修身」には、「初等科ニ於テハ主トシテ簡易ノ格言、事実等ニ就キ中等科及高等科ニ於テハ主トシテ稍高尚ノ格言、事実等ニ就テ児童ノ徳性ヲ涵養スヘシ又兼テ作法ヲ授ケンコトヲ要ス」とあり、「格言」と「事実」等によって徳性を涵養することが求められていたため(24)、「事実」（善行）を示すに当たって、列伝形式の書物が使用されていたことも推察される。

このように、一八八〇年代に女子用の修身教科書・口授用書として使用されたのは、和漢の例話や教訓等を取り上げた書物・教科書が中心であった。これは、明治初期の、いわゆる「翻訳修身教科書」時代とは異なる状況、すなわち、第Ⅰ部第二章でも述べた、「小学校教則綱領」で西洋史を除くことになったこととの関係で文部卿から西洋の事蹟を省くよう要請があり『幼学綱要』が和漢の例話で構成されることになったことや、和漢の嘉言のみを集めた文部省の『小学修身書』の刊行（一八八三年）、中等教育でいえば「中学校教則大綱」（一八八一年）以後、文部省が修身教科書に関して、翻訳書を儒教主義に基づいた書籍と交換させる指令を府県に発するようになり、以後欧米の道徳書が修身教科書目から姿を消すことになったということなどに象徴される(25)、当時の文部省の教科書政策の方針に合致しているものであるといえる。

列伝形式のものに関していえば、江戸期の『劉向列女伝』（「続列女伝」「新続列女伝」を含む）の出版、日本女性の話を集めた同類書の出版を経て、明治期に入っても各種出版されていった列伝形式の書物は、教訓的な読み物として読まれると同時に、その一部は上述のように教科書・口授用書としても利用された。第Ⅰ部第一章でも述べた通り、明治前期の列伝形式女子用修身書の特徴は、主要なものを概観すると、「列女伝」の名を付したものが多く、日本の女性のみを取り上げた書が主流で、また徳目で明確に区分された書の掲載徳目を見ると、孝・貞（婦道）・母に関する徳目か、それに加えて平安時代等の女性文学者を扱った「才芸」や、武士の妻の「節義」等をあげたものが多い、という特徴が見られた。

これらの書物を教訓読物の系譜の中で孝子説話に焦点を当てて研究した徳田進は、「前提としての近世の女子用伝記物」「明治二十年代までの（明治二〇年以前を指す—引用者註）女子用伝記物」『婦女鑑』「婦女鑑以後の二分派」と、『婦女鑑』をこの流れの核に据えて検討を行っている。これによると、「近世のこの種のもの（近世の列女伝物および教訓物—引用者註）は、明治に入っても脈を引き、（中略）多様の女子教訓物や伝記物に、あるいは結集し、あるいは混入(26)」した、とし、「東西二潮流の接触の各方面に見られるのが、明治期の特色であったが、女子読物においても同様で(27)」あった、としている。明治期の女子読物の理念としては、「一つは儒教的理念を明治期に併せようとするもので、列女伝や列女伝名を標榜するものにはこれが多かった。（中略）立志伝式の読物は、成功を讃える底に、女性の力をも確認しようとするのであった。（中略）前者は、立脚地を従来の鑑物に求め、後者は新来のものに見出そうとするが、中村正直の西国立志編が一つの拠り所となったことは争えぬ。しかし両者の調和の求められる時運も来たり、そこに婦女鑑が出現したのであった(28)」と、両者の調和としての位置に『婦女鑑』が出現したと捉えている。また、「明治初年より明治二十年代までは和漢洋の三脈統のうち圧倒的に和が多く、漢これに次ぎ、洋は乏しく、そのままが明治初期の東西両洋文化の我が国において占めた位置を物語っている。これを外来書との交渉から系列化すれば、中国の古列女伝の脉絡が、近世同様に引き続き、女子用伝記は多少によらずその影響を受けて、道徳理想においての儒教的主位が目立っていた。この儒教勢力の優位は、鑑物として現れているが、近世ほど激しくはなく、そこに近代に突入した気味あいも看取できるが、やがて婦女鑑の出現を見ると、鑑物としての意義を、欧米に取材した伝記物にも認めるのであった[29]」とも説明し、「婦女鑑が現われたのは、主体を和に置きながらも、漢洋を包摂した点に、一つの綜合性を帯びたものであった[30]」としている。そして、『婦女鑑』以後についてもいえば、徳田が「一度は勧善訓蒙、童蒙をしへ草、通俗伊蘇保物語、訓蒙勧懲雑話等に見られた欧米的教訓も、外来孝子譚化して、婦女鑑に入った以後は、次第に教科書から姿を消し、一般読物や女子用伝記物に座を探すに至った[31]」と指摘しているように、『婦女鑑』で採用されたような西洋の例話は、後述する通り、『婦女鑑』以後の教科書にはあまり入っていかず、教訓読物の系譜でいえば、「一度は婦女鑑によって綜合された新旧の二潮流も」、「近世以来の伝統的路線を延長し拡大し」て日本主義を打ち出したものと、欧米女性の話を紹介したものの「二分派」に以後は分かれていった[32]のである。

2 『婦女鑑』以後の女子用修身教科書と『婦女鑑』

『婦女鑑』以後の教科書類については、書名に「鑑」とつけたもの（山井道子編述『女子修身鑑 訂正高等教科用書』〈山井道子、一八九三年、一八九一年出版の書を改編したもの。以下『女子修身鑑』と記す〉、風当朔朗編『日本女鑑』〈文学社、一八九三年訂正〉、西田敬止編『帝国女子修身鑑』〈博文館、一八九三年再版〉、安積五郎・田中登作『女徳宝鑑』〈普及舎、一八九四年訂正再版〉等）が多く出現したことが先行研究において指摘され、一八八七～一八九四年は「鑑型」とも分類されている[33]。ただし、「鑑」と付いていないものももちろん出版されている（末松謙澄著『修身女訓』〈八尾書店、

一八九三年訂正再版)、日下部三之助編(西村茂樹校閲)『日本女子修身訓』(八尾書店、一八九四年訂正三版)、高田芳太郎『日本女訓』(金港堂、一八九四年訂正再版))。

これらの教科書は、基本的には高等小学校の女子生徒用に作成されていたが、(高等)女学校・師範学校女子部などでも使用された。「公私立高等女学校教科用図書取調表」(一八九三年一二月現在、女子高等師範学校、一八九四年一一月発行)の中に記された、当時高等女学校の教科書として使用された書物には、経書や勅語衍義やキリスト教の経典類以外では、上記のうち三書(『女子修身鑑』『帝国女子修身鑑』『修身女訓』)の書名が見られる。教科書中にも、上記の中では『帝国女子修身鑑』『修身女訓』『日本女訓』において、以下のように、高等小学校と同等の女学校や家庭教育での使用も適している旨が記されている。『帝国女子修身鑑』では「例言」に、「此の書は、高等小学女子部、若しくは之と程度を同しくする、女学校の教科書に充つべきもの」とあり、『修身女訓』では「緒言」に、「本書は首トシテ高等小学女生徒用ヲ目的トシテ編纂ス然レトモ其他総テ女学校及家庭ノ教育ニ用ヰテ其適切ナルヲ信ズ」とあり、『日本女訓』では「例言」で「高等小学校女子修身教科書ニ供センガ為メ、編述スルモノナリ、故ニ又、高等小学校ト同等ノ女学校、若クハ、女子ノ家庭教育ニ用フルニモ適セリ」と記されている。他の『日本女鑑』『日本女子修身訓』『女徳宝鑑』では高等小学校の生徒用とされているが、同様の扱いもあったのではないかと推察される。すなわち、当時はまだ女学校に関する制度がほとんど整っておらず、一八九一年一二月の「中学校令」改正で、初めて高等女学校が法令上に登場し尋常中学校の種類とされたという段階であり、まだ「高等女学校規程」(一八九五年一月)も出ていない状況であった。同一八九五年の六月の文部省令第四号で、高等女学校用として発行される教科書は検定制となるが、修身教科書に関してはその後しばらくの間も、既述の文部省『高等女学校用修身教科書』(一九〇一年)が出されるまで、高等女学校用として作成された教科書は無かったのである。そのため、高等小学校と同等の程度ということで、（高等）女学校においても上記のような、高等小学校の女子生徒用として作成されたものを使用していた学校があったと考えられる。

そしてこれらの教科書は、一八九三〜一八九四に集中して出版されている（『女子修身鑑』の最初の版〔教科書用に改編される前のもの〕が一八九一年一月出版であるのを除く）。これは、以下のような文部省の教科書政策の変遷と関係している。教科書検定制度の開始（一八八六年五月）当初、文部省は修身教科書を使用しない方針をとっていたため、修身教科書の検定はしばらく行われていなかった。すなわち、同年四月の「小学校令」に基づいて定められた「小学校ノ学科及其程度」（同年五月）の「修身」には「小学校ニ於テハ内外古今人士ノ善良ノ言行ニ就キ児童ニ適切ニシテ且理会シ易キ簡易ナル事柄ヲ談話シ」とあり、また翌年五月、「小学校ノ修身（中略）ニハ教科書図書ヲ用ヒサルコトニ内定シタルヲ以テ該図書ハ之ヲ採定スヘカラス若シ尚ホ之ヲ採定シタル向ハ訂正ヲ命スヘキ旨」を視学官から府県に通知していた[34]。しかし、「小学校令」（一八九〇年一〇月）、教育勅語の発布（同年同月）を経て、翌一八九一年一〇月には、修身も教科書を使用することが府県に通牒された[35]。文部省は「小学校修身教科用図書ハ可成多数ノ図書中ニ就キ最モ善良ナルモノヲ選択スヘキ儀ニ付検定済ノ図書多ク出ルヲ俟チ」（一八九二年文部省訓令第八号）、「小学校ノ修身教科書ハ明治二十七年学年ノ始ヨリ之ヲ用イルコト」ができるようにする方針であった（一八九三年文部省訓令第一〇号）ため、一八九三〜一八九四年にかけて、検定済みの修身教科書が多数出版されたのである。そのため、内容も基本的に、一八九〇年の「小学校令」に基づいて定められた「小学校教則大綱」（一八九一年一一月）に沿った内容が含まれていた。すなわち、「小学校教則大綱」では「修身ハ教育ニ関スル勅語ノ旨趣ニ基キ」と、修身は教育勅語を基本とすることが示された上で、「孝悌、友愛、仁慈、信実、礼敬、義勇、恭倹等」の実践の方法を授け、「殊ニ尊王愛国ノ志気」を養うことを務め、「国家ニ対スル責務」の大要を示し「社会ノ制裁廉恥」を重んずることを知らしめ「風俗品位」を純正にする、ということが求められ、さらに「女児ニ在リテハ殊ニ貞淑ノ美徳」を養うことが求められた。また、「修身ヲ授クルニハ近易ノ俚諺及嘉言善行等ヲ例証シテ勧戒ヲ示」すことが求められた。同年一二月に出された「小学校修身教科用図書検定標準」では、「修身教科用図書ニ掲載セル事項ハ小学校教則大綱第二条ノ要旨及程度ニ適合セルモノタルヘシ」「高等小学校ニ於テハ成ルヘク男女生徒用ヲ分チタルモノタルヘシ」とされ、「例話ハ成ルヘク本邦人ノ事蹟ニシテ勧善的ノモノタルヘシ」と、例話はなるべく本邦人の事蹟にすべきことが示された。(36) 上述の女生徒用の教科書類でも、例話は主に日本のものが採用されている。(37)

これらの教科書は、いずれも純粋な列伝形式ではなく、徳目（教訓）の説明とともに嘉言や例話が掲載されている構成になっている。内容の傾向を、主に『婦女鑑』の特質との比較を念頭に置きながら以下に概観すると、まず、『女子修身鑑』の徳目内容は、孝行・長幼（友愛）・婦道（夫や舅姑に仕える道や「四行」〔婦徳・婦言・婦容・婦功〕、家政等）、母道といった内容がほとんどを占めている。『婦女鑑』にもある西洋の慈善関係の話が数話あるが、「女子七八歳よりの教導」「家政の心得」という項目の中で扱われており、また後の教科書では忠誠・愛国のような徳目の例話として掲載されるようになる「楠正行の母」「瓜生保の母」の話は、「男子幼児の教導」の項目の中で扱われている。この点に関しては『婦女鑑』と似ている。また、『日本女鑑』も他のものとは趣が異なり、「修身諸徳」として日本弘道会要領が掲載されている独特の書であるが、徳目も勤学・修身（内容は「四行」と「修身諸徳」）・孝子・良妻・賢母の五つのみで構成され、「原元辰の母」「楠正行の母」の話は「賢母」の項目の中で扱われており、この点は上述の通り『婦女鑑』や『女子修身鑑』に似ている。天皇や国家のことは、上記「修身諸徳」掲載部分や「緒言」、巻末の「明治皇后陛下の美蹟」等の中で触れられている。

他の書の傾向としては、まず、教育勅語の巻頭等への掲載（『帝国女子修身鑑』『修身女訓』『日本女子修身訓』）、教育勅語解説の最終巻への掲載（『帝国女子修身鑑』『修身女訓』『日本女子修身訓』『日本女訓』）、「緒言」「例言」における、「勅語中の順序に随て次第し」（『帝国女子修身鑑』）、「勅語ノ旨趣ヲ奉ジ」（『日本女子修身訓』）、「教育勅語ト教則大綱トニ遵由シ」（『女徳宝鑑』）といった文言などに見られるように、教育勅語を基本としていることが打ち出されている。徳目は多数扱われており、孝行・友愛（長幼）・婦道・母道等の家族道徳が掲載されているのはもちろん、個人道徳（例えば礼儀・謹慎・忍耐・謙譲・信実・勤学・寛恕・恭倹・正直等）も多く掲載されている（特に『修身女訓』『女徳宝鑑』『日本女訓』）。社会・国家道徳に関しては、慈善・博愛等は、掲載されている分量が少なく、公益・遵法や、愛国・勤王・忠愛等は、慈善・博愛等よりは多めであるが、家族道徳・個人道徳に比べると、掲載されている分量の割合は少ないといえる。前節で、小山が前述の「明治二六年一二月現在、公私立高等女学校教科用図書取調表」に記載のある書名をあげて、当時の『修身女訓』といった類の書では「個人道徳や家族道徳が徳目のほとんどを占め、対社会道徳や対国家道徳はほとんど言及されていないという特徴を持っていた」としていることをあげたが、このように見てみると、小山のいうように、全体としては割合が少ない扱いといえるのであるが、特に教育勅語以後のものに関しては、このように多少盛り込まれている。例話内容としては、慈善・博愛等に関しては、一般の人の話もあるが、例えば『女徳宝鑑』のように、神話時代や古代の女性天皇や皇后が人民の苦しみや負担を軽減した等の話（「淳和皇后」「持統天皇」「崇賢門院」）が採用されているものもある。忠愛・勤王等に関しては、「瓜生保の母」「上毛野形名の妻」等、夫や子を通しての間接的な忠君の話が比較的多い。

つまり、教育勅語以降は、教育勅語や「小学校教則大綱」にさまざまな徳目があげられていることもあり、家族道徳の他にも、さまざまな個人道徳や、国家・社会に関する博愛・公益・忠愛・愛国等の徳目に関する例話が、女子用のものでも掲載されている。しかし、教科書政策の影響により主に日本の例話が多く採用され、また西洋の「慈善」

の話が多数掲載されている『婦女鑑』の傾向とは異なり、慈善・博愛等の話の割合がそもそも少なく、その中では神話時代や古代の天皇・皇后の慈悲的行為も取り上げられ、また『婦女鑑』の「忠誠」「愛国」における西洋の例話に比べ、夫や子を通した間接的な忠君の例話が比較的多く採用されているなど、例話内容の傾向が異なる面も見られる。

一九〇〇年以降は、「小学校令」（同年八月改正）とともに出された「小学校令施行規則」（同月）に準拠した出版社編のものが出るようになった（育英舎『高等小学修身教本　女子用』〔一九〇一年訂正〕、右文館『高等小学実践女子修身訓』〔一九〇一年訂正再版〕、普及舎『新編修身教典　高等小学校女子用』〔一九〇一年訂正再版〕、帝国書籍『新編修身教本高等小学女児用』〔一九〇二年訂正再版〕、文学社『高等日本修身書　女児用』〔一九〇二年訂正再版〕等）。「小学校令施行規則」では教授に用いる仮名、字体、字音仮名遣い、漢字の範囲等が規定されたため、教科書の改変も必要になり、この時期多数の小学校教科書が出版された。なお、これ以後、一九〇三年には小学校教科書の国定制度が確立し、翌一九〇四年四月からは国定教科書が使用された。また、高等女学校用の修身教科書は前述の通り一九〇一年以降に文部省や民間のものが出版されるようになったのでこれについては後述することとし、ここでは、高等小学校の女子生徒用として作成された上記の教科書の傾向を概観しておく。

これらの教科書では、当時の修身教科書における人物主義の傾向に即し、一人の人物に複数の徳目が充てられて数課にわたって扱われる形が多く、徳目の傾向は、先に見た一八九〇年代の教科書と同じく、教育勅語の精神に基づき、家族道徳の他にさまざまな個人道徳の徳目が数多く示されている。また、社会・国家道徳に関する内容については、上述の一八九〇年代のものに比べて分量の割合としては増加している。日清戦争後という時代を反映してか、慈善・博愛等に関する話も多く見られ、戦時の話や孤児の養育の話などが多く掲載されている（「瓜生岩子（岩女）」「ナイチンゲール」「皇后陛下」「和気広虫（法均尼）」「淳名皇后」）。一話を除いて西洋の話で占められている『婦女鑑』の

「慈善」の話とは逆に、「ナイチンゲール」を除きほとんどが日本の例話である。特に「瓜生岩女」は、慈善と愛国の徳行を併せもつ同時代の人物として、多くの教科書に掲載されている。皇后や、皇室に関係がある人物の話が多いのも、『婦女鑑』とは異なるところである。

次に、高等女学校用に作成された修身教科書について見ると、「中学校令」（一八九一年改正）の中で尋常中学校の一種と簡単に記載されるに過ぎなかった段階から、一八九五年一月にようやく「高等女学校規程」（文部省令第一号）が出され、同年六月の文部省令第四号により、高等女学校用として作成される教科書は検定制となった。ただし、実際に高等女学校用の修身教科書が出るのは前述の通り一九〇一年以後で、文部省の他に民間においても高等女学校用の教科書が種々作成されていった。

ここではまず『高等女学校資料集成』第一〇・一一巻（修身教科書編）[38]に掲載されている六教科書を見てみると、文部省『高等女学校用修身教科書』（巻一～四は一九〇二年の訂正再版。巻五は一九〇三年）には例話がなく、凡例に、実例をあげる際の書として『婦女鑑』など六書の書名があがっている（第Ⅱ部第三章第二節参照）。井上哲次郎『訂正女子修身教科書』（金港堂、一九〇七年、訂正五版）では、巻一・二に人物名あるが、各三～七行程度の、文中での例示に過ぎない[39]。沢柳政太郎『新訂女子修身訓』（同文館、一九一八年、修正五版）でも、例話は各巻に一～二つ程度で、他は人名の列記による例示である。下田次郎『女子新修身書改定版』（東京開成館、一九二五年、修正三版）では、所々例話や人物名の列記が入っているが、有名な人物の話は多くなく、ごく短い教訓的な寓話が差し挟まれている場合もあり、『婦女鑑』の例話とは異質である。小西重直『改訂昭和女子修身訓』（永沢金港堂、一九三五年、訂正再版）は、教訓を例話・格言・諺の類で具体化したと序にある通り、比較的例話が多いタイプの教科書で、所々に女性の例話が登場するがそれ以外の話も多い。文部省『中等修身』（一～二は一九四四年、三は翌年）では、例話はあまり掲載されておらず、勤王に関係する人物（菊池武時・乃木将軍など）や二宮尊徳、愛国婦人会の首唱者（奥村五百子）の話などが掲載されている程度である。

その他に筆者が参照した教科書でも、例話が掲載されていない教科書が多い。最初の検定教科書である井上円了『中等女子修身書』（集英堂、一九〇一年訂正再版）では、全五巻のうち巻一・二のみではあるが例話が配されていた。しかし、以後は昭和期まで基本的には例話が少ない形式が中心であった(40)。また、掲載されているものを見ると、女性の例話だけではなく男性名も多く、皇室に忠を尽くした人物や、国学・神道などの著名な学者、軍人等（本居宣長・吉田松陰・乃木将軍等やその妻・母等）もあげられている。

高等女学校の修身教科書に例話が少ない理由は、例話を省いた前述の文部省『高等女学校用修身教科書』（一九〇一年）の形式が模範となったことがまず考えられる。また、一九〇三年三月に規定された「高等女学校教授要目」（文部省訓令第二号）の「教授上ノ注意」で、「格言例話ヲ引用スルニハ必シモ其ノ多キヲ求メス務メテ現代ノ時勢ト生徒ノ境遇トニ適切ナルモノヲ選フヘシ詭激ナル例話ハ成ルヘク之ヲ避クヘシ」と、必ずしも多くの例話は必要なく、現代の時勢と生徒の境遇に適切なものを選び、過激な例話は避けるよう指示されたため、これにも沿う形で以後の教科書が作成されていったと考えられる。この「教授要目」制定後は、高等女学校の修身教科書の内容は基本的に「教授要目」で示された内容（例えば一九〇三年の「教授要目」では、生徒心得、衛生・修学・朋友・起居動作・物品・家庭・国家・社会・修徳についての心得〔第一・二学年〕、自己・家族・社会・国家・人類に対する責務〔第三・四学年〕）が盛り込まれ、解説中心の内容であった。このように、文部省教科書の出版、「教授要目」の制定を経て、高等女学校用の教科書の形式や内容が整えられていくことで、高等女学校の修身教科書そのものとしては、人物の例話中心ではなく教授内容の解説で構成されることが多く、人物をあげる場合でも、人物名の列記や簡単な説明等が中心で、『婦女鑑』

のような書は、文部省教科書の凡例が示すように、教師が実例を示す際に用いられたのである。

3 女子用修身書・修身教科書の歴史的展開の中での『婦女鑑』

以上を再度まとめよう。『婦女鑑』出版以前の時代においては、(高等)女学校の制度は整っておらず、当時キリスト教系以外の女学校で修身教科書・口授用書として使用されていたのは、主に中国の経書・女訓書、江戸期の教訓書・女訓書、嘉言や善行を集めた教科書などであった。また、当時文部省が行った教科書調査の結果から小学校・中学校・師範学校における状況も見ると、女子用の修身教科書・口授用書は、和漢の例話や教訓等を取り上げたものが中心であった。これらの中には列伝形式のものも多く見られ、江戸期の『劉向列女伝』および日本で編纂された同類書を経て明治期にも各種出版された列伝形式の書物は、教訓的読み物として読まれると同時に、当時の学校で教科書・口授用書としても利用されていた。『婦女鑑』以前の列伝形式女子用修身書に関していえば、和漢あるいは洋だけの例話で構成された修身書もあるが、日本の例話だけで構成されているものが多く、主に孝・貞(婦道)・母と、それに加えて節義・才芸といった徳目で構成されているものが多かった。

『婦女鑑』出版以降の時代について見ると、当初修身教科書は使用しない方針が示されていたのが、教科書使用へと方針が変わり小学校修身教科書の検定が開始されると、(高等)女学校にも使用可能な、基本的には高等小学校女生徒用として作成された修身教科書が出版された。当初は、それ以前の時代の傾向がまだ色濃いものも存在したが、特に教育勅語および「小学校教則大綱」以降は、これらに沿う内容で教科書が編成され、女子用であっても家族道徳に加えて多くの個人道徳や、割合的には少ないものの社会・国家道徳の徳目も扱われた。ただしこの社会・国家道徳に関する例話の中身の傾向は、古代の皇后等の慈悲的行為など、『婦女鑑』における傾向とは異なる面も見られ、また日清戦争後は、同時代人の例話を含め慈善的な話の扱いも増え、国家道徳の内容の扱いも増加したが、『婦女鑑』の西洋の例話とは異なり、勤王に関係する人物なども多く取り上げられた。いずれにせよ、教科書政策の影響により、主に日本の例話が採用された。以後、小学校用の修身教科書は国定制となり、一方では高等女学校用の修身教科書が作成開始されたが、文部省による『高等女学校用修身教科書』の出版、「高等女学校教授要目」の制定により、教授内容が示されたことで、高等女学校用の修身教科書自体は解説中心で例話が少ない形式が多かった。

以上のような女子用修身書関係の流れに照らすと、和漢洋の例話で構成され、しかも西洋の話が半数近くの分量を占め、当時の女子用のものとしては多数の徳目を扱い、特に慈善・愛国などの徳目が先駆的にあってその内容は西洋の女性の直接的行動を扱うものが多い、といった特徴を併せ持つ『婦女鑑』は、『婦女鑑』以前とも以後とも異なる傾向を有していることがわかる。すなわち、教育勅語の発布、教科書制度や高等女学校制度の整備等を経て、しだいに教授すべき内容が規定され明確になっていく前の時代の産物であると位置付けることができると同時に、それ以前の時代の中でも、構成や内容面で特異的な書として存在しているということになるのである。

このような書物が成立した背景としては、第Ⅰ部第二章でも見た成立事情の影響とともに、編者である西村茂樹の思想の影響等が考えられるであろう。次章では、西村の思想等との関係について検討することとする。

註

（1）　同書は現在における教育史領域での良妻賢母教育研究の代表的なものと考えられる。なお、橋本紀子「明治期高等女学校に於ける期待される女性像の変遷―修身教科書の分析を中心に―」（『東京大学教育学部教育史・教育哲学研究室　研究室紀要』第二号、一九七五年）が高等女学校の修身教科書に関して分析しており、橋本と小山の分析は重なる面も多いため、参照した。最近では姜華「修身教科書に見る良妻賢母教育の実際とその特質―明治後期を中心として―」（早稲田大学教育総合研究所『早稲田教育評論』第二五巻第一号、二〇一一年）、同「明治初期における良妻賢母思想の形成に関する一考察～中村正直・森有礼の思想を中心に～」

（『早稲田大学教育学会紀要』第一二号、二〇一一年）があるが、基本的には小山等の先行研究に則った記述である。
（2）小山静子『良妻賢母という規範』勁草書房、一九九一年、三八―三九頁。
（3）同上、一五頁、および六〇―六一頁の注8。
（4）同上、二四頁、四〇頁、四五頁。
（5）同上、四六頁。
（6）同上書では一九〇一（明治三四）年版が未見とのことで一九〇二年版を使用しているもの。
（7）前掲『良妻賢母という規範』二〇五―二〇六頁。
（8）同上、二〇二頁。
（9）同上、二〇三頁。ただし、ここに「いずれも明治二三（一八九〇）年から二六年にかけて発行されたもの」とあるが、『婦女鑑』の出版年は一八八七年である。
（10）同上、二〇二―二〇三頁。
（11）同上、二〇二頁。
（12）同上、二〇四頁。
（13）同上、二〇四頁。
（14）小山が参照している翌明治三五年版では「女子もまた、人の妻となり、母と為りては、よく此必要を知りて、その子をして国民の義務を欠かしむることなきを期せざるべからず」となっている。
（15）前掲『良妻賢母という規範』五七頁。
（16）一八九一年の「中学校令」の改正で尋常中学校の一種とされたのが最初で、制度上の基礎が整うのは「高等女学校規程」（一八九五年）、「高等女学校令」（一八九九年）以降である。
（17）「文部省日誌」一八八二年第一二号（復刻版、歴史文献、一九八一年）一二九頁。
（18）水野真知子『高等女学校の研究（上）―女子教育改革史の視座から―』（野間教育研究所、二〇〇九年）二〇四頁。公立女学校の設置状況の推移については、同書一四四頁の表参照。
（19）例えば「金沢女学校」のように「修身」が示されている場合も、「おそらく婦人宣教師などによって教授されたであろう「西洋品行論等ノ書ニヨリテ口授ス」というもの」であった（同上、一五五頁）。
(20) 実践女子学園史編纂委員会編『実践女子学園八十年史』実践女子学園、一九八一年、一五一一九頁。
(21) お茶の水女子大学所蔵「東京女子師範学校附属高等女学校規則」（一八八三年八月創定）三―四頁、九頁。
(22) お茶の水女子大学所蔵「東京女子師範学校規則」（一八八三年八月改定）三―四頁。
(23) お茶の水女子大学所蔵「東京女子師範学校附属女児小学校規則」（一八八三年八月改定）三頁、六―七頁、一一頁。
(24) 国立教育政策研究所教育図書館所蔵（女子用・全巻揃い）のものでは、格言（嘉言）のみを集めたものに、上記『小学女子修身要録　中等科』の他、木沢成粛編『小学　女子修身書』（文学社、一八九二年）、斎藤貞蔵編『女児修身範』（法木徳兵衛、一八八六年）があり、格言（嘉言）と事実（善行）を集録したものに、上記『修身女訓』の他、松永木長・古谷和貴『小学女子中等修身言行録』（一八八五年）がある。
(25) 四方一瀰『「中学校教則大綱」の基礎的研究』梓出版社、二〇〇四年、二五九頁。
(26) 徳田進『孝子説話集の研究　近代篇（明治期）―二十四孝を中心に―』（井上書房、一九六四年）一七三頁。
(27) 同上、一七一頁。
(28) 同上、一七二頁。
(29) 同上、一七四頁。
(30) 同上、四〇一頁。
(31) 同上、三八六頁。ここで徳田が述べているのは孝子譚の変遷についてであり、孝という徳目に関してのみの話ではあるが、他の徳目を含んでも同様の傾向があることは後述の通りである。
(32) 同上、二五六頁、二六八―二六九頁。前者の例として、岸上操『和漢婦女亀鑑』（博文館、一八九三年）、山崎彦八『日本賢婦百人伝』（八尾書店、一八九四年）、塩井ふく子『日本女子百傑』（春陽堂、一八九八年）、干河岸貫一編『日本女子立志編』（博文館、一九〇二年）等が、後者の例として、竹越竹代『婦人立志編』（警醒社書店、一八九二年）、渋江保『泰西婦女亀鑑』（博文館、一八九二年）、徳富蘆花『世界古今名婦鑑』（民友社、一八九八年）、根本正訳述『欧米女子立志伝』（吉川半七、一九〇六年）等があげられている。
(33) 片山清一『近代日本の女子教育』建帛社、一九八四年、二四〇―二四一頁。

(34)『文部省第十五年報』(復刻版、宣文堂書店、一九六七年)一六頁。
(35)『官報』第二四八四号(一八九一年一〇月八日)。
(36)『官報』第二五四一号(一八九一年一二月一七日)。
(37)『女子修身鑑』が和漢洋の例話を掲載しており異色であるのは、同書が一八九〇年夏に脱稿し上述の教科書政策が出される以前の一八九一年一月に出版したものを後に改編して教科書の形としたものである(巻末の出版人の言による)ためと考えられる(筆者が閲覧した『女子修身鑑』は、東書文庫所蔵のもののうち、「検定済教科用図書表」の発行年月日(一八九三年八月二〇日)と合致している、文部省に「追願」した際のもの(表紙に追願と記載あり)である(国立教育政策研究所教育図書館所蔵の同書〈検定済〉は、巻一のみの所蔵))。また、『日本女子修身訓』に中国の例話が入っている理由については、「例言」で「既ニ人口ニ膾炙シテ本邦人ノ事実格言ノ如クナルニ依レリ」と述べられている。
(38)高等女学校研究会編『高等女学校資料集成』第一〇・一一巻　修身教科書編(大空社、一九八九年)。
(39)参考までに、名前があげられている人物を示すと、巻一では、貝原益軒・ニュートン・皇后陛下・井上でん女、巻二では、億計・弘計の二皇子・春日局と初鹿野伝右衛門・鈴木今右衛門の妻・瓜生岩女・徳川吉宗の生母巨勢氏・土井利勝・フランクリン・瀧鶴台の妻と曾子・後光明天皇、である(このうち『婦女鑑』で扱われているのと同じ人物は、「鈴木今衛門の妻」「徳川吉宗の生母巨勢氏」「瀧鶴台の妻」)。
(40)筆者が国立教育政策研究所教育図書館およびお茶の水女子大学附属図書館において高等女学校用の修身教科書を閲覧した限りでは、例話のない教科書の方が多い(例えば、加藤弘之・中島徳蔵『中等教科明治女大学』〈大日本図書、一九〇六年〉、啓成社『女子修身教典』〈一九〇六年〉、友枝高彦『女子修身』〈冨山房、一九二三年、訂正再版〉、大島正徳『女子修身』〈至文堂、一九二七年〉、湯原元一『新制女子修身教本　五年制用』〈東京開成館、一九三四年〉、西晋一郎『新制女子修身要訓』〈帝国書院、一九三七年〉等)。例話が比較的多く掲載されている教科書(例えば前述の小西重直『改訂昭和女子修身訓』、大瀬甚太郎『女子修身教科書』〈東京開成館、一九二七年〉等)は少数派である。

第二章　編者西村茂樹の思想等との関係

『婦女鑑』は、昭憲皇后の内意によって作成されたという成立事情を有し、宮内省において編纂が行われた書物である。編纂に当たったのは宮内省文学御用掛（刊行時は宮中顧問官）の西村茂樹（一八二八―一九〇二）である。西村は、幕末・維新期には佐倉藩の藩政に関与し、以後、明六社の結成に参加、文部省と宮内省に出仕（第Ⅰ部第二章参照）、東京修身学社（後の日本弘道会）を設立（一八七六年）、『日本道徳論』を著し（一八八七年）、華族女学校校長（後述）、貴族院議員なども歴任した人物である。

先行研究によると、西村の主著『日本道徳論』は、道徳論や倫理学に影響を与え、後年の「国民道徳論」の議論に引き継がれていったとされ[1]、また、「西村は元田永孚などと同様に、儒教中心の道徳復興を主張しつづけた保守的な人物として理解されて」いる一方で、明六社の設立に関わった一面ももつことから、「西村に関する研究は長い間、西村の思想における「保守性と進歩性の同居」という点に焦点が当てられ」、西村の本質はどちらなのかを明らかにする形で行われてきた、とされる[2]。すなわち、家永三郎が西村の思想を、「統一性を欠く多面的な」もので「思想の見本市の観を呈してゐる」が「その保守的一面にもかかはらず、その内に近代的な論理が（中略）占拠するに至っている[3]」と解釈して以来、例えば山田洸がこれを批判し、「家永氏とは逆に、保守的国家主義的な思想家としての西村の道徳論を考察」するなど、家永の評価を軸にした議論が展開されてきた[4]。これに対し最近の研究では、このような一元的な捉え方ではなく、例えば、幕末期、文部省時代、侍講、華族女学校校長等、ある特定の時期の活動に焦点を当てて深く掘り下げた論考がしばしば見られる傾向にある。また、真辺将之は、上述のような「保守」対「進歩」、あるいは「伝統」対「近代」というような枠組みにとらわれず、西村の思想そのものを、それぞれの時代状況の中に位置付けながら内在的に把握する作業を行っている(5)。しかし、『婦女鑑』自体と西村との関係を論じたものは少ない。

西谷成憲は、西村の「女子徳育観」と『婦女鑑』の徳目内容の関連についての検討を行っている。西谷は、西村が「清貞・親愛・慈善・従順・勤倹」を女子の美徳としてあげて徳育の重要性を主張していることや（「女子教育論」一八八九年）、西村が示している日本の各時代の女性の特徴等（「日本婦人の徳性」一八九〇年）を説明し(6)、さらに、西村の道徳観の特徴を「「変ずべからざる者」はその長所をより伸ばし、「変ずべき者」は時勢に応じて補足改良させていこうとする点にある」とし、「『婦女鑑』の徳目分類では、「変ずべからざる」徳目は「孝行」、「婦道」、「母道」を、一方時勢に応じて補足すべき徳目として、「慈善」、「愛国」、「処変」などをあげることができる」としている(7)。そして、「慈善」については「日本婦人についての注意」（一九〇二年）の言をあげ、時代の要請に応じて旧来の日本女性の婦徳を補完せしめようとする西村の徳育観からのものとし、また、「愛国」については、「愛国」という語は西洋の「パトリオチズム」の訳語であり日本は他国との交渉が少なかったため愛国心が発達しなかったとして愛国者と忠臣を明確に区別（「尊王愛国論」一八九一年）している西村の捉え方が『婦女鑑』に反映し、「愛国」の例話が全て西洋の話で占められている、としている(8)。「孝行」に関する例話の採用についても「孝貞の誤」（一八九六年）にある西村の言との関係を指摘している(9)。このように西谷の研究では、西村の意図と一部の徳目との関係が明らかにされているが、西谷自身が述べるように、「西村の西洋道徳倫理の摂取や儒教観を通して考察を深めなければならない(10)」といった課題も残されている。

菅野則子は、『幼学綱要』と『婦女鑑』との「模範的女性像」の比較から、『婦女鑑』では「とくに欧米の事例に顕著にみられたが、それまで好ましいとされていた女性像（中略）は勿論のことであるが、（中略）それまでの通念とはかけ離れたもの（女性の自立や社会的地位）が意識的にすくい上げられている」ことについて、編纂者の考えにも依拠するところが大であったであろうことを示唆しているが、それが西村のどのような考えに依拠したものであるかについての検討には至っていない(11)。

また、若桑みどりは、西村の『日本道徳論』の要点をあげ、「西村が『婦女鑑』で示した生きた実例は、基本的にこの国民道徳論の理念に照らして選ばれたもの、特に彼が女性の国民に求める道徳を示したものであることは明らかである(12)」と述べているが、具体的な関係は示されていない。

本章は、『婦女鑑』という書物を西村の思想等との関わりに焦点を当てて明らかにすることを課題とする。前章までにおいて、『婦女鑑』の特質として、和漢洋の多数の女性の話を掲載していること、多様な徳目内容に関する例話を扱っていることなどを指摘し、さらに各例話の出典との関係についても考察した。『婦女鑑』のこのような特質と関連して、西村の思想がどのように『婦女鑑』に影響しているのかを考えることは、『婦女鑑』がどのような書物であったのかを知る上での一つの方法になると考える。

西村の『婦女鑑』編纂に携わる経緯や編纂作業への関わり等については、すでに第Ⅰ部第二章第三節において見たところであるため、本章ではそれ以外の、西村の思想等との関係から考察を加えたい。まず、西村が『婦女鑑』編纂前に文部省において選録した『小学修身訓』との関係について考察を行う。続いて、『婦女鑑』編纂前から刊行に至る時期における言説から思想的背景を、さらに、女子教育論・女性論から『婦女鑑』の徳目の構成意図を探り、『婦女鑑』の特質が、編者である西村の思想等とどのような関係にあるのかを明らかにしたい。最後に、当時の華族をめぐる状況等との関係および、『婦女鑑』刊行以後の、華族女学校校長時代の教育方針との関係も併せて考察する。

第一節 西村茂樹選録『小学修身訓』の女性向け嘉言と『婦女鑑』の徳目との類似性

西村茂樹は、『婦女鑑』編纂以前、一八七三（明治六）年文部省編書課長に任命されて以来、文部大丞・文部大書記官・編輯局長・報告局長などを歴任していた。一八八四年、宮内省文学御用掛に任命されて『婦女鑑』の編纂に当たることになった時も編輯局長の任にあった。この間、一八八〇年三月、文部省の機構の改編により編輯局が設けられて西村が局長になった当時、文部省編輯局から発行した修身教科書に、西村自らが選録した『小学修身訓』（同年四月）がある。上下二巻で、八つの徳目別（学問・生業・立志・修徳・養智・処事・家倫・交際）[13]に、和漢洋の嘉言を収録している。

凡例には、修身書は生徒に熟読暗記させるべき旨が記されているが、西村は同年に発表した「修身の教授法を論ず」でも、「先づ東西の道理を取捨して其中を得たる所の書を択び（中略）童児をして其文を明詳諳記」させた後に教師が文義や古今の例を説明する方法を提唱している。[14]一八七七年に文部大書記官として第二大学区を巡視した際の報告でも、修身を口授のみで行う現状を不適当としており、[15]学事巡視以来抱いていたこのような考えに基づき、『小学修身訓』が編纂されたとみられる。[16]適当な修身教科書が必要であるとする考えは、その後、宮中顧問官時代の修身書勅撰の提案（一八八七年）[17]や、徳育を帝室で直接管理する「明倫院」設立の建言（一八八九年）[18]の内容にもつながっていく。

また、『婦女鑑』刊行の前年一八八六年一二月に講演した『日本道徳論』（翌年刊行）は、時に儒教主義の徳育論とされることもあるが、[19]西村はここで五つの理由をあげて、今日においてはもっぱら儒教のみでは適当でない旨を述べている。日本の道徳の基礎を立てるには「世外教」（仏教やキリスト教のような宗教）ではなく「世教」（儒道や西洋哲学）を用いるべきだが、もっぱら儒道のみ、哲学のみではならず、二教（儒教と哲学）の精粋を採り粗雑な部分を棄て、「世教中ニ於テ其教義ノ真理ニ協フ者ヲ採リテ是ヲ日本道徳ノ基礎ト為スベシ」と主張している。[20]西村が『小学修身訓』において、儒教や西洋哲学・修身学の嘉言を多数収録しているのも、この時期のこのような主張と関係しているものと考えられる。

西村が『婦女鑑』の編纂に携わる以前に発表した女子教育論・女性論は少なく、「男女同権説」（一八七七年）[21]、「一男娶数婦説」（一八八一年）[22]および、上述の第二大学区を学事巡視した際の報告の中に女子の教育について触れた部分がわずかにある程度である。「男女同権説」では、イギリスとフランスの法律の例を引いて男女が同権でないことを述べ、「一男娶数婦説」では、男性が複数の女性を娶る蓄妾の害を指摘し西洋の道徳の方がすぐれていると述べている。また、第二大学区の学事巡視の際の報告の中では、「女子ハ将来ノ事業男子ト異ナレハ其教育ハ男子ト異ナラサルコトヲ得ス下等小学ハ男女同様ニテモ差支ナカルヘケレトモ上等ヨリハ其教育ヲ異ニスルヲ宜シトスヘシ」と、上等小学からは男女の教育を区別する方がよいとし、女子には裁縫と治家術を教え、地理・歴史等は少し略し、唱歌・音楽は「雅正ノモノ」を作って教えるのがよい、という意見を述べている。[23]『婦女鑑』との関係でいえば、第Ⅰ部第四章でも述べた通り、『婦女鑑』の「婦道」に属する例話には「治家」に関する内容が入っていることや、『婦女鑑』でも多妻制を廃した王妃の話（「加馬馬児《カママル》」）を掲載していることなどが指摘できる。

『小学修身訓』には、凡例に「編中専ラ女子ノミヲ教フルノ語アリ。此ノ如キ類ハ。男子ノ為メニハ之ヲ略スルモ可ナリ」[24]とある通り、女子のみを対象とした嘉言も収録されている。『婦女鑑』とは想定されている読者層が異なるため単純な比較はできないものの、『婦女鑑』編纂以前の西村の女子教育思想を知る上では一つの重要な資料と見ることができる。『小学修身訓』の女性を対象とした嘉言に関しては、片山清一が「西洋の新しい女性観と東洋の古い女性観とが並記されている形である。女子は人間として男子に劣るものではないという説と、女論語や女大学などの格言とが交々に現れてくる(25)」と述べ、若桑みどりが、明治期の修身教科書の一例としてこの『小学修身訓』を取り上げ、例えば後述の「ジョセフメーストレ」の嘉言について、「女性をおだてて再生産役割に閉じこめ、そこから逸脱しないように強制する(26)」文言である、というように、性別役割論の視点で評価しているが、いずれも『婦女鑑』との関連が検討されているものではない。

『小学修身訓』の女性を対象とした嘉言を『婦女鑑』と対照させると、編纂稿本に記された西村自筆といわれる徳目の説明文（刊本には掲載されていない。詳しくは第Ⅰ部第三章参照）と全く同一な文章がいくつも見られることを指摘できる。

「修徳」にある「男子ノ行事ハ。或ハ愛ヲ離レテ可ナルコトアリ。婦人ニ至リテハ。生涯ノ行事洽シテ愛ノ一字ヲ離ルベカラズ。貴女徳斯低爾《デステール》(27)」という嘉言は、「婦女鑑原稿」の「慈善」の説明文の冒頭に、全く同一な文章で使用されている。「立志」にある「婦人ハ絶大ノ著書ヲ筆セズ。算法ヲ創造セズ。千里鏡ヲ発明セズ。蒸気機関ヲ製出セズ。然レトモ此等ヨリ更ニ大ニシテ善ナル者ヲ成就シタリ。蓋シ卓行善徳アル男子女子ヲ。其膝下ニ於テ薫陶養成スルコト。豈器械創造ヨリ大ナラズヤ。是レ豈世界上最上絶好ナル産物ニアラズヤ。約瑟麦斯多勒《ジョセフメーストレ》(28)」も、「婦女鑑西洋篇草稿」の「母道」の説明文に、全く同一の文章で使用されている。さらに、「修徳」にある「凡ソ女子タル者ハ。先ツ身ヲ立ツルコトヲ学ブ。身ヲ立タルノ法ハ。惟静貞ヲ務ム。清ナレバ則チ身潔ク。貞ナレバ則チ身栄フ。宋若昭ノ女論語」と「私語ヲ談セズ淫音ヲ聴カズ。黄昏来往スルニハ燭ヲ秉リ燈ヲ掌ル。暗中ニ出入スルハ女ノ経ニ非ズ。

一行失フコトアレバ百行成ルコトナシ。同上」[29]は、「婦女鑑西洋篇草稿」のみにあり後に除かれた「貞節」の説明文に部分的に使用されている。また、女性のみを対象とした嘉言ではないが、「修徳」の「君子ハ本ヲ務ム。本立テ道生ス。孝弟ハ其レ仁ヲ為スノ本与。論語」[30]の後半部分は、「婦女鑑原稿」の「孝行」の説明文冒頭に使用されている。同様に、「家倫」の「兄弟ハ同根ヨリ出タル数幹ノ如ク。数幹ヨリ出タル数枝ノ如ク。又其気ノ連ルコト宛モ十指ノ如クナレバ。相和シ相愛セズンバアルベカラズ。勧懲雑話」[31]は、「婦女鑑原稿」の「友愛」の説明文に全く同一の文章で使用されている。このように、西村は自ら選録した『小学修身訓』の嘉言を利用し『婦女鑑』の徳目の説明文を草稿していた、ということが明らかである。

その他の女性向け嘉言も、『婦女鑑』の傾向と類似している。例えば、「家倫」にある「或人問フ。人ノ婦タル者ノ職分ハ如何ン。答テ曰ク。一家ノ内事ニ注意シ。家中ノ費用ニ管係セル諸事ヲ整理シ。又男児ニハ学問ノ初歩ヲ教ヘ。女児ニハ学問ノ全部ヲ教ユベシ。同上（理学問答―引用者註）」、「夫婦は子孫の相続く故にして人倫の始めなり。夫は外を治め婦は内を治む。夫は婦に礼儀正しく。婦は夫に和順なるべし。（中略）初学訓」[32]は、夫婦和順し、家を治め、子女の教育をすることをあげている「婦女鑑原稿」の「婦道」の説明文や例話内容と類似している。「修徳」の「家ヲ治ムノ女ハ。惟倹惟勤。勤ムルトキハ家起リ。懶ナルトキハ家傾ク。倹ナルトキハ家富ミ。奢ルトキハ家貧シ。同上（宋若昭ノ女論語―引用者註）[33]」は、「婦女鑑原稿」の「勤倹」の説明文や「婦道」「勤倹」の例話内容に近い。「処事」では、『西洋品行論』[34]から引用して、「事務ニ応ズル才能ハ。真正婦人ノ具フベキ者ニシテ。善ク治マレル家ノ安寧康福ノ原素ナリ。凡ソ一家ヲ治ムルニハ。規法ナカルベカラズ。精密ナラザルベカラズ。逐層累次セザルベカラズ。勉強セザルベカラズ。倹節ナラザルベカラズ。計謀ナカルベカラズ。識見ナカルベカラズ。志向ニ副フ才能ナカルベカラズ。以上ノ者皆事務ヲ為ス原素ナリ。品行論」[35]とある。これも『婦女鑑』の「勤倹」、「処変」の〈智略〉、「才学」、「識見」の徳目や例話内容に該当する。「養智」では、同じく『西洋品行論』から、「家屋中ノ諸事ヲ行フ上ニ於テ。婦人ハ聡明才智ナカルベカラズ。聡明才智ハ婦人ヲシテ有用ナラシメ。勢力ヲ助ケ。其レヲシテ事ニ先ツテ思慮スルヲ解セシメ。不意ニ生ズル事ヲ予メ思量備具スルヲ能クシ。家中ノ事ヲ弁理スル善法ヲ見出シ。又何事ヲ做スニモ力量アラシムルナリ。品行論」と、「予メ後日ニ備フル裁度ノ智ハ。事務ヲ行フ上ニ要用ナルコト。婦人ニ於テモ亦男子ト異ルコトナシ。裁度ノ智ハ知識ヲ実事ニ用ユルモノニシテ。判断ノ習熟セシモノナリ。是ニ由テ百事ヲ行フニ適宜ナルヲ得。当然ナルヲ得ルナリ。同上」(36)の二つを採用している。ここでは、「聡明才智」や「裁度ノ智」の必要が説かれており、これは「婦女鑑原稿」の「識見」の説明文で「独知ノ明」を述べた箇所や例話内容と類似している。さらに「家倫」には、「一男ニシテ数婦ニ配スルコトハ。造物者ノ法則ニ反シ。人間ノ幸福ト社会ノ開明トヲ害スルノ甚キ者ナリ。同上（弗氏ノ修身学—引用者註）」と、「一男ヲ以テ一女ニ配スルコトハ。上帝ノ法則ニシテ一家ノ真正ノ利益ハ。一夫一婦同居シテ生活ヲ為スヨリ生ズ。（中略）厳ニ多娶ノ風ヲ除キ去ルコトヲ務ムベキナリ。希氏ノ修身学」(37)の二つが、一夫一婦を主張した嘉言として採用されている。『婦女鑑』の「雑徳」でも、多妻制を卓見により廃した例話が採用されている。加えて、女性のみを対象とした嘉言ではないが、「交際」には「就中国ハ最モ愛スベキ者ナリ」(38)と「愛国」について扱った箇所もあり、これらも含めると、『婦女鑑』の徳目の区分のほとんどが『小学修身訓』でも扱われていたことになる。

なお、『小学修身訓』の嘉言の出典名からも『婦女鑑』との関連を指摘できる。『西洋品行論』は、『婦女鑑』においても多数の例話の出典となっている。(39)上述した「約瑟麦斯多勒《ジヨセフメーストレ》」の嘉言も、『西洋品行論』の第二編「家ノ勢力」の中の「婦人ノ大事ヲ成就スル事」という項にある文章とほぼ同一である。「婦女鑑原稿」（巻四）の「母道」の説明文には拿破侖《ナポレオン》の話が引用されているが、これも『西洋品行論』にある文章である。他にも、『婦女鑑』の西洋の例話の出典である、ドラパルム著・和田順吉訳『訓蒙勧懲雑話』(文部省、一八七五年)や、バルロオー著・中川元訳述『修身鑑』(普及舎、一八七八年)も、『小学修身訓』において、女性のみを対象とした嘉言ではないが、出典の一つとなっている。つまり、西村は『小学修身訓』編纂当時、『西洋品行論』などを参考にしており、そこで使用した嘉言を『婦女鑑』の草稿に用い、西洋の例話の出典としてもこれらの書物を使用した、ということがわかる。

以上、『小学修身訓』の女性向け嘉言と『婦女鑑』の徳目との類似性を指摘した。中でも、『婦女鑑』の編纂稿本に記載された徳目の説明文と全く同一な文章が『小学修身訓』にいくつも見られることは特に重要であり、両者の関係を明確に示すものである。西村は『小学修身訓』編纂当時から、「孝行」や「貞節」を重んじ、家を治め、子女の教育を行うことを女性の重要な職分として考え、女性が「勤倹」に努めることが必要であるとしていた。同時に、『西洋品行論』などの書物を参考に、「友愛」や「慈善」などの徳目も必要と考え、女性も聡明才智を備えていなければならず、先を見通す「識見」の能力も必要であるなどの考えを持っていたことがわかる。西村は、『小学修身訓』編纂当時から女性に対して重要と考えていた徳目をもって、『婦女鑑』の徳目と例話内容を構成した、ということが理解できる。

第二節 編纂前から刊行に至る時期の言説に見る思想的背景

文部省は一八八〇(明治一三)年六月に地方学務局内に取調掛を設置し(40)、教科書の適否を調査して同年八月以降その結果を順次各府県に示していった。同年一二月の文部省達によると、学校教科書として不適当なものとは「国安ヲ妨害」し「風俗ヲ紊乱スル」ような事項を記載したもの、「教育上弊害アル」ものである。具体的には、「自由主義、人民主権、人民の抵抗権、革命権、などを肯定する政治国家論、及び、広く性に関する記述の二者」である。[41] 一八八二年の文部省示諭でも小学校教科書選択検査上の概要が示されており、[42] これらの基準を参考に、当時不適当とされた女子用教科書を見ると、妊娠・出産・分娩後などを扱っている、[43] 男子と接すること、内外の地誌・窮理・民法の書を学ぶこと、男女同権、結婚相手を父母は強要できないこと、等を推奨・肯定する言がある、[44] 悪女を扱う巻が含まれている、[45] などが不適当の理由として窺われる。

天皇の内意により作成された宮内省蔵版の『幼学綱要』（一八八二年）について、文部省は一八八三年七月に、「調査済教科書表」に掲載していないが教科書として採用するのはもとより差し支えないはずである、という内容の普通学務局長通牒を発しており、教科書調査対象とはしない扱いをしていた。[46] 同じく宮内省蔵版で皇后の内意によって作成された『婦女鑑』が「検定済教科書表」[47] に掲載されていないのも、この『幼学綱要』と同様の扱いであったためと推察する。『婦女鑑』の例話には、上記の「広く性に関する記述」は見られず、「風俗ヲ紊乱」には該当しないといってよい。西村茂樹は、維新以来の開化により外国との交際が開けると民の知識は進むが軽薄狡猾の風が行われ、これを道徳の教で鎮制しないと風俗が低下し禍となると考えていたため、[48] このような例話を選択しなかったのは当然であろう。一方「国安ヲ妨害」に該当する可能性のあるものとしては、仇討・謀叛・脱獄などを子や夫に勧め成功した話（「王孫子母」「楊夫人」「葛羅周《グロチユース》の妻」）[49] や「若安達亜克《ジョアンダーク》」（ジャンヌダルク。百年戦争時、神霊の声を聞き戦場に赴きイギリス軍を退け、フランス王が即位戴礼できた話）[50] などの中国・西洋の話が若干ある。

また、文部省は「中学校教則大綱」（一八八一年七月）以後、一八八二年には中学校の修身科の教科書に関して、『西国立志編』『西洋品行論』などの翻訳書を儒教主義に基づいた書籍と交換させる指令を県に発するようになり、「以後各府県の修身教科書目から欧米の道徳書はまったく影を消すこととなった」[51]。このような状況下にあり、西村自身も当時文部省に在籍していたにもかかわらず、西村は宮内省における『婦女鑑』の編纂で西洋の例話を半数近く採用し、その出典の多くは『西洋品行論』をはじめとする明治初期の翻訳修身教科書に依っている。(52)これは、当時中学校に比べて女学校等向けの女子用教科書がいまだ全く整備されていない状況であったこともあろうが、『婦女鑑』が華族女学校向けの書籍という役割をもったことが大きいといえるであろう。(53)さらに、西村の思想的背景とも関係すると考えられる。

西村が『婦女鑑』編纂前に文部省で自ら選録した『小学修身訓』は、和漢洋の嘉言で構成されている。第一節で見た通り、採用された女性向け嘉言等を見ると、『婦女鑑』の編纂稿本にある徳目の説明文と全く同一の文章が見られるなど、『婦女鑑』の徳目との類似性が認められ、西村は『小学修身訓』編纂当時から女性に対して重要と考えていた徳目をもって『婦女鑑』の徳目を構成したと理解できる。また、西洋の嘉言が約半数を占めているのも、西洋の例話が約半数弱を占める『婦女鑑』の構成と似ている。これは当時西村が西洋の教育史・道徳学・修身学等に関する文献を盛んに翻訳していることと関係していると考えられる。(54)

このころの西村は、「西洋哲学に強く関心を抱いており、その立場から、儒教の有する欠点を認識し、東西道徳の折衷のあり方を模索していた」(55)とされる。『婦女鑑』の徳目との関連で見ると、例えば「孝行」「忠誠」「婦道」に関する内容としては以下のように述べている。中国の教えは元来四書六経でも抑制が多く、後世にさらに緻密になり、忠といえば節義のために死に、孝といえば父母の墓を抱いて号泣するのを尊び、節婦といえば亡き夫のために耳鼻を切るとか牌前で首を縊るとかを尊ぶなど、行いが「退縮褊局ニ過ギ」、今の時代に全国の民を束縛して小忠小孝小信とするのはよくないことで、近日、朝廷で国民の道徳に注意し、教育の官にて深くこのことを奨励するのは美事だが、「腐儒輩ガ固陋ノ説ヲ担ギ出シテ、後生ノ志行ヲ束縛」する時は「矯枉過直ノ弊ヲ生」ずる、と述べる。(56)また、「忠孝は固より美徳なり、然れとも儒者国学者之を説くこと誇大に過ぎ」、「孝経」などでは天下・一国・一身一家を治めるのもみな孝をもって為し得るというが、治めるにはそれぞれの治道治術があるのであり、「父母に善く事へるのみにて天下の能く治まることならば、甚だ容易」だが、「天下決して此理なきなり」とも述べている。(57) つまり儒教の教えをそのまま用いることの欠点を認め、今の時代に応じた徳目の内容について考えていたのである。例えば『婦女鑑』の「婦道」の例話では、家を治めるための徳目内容の例話と並んで、女性の知識や教養が学者や芸術家や政治家である夫を助力するという内容の西洋の例話群があるのが特徴的であるが、将来このような夫の妻になる可能性もある華族女学校生徒向けに、上述したような意識をもって加えたのではないかと思われる。

また、西村はかつて第二大学区を学事巡視した際の意見書において、儒教の教えに足りないもので今日欠き難いものの一つに「愛国」をあげており、(58)『小学修身訓』でも「就中国ハ最モ愛スベキ者ナリ」(59)と「愛国」を扱った嘉言を取り入れていた。当時、孝・貞（婦道）・母といった徳目の例話が中心であった列伝形式女子用修身書の中で、『婦女鑑』が「愛国」の例話を掲載しているのは注目に値することである。(60) しかも三話全てが西洋の例話で上述のジャンヌダルクの話も入っている。西村は明治初期に盛んに西洋史の翻訳を行っており、フランス史の箇所にはジャンヌダルクも登場していることから、(61) 話は当然知っていたはずである。西村は『婦女鑑』の編纂稿本の「愛国」の説明文の中で、愛国の話の一・二は激烈すぎるが話の当時の時勢ではやむなし、と述べており、激烈と認識しつつ掲載している(62)ることが窺われる。戦場に身を投じた話を女性の模範として掲載しているのは後の良妻賢母とは異なる観点によるものである。また、同説明文では「北亜米利加国独立戦争ノ時婦人女子ニ至ルマデ皆愛国ノ精神ヲ奮揚シタリシコト当時ノ史籍ニ昭々タリ」とアメリカ独立戦争時における女性の愛国心を引き合いに出しており、「愛国」に関する別の話「撒拉倍渉《サラーベーチエ》」は独立戦争時に兵士の肌着を作成した話である。つまり当時の教科書調査が問題にしていた革命権・

抵抗権という認識ではなく、強国の進出を防いだという点からの選択と考えられる。『日本道徳論』では、日本国民の品性の向上に必要な方策の一つに「愛国心盛ン」をあげ、アメリカ人が独立戦争を起こした時に「国中ノ婦女相会シ、各々綿布ヲ織リテ英国ヨリノ輸入ヲ防ギシコトハ当時ノ歴史ニ記スル所ニシテ、其愛国心ノ盛ンナル、実ニ感称スベシ」という例をあげており、(63)これは上述した『婦女鑑』の編纂稿本に記された「愛国」の説明文と同一のことをいったものである。女性にも愛国心が必要であるということを西村が意識していたことがわかる。

この「愛国」と並んで、「慈善」に関する西洋の例話の掲載の多さも『婦女鑑』の特徴の一つであるが、西村は主に学習院における演説などで、「慈善」に関する内容を述べている。そこでは「人の貧窮を救い困苦を助ける」のを「嗜好の高き者」の一つとし、(64)奴隷売買の法を禁止したイギリス人と、私財を投じて牛痘をオランダから入手した日本人の例をあげ、世を恵む大事業と称せる、と述べている。(65)『日本道徳論』では、社会についての善事を勧めた中で「貧人ニ施与ス」「公益ノ事業ニ出金ス」「人ノ患難ヲ救フ」などを示しており、(66)このような、社会に関する徳を、当時の学習院の生徒のような階層の子女に対して、今日的な徳目として期待していたということが窺われる。

また、西洋の学校でキリスト教が根基となっていることを参考に「修徳は開智の基礎」(67)と述べているのは、『婦女鑑』の編纂稿本の「才学」の説明文で、「其才学ハ華ノ如ク徳行ハ実ノ如シ、徳行アリテ之ニ才学ヲ加フルトキハ其徳益々美ナリ」(68)と、徳行に才学を加える時はその徳益々美であるとしているのに通じる。

この時期の西村は、西洋、中国の一方の教えに偏するのは不可で、精詳公平かつ国勢人情に適切な教えを立てないといけないという考えを持ち、(69)実際、真理（大道）を講究するため東京修身学社を日本講道会と改称、(70)その後『日本道徳論』（一八八六年演説）では、日本の道徳の基礎を立てるには儒教と西洋哲学の精粋から真理にかなうものを採るという考えに至っている。(71)そもそも西村のこのような思想は、幕末期以来の西村の歴史観に端を発するものであることが指摘されている。西村は、幕末期に藩校でまず儒教を学び、さらに水戸学にも接したことで儒教を相対化することとなり[72]、その後洋学を学び、特に西洋史の訳述等を行う中で、「幕末期、水戸学に接して以来持ち続けた、歴史の個体性・個別性の概念と、西洋史によって得た、普遍的な「進歩」の概念との両者の視座、いいかえれば、「進歩」を「個体性」のもとに見る視座によって、その後の言論活動を展開していく」こととなったとされる[73]。つまり、儒教を相対化する一方で、西洋をモデルとしつつも各国の状況に応じた発展の仕方があるという考え方を発想の基底とした[74]。文部省時代においても、上述の学事巡視報告や『小学修身訓』にも見られたように「「愛国心」をはじめとする西洋流の道徳論を取り入れつつ、それを日本在来の道徳と組み合わせること」を行い、それはその後の主張につながっていくものであったとされる[75]。

上述のように『婦女鑑』の構成にもこのような背景は影響していたと考えられ、儒教の教えの欠点を認識し、これに全面的に依るのではなく、自らの西洋書の翻訳過程で得た知識や当時の翻訳書を参考に『小学修身訓』と同様のバランスで西洋の例話も採用し、当時の上流階級の子女に応じた徳目内容を取り入れようとした結果、多様な徳目内容を包含することになったと考えられる。

第三節　女子教育論・女性論に見る『婦女鑑』の徳目の構成意図

西村茂樹がまとまった女子教育論・女性論[76]を発表するのは、『婦女鑑』刊行の翌年、一八八八（明治二一）年に華族女学校の校長に就任してからが中心であるが、西村の思想と『婦女鑑』の徳目構成との関連を知る上で一つの手掛かりになると考える。華族女学校校長となった西村は、女性の教育に以前より関心をもつようになったと思われ、日本弘道会に女子部を設け、その集会で自らも講演を行った。西村の女子教育に関する言説は、女子部で行った講演等が多くを占めている。「婦人会開会の演説」（一八九〇年）では、西村が『婦女鑑』について語っている部分があり、「日本婦人の美質は支那欧州の婦人に優ることあるも劣ることなきを信ぜり（此事は余が先年宮内省の命を受けて婦女鑑を撰びし時、多く三国婦人の伝記を読みたる上にて之を悟りし者なり）」と述べている。(77) 西村は『婦女鑑』の編纂を通して、日本女性の美質を認識したのであった。

『婦女鑑』の編纂を通したこのような感慨を踏まえ、同演説では、「本邦婦人の特性は甚だ美なりと雖も、古来より未だ完全の教育を受けざりしを以て、其不足を挙ぐれば、擯斥すべきの点少なからず、今日の教育は猶幼稚の初歩なれば、是を以て自ら満足することなく、更に着々歩を進めて十分に婦人天与の智徳を開発せざるべからざるなり」とし、なお一層の智徳の開発を勧めている。(78) 同年の「日本弘道会婦人部設立の大意」でも同様の主張をしており、古来日本の女性には優れた美質があったが、女子のために公然の学校を開いて教育しなかったので「其の美質を持ち乍ら是を発達すること能はざりしは残念なることなり」「此の上益々徳行を修め学問を勉め才智を磨き、以て日本婦人の地位を高崇秀美にせられんことを望むなり」と述べている。(79)

西村が評価する日本古来の女性の特性については、「日本婦人の特性附教育」（同年）という別の演説で詳しく論じられている。これによると、奈良時代までの間には、「処変」にあたって節義・武勇・智勇などの優れた行いが見られ、平安時代には婦徳は衰えたが、鎌倉時代には貞節・節義・母道・識見・孝行・倹素など、また室町時代以降には武家の妻の武勇・貞節などに優れた行いがあった、と分析している。(80) 西村は日本古来の女性の特性・美質をこのように認めた上で、今日にふさわしい徳性をこの上に養い加えることが必要であると考えていた。

その具体的な方法は、「婦人会開会の演説」によると、「其教育の法は本邦婦人の特性と古来よりの学問とを本とし、其時勢に合はざる所は、東西の説を参考して其宜しきを取り、以て婦人の徳性を養」うべきとしている。日本古来の女性の特性を重んじる一方、時勢に合った徳を身に付けるのには東西の説を参考にすべき、という考えを持っていたことがわかる。「婦人は家を治め夫に事ふるの外、又其児子を養育するの任あり」として治家や子女の教育を女性の職分と考える一方、「初めは人々各其一身を修め、尋て之を以て其家を治め、更に余力ある者は推して之を人に及ぼし、以て日本婦人の地位を高崇秀美にせられんことを望むなり」と述べ、徳を人に及ぼすことにも触れている。さらに、「智育の如きは亦文明世界に必要の者にして、婦徳の如きも亦知識に依りて其光を発揚する者なれば、徳育に比すれば本末の別ありと雖も、決して軽忽に付すべき者に非ざれば、人々其才力に応じて善く習学せざるべからざる者なることを知らるべし」として、文明社会においての知育の必要性も述べている。[81] このように、時勢に見合う修徳をするためには、日本古来の女性の特性・美質の上に、東西の説を参考にし、個人や家に関する徳行に加えて、社会的徳行も行い、本末の別はあるものの、知識の修得も軽んずべきでない、としていることがわかる。

このような主張は繰り返し論じられ、特に後年のものでは一層具体的になっている。『婦女鑑』の徳目構成と関連して興味深い主張を以下に示そう。

『日本道徳論』や「女子教育論」（一八八九年）では、日本の道徳を永きにわたって造り上げてきた儒教のもつ男尊女卑の教えを指摘しており、[82]「日本婦人に就ての注意」（一九〇二年）[83]では、昔の儒者の『女大学』『女今川』なども今日には不適当といっている。[84] また、日本古来の徳行の誤りを指摘し、東西の説を参考にした例で『婦女鑑』に関連深いものには、「孝貞の誤」（一八九六年）における主張がある。古代から日本では学問が開けていなかったために道理に通じない者が多いとし、「婦人の行ひに於て此誤りの最も甚しきものは古来より婦人が其父母のため、其夫の為に其身を売りて芸娼妓となり、以て其父母夫の一時の難儀を救ふこと是あり」といい、孝行や貞節の意味を取り違えている行いが日本には昔から多いことを指摘している。これに対して、孝行を正しく行った例として、『婦女鑑』にある「斉太倉女」と「新約克《ニューヨーク》の孝女」の話をあげている。中国やアメリカは学問が早く開けたので「其女子の行事は文明の風たるに恥ることとなし、本邦の婦人の身を売るがごときは残念ながら、これを野蛮の風と言はざることを得ざるなり」と述べて、東西の例を参考に日本の孝行の誤りを指摘している。(85)

次に、徳目の具体的構成に関しては、修徳の範囲に修正が必要であるという考えをさまざまな所で論じている。特に、「愛国」や「慈善」といった徳目を加えねばならぬ、という発言が注目される。

『日本道徳論』の中で、『婦女鑑』の編纂稿本の徳目の説明文にもあるアメリカ女性の愛国心の例をあげていることは上述した。「婦人の心得に付き古今の異同」（一八九六年）および「日本婦人に就ての注意」によると、昔は女子の徳義は家の中だけに限っていて、「たとへば親に孝を竭すべしとか、夫に貞を尽すべしとか」「人の家へ行けば舅姑を大切に為し、夫に善く仕へ夫の兄弟を善く扱ひ、其れから家事を善く整へるとか奴僕を善く使ふとか云ふ事で、凡そ一家に止つたもので一家の事さへ能く出来れば、婦人の事は充分なものとしてあつた」とする。「礼記」や『女大学』『女今川』の類もこの趣意に沿ったものであるとし、これは他国との交わりもなく、世の中の関係が一国内と狭かったためである、という。これに対して、「今では時勢が変つて婦人でも一家内だけでは未だ不充分である、一家の外所謂国家の事にも心配」して、徳義の範囲を広めねばならない、と説くのである。(86) つまり、昔とは時勢が違うという考えから、外国との交わりもあるこの時代に、一家に関する孝行・貞節・舅姑への奉仕・治家等のみにとどまらず、国家的なことにも心を傾ける必要もあると論じているのである。この発言には、女子にも愛国心を要望するようになった、日清戦争以後の風潮も関係していると考えられる。しかし、前述の通り一八八六年講演の『日本道徳論』でも女性の愛国心を取り上げていたわけであり、『婦女鑑』の徳目に「愛国」を入れたのも、国家的なことにも心を用いる女性を期待したからといってよい。

「慈善」に関する内容も、『日本道徳論』に出てくることはすでに述べたが、対象を女性に絞り、より詳しく論じた発言が「日本婦人に就ての注意」にある。「日本の昔の歴史を読んで見ますと貞女と云ふ者は数多い」のであるが、「其の関係の及ぶ所は狭いです、社会の多勢を益する事は却て少い、其れよりは矢張り慈善家が社会の益を為す、然る処慈善家と云ふものは我邦には昔から婦人に至つて少い」と述べている。貞女は結構だが、少し一家の道徳に片寄り過ぎている場合があるという。そして「国中の人が貧窮に陥るとか災難に罹るとかは始終ある事である、女子は男子に比すれば慈善の心が深い故に、慈善の業と云ふものは女子が引受けると云つても宜い位で、総じて之を為さねばならぬ事と思ふ」と述べている(87)。慈善を女性にふさわしい徳目と考え、社会的に意義ある行いをする女性の出現を期待したのである。

このように西村は、時勢に合った徳を女性に修得させようという考えをもっていた。西村の意図としては、まず孝行・貞節・節義・武勇・母道・勤倹など、日本歴史上に名を残した女性が行った徳目を重視した。しかし、昔の女大学風の徳義だけでは不十分であると考えていた。一家に関する徳は女性の職分としてもとより重要であるが、この上に、時勢に合った徳目を、東西の説を参考にして取り入れる必要があると考えた。すなわち、文明社会においては才学も軽んじるべきではないと考えた。そして特に、外国との交わりをもつ時勢をにらみ、女性にも国家・社会に通ずる徳義を期待して、愛国や慈善の徳目を取り入れたのである。西村の女子教育論・女性論によって考えると、このような意図に基づいて『婦女鑑』の徳目は構成されたと見ることができる。

第四節　華族をめぐる状況および華族女学校における教育方針との関係

1　華族をめぐる状況等との関係

これまで西村の思想の影響について見てきたが、このような編纂がなされることに至った、西村の置かれた状況、宮内省をめぐる当時の政策との関係も見ておく必要があると考えられる。以下では、『婦女鑑』の特質に深く関係している西洋の例話の多さ、特に「慈善」等に関する西洋の例話が数多く掲載されている理由を中心に、当時の状況との関連を考察してみたい。

第Ⅰ部第二章でも述べた通り、『婦女鑑』の編纂が西村に命じられた一八八四（明治一七）年は、同年三月から伊藤博文が宮内卿に就任し、華族制度改革や「宮中」改革を行い、皇室の近代化・欧米化が目指されていた時代であった。華族はそもそも一八六九年六月に公卿・諸侯の称を廃し華族と改称されたのが始まりであったが、(88)一八八四年七月に制定された華族令では、公・侯・伯・子・男の五爵に再編成され、国家に勲功ある者も対象に加えられた。華族令の制定は、「非華族の実力者を華族に編入し、華族集団を強化することを意図(89)」したもので、「政府権力の尊厳化、来るべき議会開設を見据えた上院の強化など、立憲政体樹立へ向けた動きの一つ(90)」とされる。

また、「新たな華族制度の創設は、将来の上院に備えたあるべき華族の創設など様々な政治的思惑があったが、欧洲の貴族制度をモデルとし、欧洲君主国の標準に日本の帝室制度を揃える「宮中」の国際化という側面があったことも否定できない(91)」とも指摘されている。伊藤は、授爵式後の授爵者に賢所を参拝させて皇室に忠誠を誓わせるとともに夜会も開催し、これらを組み合わせることによって、保守的な「宮中」に儀礼の国際化の糸口を見出していったという。[92] 以後、伊藤は宮中儀式や服装の洋装化を念頭に置いた改革を行っていったが、中でも象徴的で重要なのが女性の洋装化であったとされる。[93] 一八八四年九月の女性の服制では、洋装については時に応じて達することとされたが、一八八六年六月二三日には、今後皇后も場合により洋服を着用するので各夫人も礼式相当の洋服を随意用いる旨が、宮内大臣から皇族・大臣・勅任官・有爵者・麝香間祗候等に達せられるに至った。[94] 実際、皇后は同年七月三〇日の華族女学校行啓の際に初めて洋服を着用し、同八月三日の青山御所行啓においても洋服を着用、以後女官も追々洋服を着用した。[95] 翌一八八七年一月の新年儀式に、皇后は初めて洋装大礼服を着用、[96] 同月一七日には、女子の洋装を奨励する皇后の思召書が、内閣各大臣・勅任官および華族一般に達せられた。[97]

皇后が初めて洋服で行啓した先である華族女学校においても、同年五月、翌月からの普通体操の教習開始に伴い六月から生徒は在校時必ず洋服を着用するということが定められた。[98] 『婦女鑑』出版後の一八八八年七月から華族女学校校長となった西村茂樹は、後年の回想で、一八八五年一二月以来の「伊藤内閣の新政は、法律制度、風俗礼儀一々是を欧米に模倣し、専ら外面の文明を装ひ」「皇后宮以下女官の衣服を改めて洋装となし、又華族女学校を設立し、其生徒をして尽く洋装せしむ、是を行ふこと一年、国民の風俗益々軽躁浮薄に流るゝの勢あり」[99]と、華族女学校の設立および同校での洋装を当時の象徴的な事柄として取り上げている（詳しくは次項参照）。そもそも華族女学校の設立自体が、伊藤の宮内卿就任（一八八四年）以降の各種改革の一環としてのものであった。伊藤は、華族女学校設立のための準備委員を、岩倉使節団とともに渡米した女子留学生五名のうちの一人で、約一〇年間アメリカに在留して帰国後、陸軍卿大山巌と結婚、開館した鹿鳴館で披露宴を開いたばかりの大山捨松に依頼している。[100] 大山が留学中のホームステイ先の娘であったアリス・ベーコン（後に来日し一八八八年から一年間華族女学校教師を務める）に宛てた一八八四年三月八日付けの手紙の中に、大山が華族女学校設立の準備委員になるに至った際のことが以下のように記されている。

日本の皇室はぜひとも改革を必要としています。でもあまり直接的な方法ではかえって実行不可能ですので、皇后陛下の御後援のもとに、影響力をもった人達の手で学校を設立することを考えています。(中略)皇室の改革が、女学校を作ることによって達成されるのですから、まさに一石二鳥だと思います。皇室がこの学校を援助することになれば、当然皇后や女官達が学校を参観するので、新しい教育と西洋の思想とが同時に皇室の中に浸透していくと思います。この学校を設立するための準備委員が二名選ばれ、その一人がこの私なのです。(中略)初め私はこの申し出を辞退したのですが、余りにも熱心に薦められたので受けることにしました。伊藤博文氏から、上流階級の女子のためにぜひとも新しい学校を作る必要があると理路整然と説きふせられ、私は返す言葉もありませんでした。[101]

皇后の後援のもとに当時の上流階級の女子のための学校を設立することで新しい教育と西洋の思想が皇室の中に浸透し皇室の改革につながるという大山の認識や、初め準備委員就任の申し出を辞退した大山を伊藤博文が熱心に説得したこと等が記されている。この手紙を見ると、華族女学校の設立自体が、当初は伊藤博文の推進する皇室改革の一環であったことが読み取れる。

先行研究においても、「華族女学校設立計画は、(中略)伊藤博文の「宮中」改革の一環として、また、明治一七年七月の華族令公布・叙爵内規の制定など華族制度が確立されていく中で、具体化され[102]」たこと、伊藤が当時力を注いでいた西洋の王室制度にならった皇室の近代化・西洋化の一環として華族女学校が設立されたこと、伊藤が憲法調査のための外遊中に見聞した、ドイツの皇后アウグスタが自ら女学校を作り校長に就任したという例が華族女学校設立

のヒントになったであろうことが指摘されている。(103)

伊藤は後年の演説で、伊藤が一八八二年に憲法制度の調査で欧州を訪れた際に、ドイツの皇后が自ら創立した女子学校や監督下の病院を時々訪れたり、ロシアの皇后が孤児院の総裁となっていたり、イギリスの皇太子妃が手製の物品を販売させて利益を貧民救助費に充てさせたりといった実情を目の当たりにし、帰国後にこれを皇后に言上した結果、華族女学校と慈恵医院の創立をみるに至り、また日本赤十字社事業は自分が宮内卿時代に博愛社からの改名を提起したものだとし、皇后も欧州貴婦人の社会的活動の実況を聞き、学校教育の奨励と並行して社会事業にも尽力することとなったと述懐している。(104)伊藤のいう慈恵医院（現在の東京慈恵会医科大学附属病院）は当時、有志共立東京病院と称しており、政府高官の妻たちが訪問した際に資金不足の話を聞き、大山捨松、伊藤博文の妻、井上馨の妻らが婦人慈善会を結成、一八八四年六月一二日から三日間「鹿鳴館慈善バザー」が開催され、収益は全額同病院に寄付された。(105)翌年にも開催されたバザーには皇后と皇太后が行啓し、(106)後には東京慈恵医院と改称した同病院の開院式（一八八七年五月）に皇后が行啓している。(107)また、伊藤のいう博愛社から日本赤十字社への改名、というのも、政府が当時、ジュネーブ条約への加盟に照準を合わせ、世界に通じる赤十字への名称変更実現を図るべく準備を行っていたもので（のち一八八六年ジュネーブ条約に加盟し、一八八七年日本赤十字社と改称(108)）、同条約への加入は「近代日本を「文明国」として欧米諸国に認知させるという日本政府の大きな国家目標を内包し、また不平等条約の改正にも役立てたいという思惑をもつもので」「「文明国」標準という面からも大きな意味をもつ」ものであったとされる。(109)博愛社病院の開院式（一八八六年一一月）には皇后が臨席、(110)以後、皇族・華族たちは日本赤十字社篤志看護婦人会などの活動にも関わっていく。(111)

なお、草稿年不明ながら、『秘書類纂』（伊藤博文編）の中にある「帝室へ慈恵部ヲ置カル、事」という文書では、帝室に「慈恵部」を置き、「大ハ万国赤十字事業ノ如キ、小ハ一郷一私人之窮厄ヲ救フガ如キ総テ慈恵賑恤ニ係ル一般ノ事項ヲ管理」するという案が記され、そこでは皇后が総裁に想定されており[112]、伊藤がこのような件について検討していたことが窺われる[113]。一八八七年に宮内省顧問として招へいされ、宮中儀式や諸制度の改革案に携わった、ドイツの外交官モールの言によれば、「ドイツ帝国皇后兼プロイセン王国王妃アウグスタの実例が、日本の皇后にとって模範となった。国民教育制度への関与、病人の看護、日本赤十字会の運営に協力すること、外交団ならびにしきりに東京の宮中を来訪するようになった外国の王侯たちの応接、それに時代の文化的なすべての動きに関心をよせることなどが日常のご生活の中で皇后がもっとも心にかけられたことがらであった[114]」とある。ここに列記されたような事柄が、西洋の王室をモデルに、新たな役割として期待されていったのである。

要するに、近代化という目的に向け、西洋にならって皇族や華族の女性たちに慈善・博愛といった社会事業・活動への関わりが求められ始めていた時代であったといえる。それゆえ、宮内省で編纂され華族女学校に下賜される書物としての『婦女鑑』にも、西洋の慈善に関する例話が多数収められる結果となったのではないかと考えられる。

ここで特に注意したいのは、「総理大臣伊藤の意向を背景に、国際的契機を背後にもつ狭い意味での「欧化」政策も、大局的に見れば、無限定なものではなかった。すなわち、「欧化」政策の実施には、(中略)洋服ひとつとっても、少なからぬ支出が伴った。(中略)そうした困難さのなかで、政府は「欧化」政策を、外国人と直接交渉のある東京を中心に、費用を自己負担でき、交際費も支給される上層の官僚に限定して推進しようとしたのである[115]」との指摘があるように、このような当時の政策の対象は限定的であったということである。例えば先に見た女性の服制改革においても、一八八六年六月の達の対象は「皇族・大臣・勅任官・有爵者・麝香間祇候等」で、皇后の思召書も「内閣各大臣・勅任官及び華族一般」に対して達せられたものであり、「伊藤の服制改革の対象は、皇后・女官・華族・新華族・勅奏任官の婦人など、きわめて限定されたもの[116]」であった。『婦女鑑』の特質や、前章で見た、女子用修身書の変遷の中での『婦女鑑』のもつ特殊性の要因も、このようなことと密接な関係があると思われる。旧来の公家の慣習から「婦人は外へ出るものではない」という思想なども当時の華族にはあったというが[117]、そのような華族の女性に対して、家の奥にいて孝・貞・母といったような徳目に沿うだけではなく、華族制度改革に伴い新たな役割が華族に期待されるようになっていく時代状況の中で、西洋をモデルとした皇族・華族の女性の新しい役割をも理解できることが理想とされ始め、これに関係するような例話内容が、華族女学校に下賜される『婦女鑑』にも盛り込まれたものと考えられる。つまり、『婦女鑑』は、このような女性像が、限定された範囲の子女を対象に示されたものといえるであろう。

このように、『婦女鑑』の特質に関しては、西村の思想のみに帰することはできず、伊藤博文が推進した「宮中」改革の時代に開校準備が進められた創立期の華族女学校向けに作成された、という要素が、『婦女鑑』という書物の独特な性格に深く関わっていると考えられるのである。そしてそれゆえに、結果として、前章で見た列伝形式女子用修身書の歴史の上で見れば、徳田のいうように一つの総合性を帯びた形ともなったのである。『婦女鑑』は、このような成立事情の一つによる同書の性格が特殊であるゆえに、女子用修身書史上における位置も特殊な著作・教科書ということができる。

2　華族女学校における教育方針との関係

『婦女鑑』出版以後のことについては次章で扱うが、西村茂樹の華族女学校での教育方針との関係だけは、本章で先に見ておくこととしたい。

『婦女鑑』は、一八八七（明治二〇）年七月に版権届・出版、同年一〇月に皇族・宮内省関係者・編纂関係者等に下賜された後、翌年一月に、華族女学校に皇后が行啓し、生徒に下賜された[118]。西村はその約半年後の一八八八年七月から一八九三年一一月までの約五年間にわたり、初の専任校長を務めた。それまでは学習院長が校長を兼務しており、西村は三代目であった[119]。華族女学校の校長就任の経緯等について、西村は以下のように回想している。

廿一年七月六日、宮内大臣秘書官斎藤桃太郎氏来り、宮内大臣の内意を伝へ、余を以て華族女学校長に兼任せしめんといふ、余因て考ふるに、華族女学校は　皇后宮の親ら華族の女子を教育し給ふ思召にて、創立せさせ給ふ学校にて、其品格は極めて貴重のものなれども、其裏面は伊藤宮内卿が、下田歌子に官禄を与へんが為に建てたるものなりとの風聞あり、余是が為に少しく遅疑せしが、両三日を経て宮内大臣よりの催促あり、因て更に考ふるに上等の女子教育は国家の為に甚だ必要のことなり、もし余が意の如く教育を行ふことを得ば、国家の為に小益なきに非ず、風聞のことときは深く慮るに足らざるなりと、依て其命を受ることに決す、七月十三日兼任華族女学校長の辞令を受たり、此学校は華族の女子を教育する目的にて建ちたるものなれども、亦士族、平民の女子も混し居れり、生徒の数は弐百人に足らず、此区々たる学校の教育も、亦全力を用ひて是を為さざるべからず、因て東西女子の教育法を参考し、彼の学理を以て我風俗習慣に応用せんと欲す[120]、

華族女学校にまつわる伊藤博文や下田歌子の風聞のためしばらく躊躇したが、もし自分の意向に沿った教育を行うことができれば国家のために小益があると考え校長を引き受けたことが述べられている。

同校における『婦女鑑』の使用状況は不明だが、校長時代に行った華族女学校の教育についての演説「貴女の教育」（一八八九年九月）の中で、西村は『婦女鑑』のことに触れている。

往きに　皇后宮の御命を蒙り婦女鑑と云へるを取調たることあり、即ち各国婦女の言行等を本邦女児に照し見た

るに、古来本邦の女児は余程善良なる所あり、（中略）今や其固有の徳性を堕さざることに注意すれば可なり、別に又他邦を学ぶに及ばんや、然れども其徳性を保守するに好教科書なきを困むなり、蓋し是は何れも経典類、即ち（中略）古代のものにして人々の尊崇するものに非ざれば用をなさず、（中略）今学校の経典を定めんとするには（中略）四書を基本として其他の儒書中より選抜せんと欲す、（中略）西洋の哲学にも随分採るべきもの之無きにあらざれとも、高尚にして却て不適当なる可しと思ひ、頃ろ川田文学博士と議り、先づ四書摘の一書を出版し、之を中学科の教科書に用ふることと定めたり、[121]

西村は、自分は以前『婦女鑑』を編纂したが、各国の女性の言行等を日本の女児に照らして見ると日本の女児にはよほど善良なところがある、と述べている。これは、前節で見た「婦人会開会の演説」（一八九〇年）で西村が、『婦女鑑』を編纂した際に和漢洋の女性の伝記を多く読んで「日本婦人の美質は支那欧州の婦人に優ることあるも劣ることなき」ということを悟ったと述べていることと同様のことである。[122]

続けて、そのような日本の女児のもつ固有の徳性を堕さないための教科書については、長い間人々が尊崇してきた経典類でなければ用をなさないとし、学校の経典は四書を基本としてその他の儒書中から選抜したいと思い川田博士（漢学者川田剛。華族女学校では一八八九年から一八九五年まで「御用掛」や「修身科授業嘱託」として在職）と相談してまず『四書摘』（華族女学校蔵版、一八八九年）の一書を出版し中学科の教科書に用いることと定めた、と述べている。この「中学科」とは、華族女学校の中学科のことで、満六歳から一八歳までの子女が在籍していた華族女学校は、当時小学科六年・中学科六年に分かれており、さらにそれぞれが各三年ごとの修業年限の初等・高等に分かれていた。[123]この「初等中学科」と「高等中学科」を指すものである。すなわち、現在の中学・高校の学齢に当たる部分のことである。実際、同校の修身教師は川田ら漢学者に嘱託されており、[124]さらにこの『四書摘』に続いて、同校では西村の後任の細川潤次郎校長時代にも『小学摘』（一八九四年）、『訓蒙経語』（川田剛編、一八九五年）といった冊子を独自に編集・出版し修身教科書としていたことから、[125]華族女学校の修身教授は経書類中心で行われたのではないかと考えられる。

また、先行研究では、この「貴女の教育」の演説内容などから、『婦女鑑』が華族女学校で徳育の要になり得なかった理由として、「欧化主義的な様相から旧来の日本婦人の美風重視の方向性」へという同校の教育方針の変化と、西村の論語を基礎とした修身教授観があげられている。[126]

まず、華族女学校の教育方針の変化についてであるが、西村は校長就任前の状況について回想で以下のように述べている。

明治十八年十二月の改革は、維新以来の大改革なれば、国中目を拭ひて新政を観、余も亦大に望を新政に属せり、然るに伊藤内閣の新政は、法律制度、風俗礼儀一々是を欧米に模倣し、専ら外面の文明を装ひ、外人を優遇し、舞踏会、仮装会、活人画会等其他外国の遊戯を行ひ、務めて其歓心を求め、本邦古来国家の根礎たりし、忠孝節義勇武廉恥等の精神は棄て丶顧みざるもの丶如し、其登用する所の官吏は多く伶俐便佞の人にて質樸剛毅の者は常に排斥せらる、又独逸人を宮内省に雇ひ、其妻をして内廷に出入せしめ、皇后宮以下女官の衣服を改めて洋装となし、又華族女学校を設立し、其生徒をして尽く洋装せしむ、是を行ふこと一年、国民の風俗益々軽躁浮薄に流る丶の勢あり、余大に是を憂ひ、十九年十二月十四日大学の講義室に於て公衆を聚めて三日間の独り演説を為し、以て人心を警めたり、明年（二十年）春其演説の草稿を印行して是を日本道徳論と名け、大臣以下諸知人に贈与せり、[127]

西村は、一八八五年一二月以後の伊藤内閣の改革が、いちいち欧米を模倣し、また皇后以下の女官の衣服を洋装にし、華族女学校を設立して生徒を洋装させ、これを行うこと一年、国民の風俗はますます軽躁浮薄に流れた、と述べており、(128)校長就任前の華族女学校の生徒の洋装に対して、当時の欧化主義的風潮の象徴として批判的に見ていたようである。そのため校長就任後、生徒の服装を、洋装から和洋随意へと段階を踏んで変更した。校長就任前の一八八七年五月に、同年六月から生徒は在校時必ず洋服を着用するということが定められていたが、就任後の一八八八年一〇月には病気の際に和服可とし、一八八九年七月には式日以外は和服可、一八九〇年六月には式日でも和洋随意とした。(129)

教科内容・時間割も一八八九年八月から大幅に変更され、主に理数系の科目が再編成・簡略化された。他にも体操では激しい体操は控えるように内容の変更が行われ、「挿花」の授業が新たに課され、「図画」に洋画のみでなく日本画が、「裁縫」に洋服だけでなく和服が取り入れられるよう規定された。時間割も、高等小学科以外毎週一時間ずつ短縮化、試験も学期末試験が廃止された。(130)西村も回想で、洋服の制を改めて洋和随意とし、定期・卒業試験を廃し、体操は本邦の舞を折衷して用い、習字も書家を得てその手本を習わせ、茶の湯も学科の中に加えることとした、と述べている。(131)このように西村は「国策的に欧化主義的な方向を取らされていた華族女学校の教育方針を改め」「日本の女性の実情に応じたものに修正しようとした」(132)のであった。

先に見た通り、西村が『日本道徳論』の演説に至った理由の一つは、一八八五年一二月の内閣制度創設以来の国政および皇室・華族女学校における欧化主義的風潮や世の風俗に対する憂いであった。これに関しては、「西村は、道徳の歴史の進歩の本来的な普遍性を認識しつつ、しかしその具体的なあり方は土地・人情・風俗の相異によって異なるものであるという認識をもっていたが、欧化主義の風潮の中で、後者の個体性の側面をより強く打ち出すにいたり、道徳を「国家」の枠組みごとに個別化した」(133)と指摘されている。これと同じように、西村は、前述した一八八五年一二月以降の欧化主義的風潮の極まった状況を目の当たりにした後、自身が華族女学校の校長となった際には、後者の面を強調、つまり道徳の具体的なあり方として個体性・個別性をより強く打ち出し、より日本の実情に応じた教育方針をとろうとしたと考えられる。

次に、西村の修身教授観との関係についてであるが、西村はかつて文部省で第二大学区を学事巡視した際、修身を口授のみで済ますのは不適当で、小学校では四書を第一に、中学校では西洋の「モラル」の書を熟読し、東西の説を参考に自得することを望むとしており[134]、「修身の教授法を論ず」でも、東西の道理を取捨して児童に暗記させることを提案、そのような書がない場合は四書小学の中から不要な語を削って用いても可とした[135]。前述のように『小学修身訓』も和漢洋の嘉言で構成した。つまり、口授のみでなく道理を集めた教科書使用の修身教授観を以前からもっていた。

華族女学校の修身の教科書を儒書のみの抜粋にしたのは、これに加えて、上述の「貴女の教育」の中で、西洋の哲学にもずいぶん採るべきものがあるが高尚でかえって不適当だろうと思った、と述べていることから[136]、女性に西洋哲学は高尚と考えたからのようである。さらにこの頃の言説を見ると、何を日本の道徳の標準にするか論じた中で、日本には十分な道徳が存し、それは「日本固有の美質」と中国の儒教を融和して成したもので、孝子節婦が出るのは日本が道徳に富む一証であり、「道徳を外国に求めざるも、自家有する所のものを振興せば燦然観るべきもの存するなり」と述べており[137]、これは前述の「貴女の教育」で、日本女児の徳性は善良、学校の経典は儒書、としているのと合致する。他にも「榎本文部大臣へ建言」(一八九〇年四月)では、今日儒書によって徳育の根礎を立てるのは誠に当然、と述べ[138]、「修身教科書の説」(一八九〇年八月)では、中学校・小学校・師範学校の徳育の経典は全国ことごとく四書を用いるべきことを断定した、としている[139]。教育勅語発布後であるが「国学院開院の演説」(一八九〇年一一月)では、儒教だけでなく哲学や宗教などの教えから取れるところもあるとしながらも、儒道は「八九分は取れる」と述べている。[140]

西村は、『婦女鑑』の編纂を通じて、日本の女性の徳性は外国に劣らないと思うに至った。そして、日本固有の美質を認め徳育に関しても儒教にやや重心を移した考えを抱くようにもなっていった。[141]このころは世の中の情勢も、『婦女鑑』編纂の頃とは変化を見せていた。第Ⅰ部第二章および前項で述べた通り、西村が『婦女鑑』の編纂を命じられた一八八四年には、同年三月から伊藤博文が宮内卿に就任しており、宮内省内の機構や華族制度等の改革を行っていた。鹿鳴館時代とも重なり、皇室の近代化・欧米化が目指された時代で、華族女学校自体が、このような状況の中で設立されたのである。しかし、一八八七年四月に伊藤博文が首相官邸で開いた仮装舞踏会への批判、同年九月の外務大臣井上馨の辞任を契機に、欧化政策は下火となっていった。また「宮中」改革を積極的に行ってきた伊藤も同月宮内大臣を辞任、欧化色はしだいに抑制され批判の鎮静化が図られた。[142]このような時期に華族女学校校長となった西村は、上述したように、以前からの修身教授観に加えて、『婦女鑑』編纂を通して抱いた感慨と、欧化主義的風潮の極まりの中での自身の思想の力点の変化、そして欧化主義批判の時代状況にも沿う形で、それまでの欧化主義的内容から日本の美風重視へという方針の学校改革を行い、『婦女鑑』よりも経書類中心の修身教授を行おうとしたと考えられる。

『婦女鑑』が和漢洋の例話内容で構成され、中でも西洋の例話を含んでいることは同書の大きな特徴である。しかし第Ⅰ部第二章第三節で述べたような、西村が編纂に携わることになった経緯にまで遡り、洋学者として取り立てられていた西村に編纂が任されたということを考えた場合、それは必然な展開であったのではないかと考えられる。『婦女鑑』は伊藤の推進した「宮中」改革の時代に準備が進められた創立期の華族女学校向けの書物であり、前項でも見た通り、その性格の根本はここに由来する面も大きいといえるであろう。つまり、『婦女鑑』が和漢洋の例話で構成されるという方針は、後の欧化政策の舞台の一つとなっていった華族女学校に下賜される書物という役割が編纂時に付与された時点で生じ、西村はその方針に沿って編纂したのではないかと思われる。前述した通り、西村は幕末期以来の自身の和漢洋の学問経験を背景に、儒教を相対化する一方西洋の機械的な模倣もよしとせず、東西道徳の折衷のあり方を模索したが、それゆえ西村は、第Ⅰ部第二章でも述べた「特異な洋学者」であったのであり、『幼学綱要』の補遺であると同時に華族女学校に下賜される書物という二つの側面を持つ『婦女鑑』の編者としても適当とされたのではないかと考えられるのである。

ただし、和漢洋のバランスや、どのような西洋の例話を採用しているか、徳目構成などについては、すでに見たとおり、当時の宮内省をめぐる状況を背景としていると同時に、西村の思想にも依っているものと思われる。西村はそれまでの自らの西洋書の翻訳や、文部省における『小学修身訓』編纂時の経験を踏まえつつ、儒教一方に偏るのではなく東西の説を参考に、これからの時勢における華族階級の女性に応じた徳目内容を考慮し、『婦女鑑』を編纂した。それゆえ、慈善や愛国などを含んだ、当時としては多様な徳目構成の列伝形式女子用修身書となったと考えられるのである。

一方、下賜以後に目を転ずると、ちょうど伊藤博文の宮内大臣辞任の影響等もあって政府の方針自体変化していった時期と重なった。西村自身も、『婦女鑑』の編纂を通じて得た日本女性の美質の認識および、欧化主義的風潮の極まりとその影響を目の当たりにしての感慨、さらには欧化主義批判の時代状況にも合致する形で、華族女学校においては日本の美風重視の方向の改革を行っている。では、華族女学校以外への影響も含め、『婦女鑑』はその後どのような展開をたどったのか。次章では『婦女鑑』の下賜と普及状況等について明らかにしていくこととしたい。

註

(1) 真辺将之『西村茂樹研究　明治啓蒙思想と国民道徳論』思文閣、二〇〇九年、一一七頁。
(2) 同上、一一八頁。
(3) 家永三郎『近代日本思想史研究』東京大学出版会、一九五三年、一六三頁。
(4) 山田洸『近代日本道徳思想史研究』未来社、一九七二年、二二一頁。他に、本山幸彦『明治思想の形成』(福村出版、一九六九年)、海原徹「明治のモラリスト―西村茂樹の場合」(『社会福祉評論』第三二号、大阪女子大学社会福祉学科、一九六七年)、沖田行司『新訂版　日本近代教育の思想史研究―国際化の思想系譜―』(学術出版会、二〇〇七年)、等の研究があげられる。
(5) 前掲『西村茂樹研究　明治啓蒙思想と国民道徳論』。
(6) 西谷成憲「『婦女鑑』に関する研究　草稿本の検討を中心にして」(『多摩美術大学研究紀要』第九号、一九九五年)、一〇〇―一〇一頁。
(7) 同上、一〇四頁。
(8) 同上、一〇四頁。
(9) 同上、一〇四―一〇五頁。
(10) 同上、一〇七頁。
(11) 菅野則子「望まれる女性像―『幼学綱要』・『婦女鑑』を中心に―」(『帝京史学』第二六号、二〇一一年)一六〇―一六一頁。
(12) 若桑みどり『皇后の肖像　昭憲皇太后の表象と女性の国民化』筑摩書房、二〇〇一年、一六四頁。
(13) 編纂に当たっては元田永孚が編纂主意を記し、その方針を文部省に示した(教学局編『教育に関する勅語渙発五十年記念資料展覧図録』内閣印刷局、一九四一年、一〇―一一頁、一四四頁)か、あるいは西村から元田へ編集の基本方針を連絡していた(海後宗臣編『日本教科書体系　近代編』第三巻　修身(三)、講談社、一九六二年、五九四頁)ことが推測されている。この編纂主意には「養智」を除く七つの徳目が記されている。
(14) 西村茂樹「修身の教授法を論ず」一八八〇年(日本弘道会編『西村茂樹全集』第二巻、思文閣、一九七六年)七九―八〇頁。
(15) 「第二大学区巡視功程附録」一八七七年(『文部省第四年報』第一冊〔復刻版、宣文堂書店、一九六五年〕)四六頁。
(16) 『小学修身訓』と「修身の教授法を論ず」の関係については、海後宗臣『西村茂樹・杉浦重剛』啓文社、一九三八年、五八―六〇頁等に指摘がある。
(17) 西村茂樹『往事録』(日本弘道会編『西村茂樹全集』第三巻、思文閣、一九七六年) 六五二―六五四頁。
(18) 「土方宮内大臣へ建言」(「建言稿」下冊〔日本弘道会編『増補改訂西村茂樹全集』第四巻、思文閣、二〇〇六年〕) 三二五―三二七頁。
(19) 例えば、海後宗臣『教育勅語成立史の研究』(私家版、一九六五年) 三九〇頁。
(20) 西村茂樹『日本道徳論』一八八七年 (一八八六年演説) (日本弘道会編『増補改訂西村茂樹全集』第一巻、思文閣、二〇〇四年) 一〇三頁、一一三―一二三頁。
(21) 西村茂樹「男女同権説」一八七七年 (日本弘道会編『増補改訂西村茂樹全集』第一〇巻、思文閣、二〇一〇年) 七一―七二頁。
(22) 西村茂樹「一男娶数婦説」一八八一年 (前掲『西村茂樹全集』第二巻) 八三―八八頁。なお、前掲『増補改訂西村茂樹全集』第一〇巻に所収の「一男配数婦説」(一八七八年) は、これとほぼ同じであるが、終わりに数行分ある西村の考えを述べた部分が掲載されていないものである。
(23) 前掲「第二大学区巡視功程附録」四九頁。
(24) 西村茂樹選録『小学修身訓』文部省編輯局印行、一八八〇年 (宮田丈夫編『道徳教育資料集成』一、第一法規出版、一九五九年) 九二頁。
(25) 片山清一「西村泊翁の女子教育論―日本女性の美点を損う教育は不可―」(『弘道』第九二八号、日本弘道会、一九八七年六月) 七頁。
(26) 前掲『皇后の肖像　昭憲皇太后の表象と女性の国民化』一八九頁。
(27) 前掲『小学修身訓』一〇二頁。
(28) 同上、九八頁。
(29) 同上、一〇二頁。
(30) 同上、九八頁。
(31) 同上、一一一頁。
(32) 同上、一一〇頁。

(33) 同上、一〇二頁。
(34) スマイルス（斯邁爾斯）著・中村正直訳『西洋品行論』珊瑚閣、一八七八〜一八八〇年。
(35) 前掲『小学修身訓』一〇七—一〇八頁。
(36) 同上、一〇六頁。
(37) 同上、一一〇頁。
(38) 同上、一一五頁。
(39) 編纂稿本「婦女鑑原稿」に記載されている出典名を見ると、『西洋品行論』からは一〇話を採用している（第Ⅰ部第五章参照）。
(40) 『法規分類大全』第一編第一六、官職門一四、一二三頁。
(41) 大森正「明治一三年の文部省地方学務局による教科書調査に関する考察」（『教育学研究集録』第一一集、東京教育大学大学院教育学研究科、一九七二年）六三頁。中村紀久二「解題」（内閣文庫所蔵『調査済教科書表』〔文部省地方学務局・普通学務局、自明治十三年十月至明治十八年二月〕復刻版、芳文閣、一九八五年）二五—二七頁も参照。
(42) 前掲『調査済教科書表』所収の「解題」二二—二三頁。教育史編纂会『明治以降教育制度発達史』第二巻、龍吟社、一九三八年、五〇〇—五〇一頁。
(43) 例えば、小田深蔵訳述『女範』（穴山篤太郎、一八八〇年）、長谷川協輔・高田義甫同輯『慈母教草』（万笈閣、出版年不明）、大井鎌吉訳『母親の教』（丸家善七、一八八一年）、近藤鎮三訳『母親の心得』（近藤鎮三、一八七五年）など。
(44) 萩原裕『女訓』（見山書屋、一八七九年）について、同書の改正版（一八八一年）と比較した。
(45) 劉向『新刻古列女伝』巻七・八、小嶋弥左衛門、一六五三年。
(46) 前掲『調査済教科書表』所収の「解題」三〇—三一頁。
(47) 文部省による教科書調査は一八八〇〜一八八五年にかけて行われ、一八八六年からは教科書の検定制度が開始された。ただし修身に関しては、当初教科書を使わない方針をとっていたため、検定はしばらく行われなかった。一八九一年一〇月に、修身も教科書を使用することが府県に通牒された（第Ⅱ部第一章第二節参照）。
(48) 西村茂樹「修身学社発会の演説」一八八〇年（前掲『西村茂樹全集』第二巻）六五—六六頁。
(49) ただし、「葛羅周《グロチユース》の妻」の話は、国定第三期国語教科書『高等小学読本』女子用には掲載されている。

(50) ただし、ジャンヌダルクの話は、師範学校編『万国史略』(文部省、一八七四年)などの歴史教科書や、後の高等女学校用国語教科書(例えば大正期の『女子新読本』など)や読物類(徳富蘆花『世界古今名婦鑑』民友社、一八九八年など)には時々掲載されている。
(51) 四方一㳒『「中学校教則大綱」の基礎的研究』梓出版社、二〇〇四年、二五九頁。
(52) 『婦女鑑』の例話の原典名は、宮内庁書陵部宮内公文書館所蔵の編纂稿本「婦女鑑原稿」におおむね記載がある(第Ⅰ部第五章参照)。
(53) 第Ⅰ部第二章第三節参照。
(54) 例えば、出版されたものとしては、『教育史』(一八七五年)、『求諸己斎講義　修身学』(一八七七年)、『殷斯婁氏道徳学』(一八八二年)等がある。
(55) 前掲『西村茂樹研究　明治啓蒙思想と国民道徳論』九八頁。他に同書第四章、古垣光一「明治十年代の西村茂樹の道徳学について」(『比較文化史研究』第一〇号、二〇〇九年)も参照。
(56) 西村茂樹「或問十五条ノ八」(『講道会叢説』巻二、一八八四年)二―五頁。
(57) 西村茂樹「忠孝」(「泊翁卮言」第二冊〔一八八一年頃から一八八七年頃に執筆した文を集めたもの。前掲『西村茂樹全集』第一巻〕)五三四―五三五頁。
(58) 前掲「第二大学区巡視功程附録」四八頁。愛国の他は、権利・義務・自由をあげている。
(59) 前掲『小学修身訓』一一五頁。
(60) 第Ⅰ部第一章および第四章参照。
(61) 西村茂樹編『校正万国史略』巻六、編纂者蔵版、一八七九年再鐫。
(62) 宮内庁書陵部宮内公文書館所蔵「婦女鑑原稿」巻五。
(63) 前掲『日本道徳論』一六七―一六八頁。
(64) 西村茂樹「学習院演説」一八八一年(前掲『西村茂樹全集』第二巻)九一頁。
(65) 西村茂樹「学習院生徒進業式の演説」一八八七年(前掲『西村茂樹全集』第二巻)一七五頁。
(66) 前掲『日本道徳論』一五三―一五六頁。

(67) 前掲「修身の教授法を論ず」七六頁。
(68) 前掲「婦女鑑原稿」巻五。
(69) 西村茂樹「或問十五条ノ十三」(前掲『講道会叢説』第三編巻五、一八八五年一一月)一頁、五頁。
(70) 西村茂樹「日本講道会開会の演説」一八八四年(前掲『西村茂樹全集』第二巻)一一一―一一四頁。
(71) 前掲『日本道徳論』一二〇頁、一二三頁。
(72) 前掲『西村茂樹研究　明治啓蒙思想と国民道徳論』二二三―二二五頁。
(73) 同上、四七―四八頁。
(74) 同上、四四―四七頁。
(75) 同上、一〇六頁。
(76) 西村茂樹の女子教育論についての主要な研究としては、以下のものがある。片山清一の前掲「西村泊翁の女子教育論―日本女性の美点を損う教育は不可―」は、西村の主要な女子教育に関する言説について時代を追って簡潔に説明しており、概観できる。『婦女鑑』については、例話が和漢洋にわたっていることについて、『幼学綱要』(例話は和漢のみ)の編纂者元田永孚と西村茂樹との考え方の違いによるものではないか、と述べているが、それ以上の検討はなされていない。海原徹「西村茂樹の女子教育論」(『社会福祉評論』第三三・三四号、大阪女子大学社会福祉学科、一九六八年)は、西村の儒教・女徳・女子教育等に関する言説について詳しく論じている。『婦女鑑』に関しては、序文の内容や、洋の東西、多くの国から例話が採られていることから、「必ずしも儒教的女子教育論と同じではない」と指摘している。伊藤明子「啓蒙家にみられる女子教育観―福沢諭吉と西村茂樹」(日本女子大学女子教育研究所編『明治の女子教育』国土社、一九六七年)は、福沢諭吉と西村茂樹の女子教育観をそれぞれ論じ、女子教育の主眼を福沢は知育に、西村は徳育に求めたとし、その婦徳は西村なりの解釈を加味したもので「徳育によって啓発された新時代にふさわしい女性の出現を求めた」と指摘している。『婦女鑑』については、西村が編纂したことは述べられているが、その内容には触れられていない。
(77) 西村茂樹「婦人会開会の演説」一八九〇年(前掲『西村茂樹全集』第二巻)四八一頁。
(78) 同上、四八三頁。
(79) 西村茂樹「日本弘道会婦人部設立の大意」一八九〇年(前掲『西村茂樹全集』第二巻)四三三―四三四頁。

(80) 西村茂樹「日本婦人の特性附教育」一八九〇年（前掲『西村茂樹全集』第二巻）五一五―五二六頁。
(81) 前掲「婦人会開会の演説」四八三頁。
(82) 前掲『日本道徳論』一一七頁。西村茂樹「女子教育論」一八八九年（前掲『西村茂樹全集』第二巻）三六四頁。
(83) 『婦女鑑』刊行前の西村の女子教育論・女性論が乏しいため、後年の主張も参考にするものである。以下同様。
(84) 西村茂樹「日本婦人に就ての注意」一九〇二年（前掲『西村茂樹全集』第二巻）一三四四頁。
(85) 西村茂樹「孝貞の誤」一八九六年（前掲『西村茂樹全集』第二巻）一〇四二―一〇四五頁。
(86) 西村茂樹「婦人の心得に付き古今の異同」一八九六年（前掲『西村茂樹全集』第二巻）一〇四九―一〇五〇頁。前掲「日本婦人に就ての注意」一三四五頁。
(87) 前掲「日本婦人に就ての注意」一三四六―一三四七頁。
(88) 小田部雄次『華族　近代日本貴族の虚像と実像』中央公論新社（中公新書）、二〇〇六年、一三頁。
(89) 久保正明「華族制度の創出と華族」（『政治経済史学』第五四二号、政治経済史学会、二〇一一年一二月）一七頁。
(90) 久保正明「華族令制定後の伊藤博文と華族―いわゆる「九条建議」問題の検討を通じて―」（日本歴史学会編『日本歴史』第七八三号、吉川弘文館、二〇一三年八月）五二頁。
(91) 坂本一登『伊藤博文と明治国家形成―「宮中」の制度化と立憲制の導入―』吉川弘文館、一九九一年、一二二頁。
(92) 同上、一二八―一二九頁。
(93) 同上、一八五頁。
(94) 宮内庁『明治天皇紀』第六、吉川弘文館、一九七一年、六〇二頁。
(95) 同上、六二二―六二三頁。
(96) 同上、六七五頁。
(97) 同上、六八〇―六八一頁。
(98) 同上、七四六頁。「華族女学校第二年報」（自明治一九年八月至同二〇年七月）一頁。
(99) 前掲『往事録』六四九―六五〇頁。
(100) 久野明子『鹿鳴館の貴婦人　大山捨松―日本初の女子留学生』（中央公論社、一九八八年）一七四―一八六頁。

(101)　同上、一八二―一八四頁。
(102)　真辺美佐「昭憲皇太后と華族女学校―設立及び改革に果たした皇太后の役割を中心に―」(『書陵部紀要』第五八号、二〇〇七年)四四頁。他に、同「昭憲皇太后の教育奨励に関する再検討」(『明治聖徳記念学会紀要』復刊第五〇号、二〇一三年)二七九頁。
(103)　前掲「昭憲皇太后と華族女学校―設立及び改革に果たした皇太后の役割を中心に―」四六頁。真辺美佐「華族女学校校長としての西村茂樹―その学校改革と女子教育論をめぐって―」(『弘道』第一〇五三号、日本弘道会、二〇〇八年三・四月)五六頁。
(104)　「婦人の社会的進出」(一九〇六年一一月一〇日京城愛国婦人会支部大会における演説。平塚篤編『続伊藤博文秘録』一九二九年〔復刻版、原書房、一九八二年〕)二二三―二二四頁。片野真佐子「近代皇后像の形成」(富坂キリスト教センター編『近代天皇制の形成とキリスト教』新教出版社、一九九六年)一一四―一一五頁。
(105)　前掲『鹿鳴館の貴婦人　大山捨松―日本初の女子留学生』一八六―一八九頁。前掲「近代皇后像の形成」一一七頁。
(106)　片野真佐子『皇后の近代』講談社(講談社選書メチエ)二〇〇三年、六六頁。松田誠「慈恵病院の改革に貢献したある医師団の実体について」(『東京慈恵会医科大学雑誌』第一一八巻三号、二〇〇三年)一七一頁。
(107)　前掲『明治天皇紀』第六、七四五頁。前掲「近代皇后像の形成」一一七―一一八頁。
(108)　吹浦忠正「昭憲皇太后の事績と今日的意義―昭憲皇太后基金を中心に―」(『明治聖徳記念学会紀要』復刊第五〇号、二〇一三年)三七一―三七五頁。
(109)　黒沢文貴「岩倉具視、伊藤博文と赤十字との出会い」(日本歴史学会編『日本歴史』第七六八号、吉川弘文館、二〇一二年五月)一〇二頁。
(110)　前掲「昭憲皇太后の事績と今日的意義―昭憲皇太后基金を中心に―」三七四頁。吉川龍子「明治期の赤十字看護教育」(前掲『明治聖徳記念学会紀要』)三八七頁。
(111)　前掲『鹿鳴館の貴婦人　大山捨松―日本初の女子留学生』一八九頁。前掲「近代皇后像の形成」一一八頁。
(112)　伊藤博文編、金子堅太郎・栗野慎一郎・尾佐竹猛・平塚篤校訂『秘書類纂　帝室制度資料』下巻、秘書類纂刊行会、一九三六年、三四四頁。
(113)　これについては西川誠『明治天皇の大日本帝国』(講談社、二〇一一年、二三三頁)に指摘がある。
(114)　オットマール・フォン・モール著、金森誠也訳『ドイツ貴族の明治宮廷記』講談社(講談社学術文庫)、二〇一一年(原本は一九八八年新人物往来社刊)、七一頁。

(115) 前掲『伊藤博文と明治国家形成—「宮中」の制度化と立憲制の導入—』一九一—一九二頁。

(116) 刑部芳則「鹿鳴館時代の女子華族と洋装化」(『風俗史学』三七号、日本風俗史学会、二〇〇七年)二〇頁。

(117) 同上、六—七頁。

(118) 下賜の詳細については、第Ⅱ部第三章参照。

(119) 学習院百年史編纂委員会編『学習院百年史』第一編、学習院、一九八一年、八—九頁。女子学習院編『女子学習院五十年史』女子学習院、一九三五年、二四二頁。

(120) 前掲『往事録』六五四—六五五頁。

(121) 西村茂樹「貴女の教育」一八八九年(前掲『西村茂樹全集』第二巻)三八〇—三八一頁。

(122) 前掲「婦人会開会の演説」四八一頁。

(123) 前掲『女子学習院五十年史』二一八頁、二二六頁。なお、小学科の方は開校当初は下等・上等に分かれていたが、一八八九年の規則改正で名称がそれぞれ初等・高等と変更された。

(124) 川田剛退職後は、川田と同様に太政官修史館勤務の経歴がある漢学者、四谷恒之が「修身科及漢文科授業嘱託」として在職した(一八九六〜一九〇六年)。前掲『女子学習院五十年史』所収の「旧職員名簿」参照。

(125) 実践女子大学所蔵「下田歌子関係資料」一三六八に、「華族女学校修身教科書」としてこの三書が所蔵されている。下田は華族女学校の学監を長年務めた。

(126) 前掲「『婦女鑑』に関する研究　草稿本の検討を中心にして」一〇六—一〇七頁。

(127) 前掲『往事録』六四九—六五〇頁。

(128) なお、華族女学校に関してではないが、西村は別の演説でも、日本の女子教育論者(たいていは洋学者)が西洋人の著した書籍上の議論や民間の風俗習慣を見るままに尊重し女子の模範としようとし、その意見が「明治十七八年のころに至りて、其謬迷の極に達」し、「是と同時に婦人の風俗上に許多の弊害を生じ」たととらえ、また「婦徳」に関しても「殊に明治十七八年舞踏宴会の最も盛なりしときは、都下の婦人の風俗はますます乱れて其底止するところを知らざるの勢いに至りしことあり」と述べており、一八八四〜一八八五年頃に女性の風俗がますます乱れたとの認識を示している(前掲「女子教育論」一八八九年、三五三頁、三五六頁）。

(129) 「華族女学校第二年報」（自明治一九年八月至同二〇年七月）一頁、「華族女学校第四年報」（自明治二一年八月至同二二年七月）一—二頁、「華族女学校第五年報」（自明治二二年八月至同二三年八月）一七頁。

(130) 前掲「華族女学校校長としての西村茂樹—その学校改革と女子教育論をめぐって—」六〇—六一頁。

(131) 前掲『往事録』六五五—六五六頁。

(132) 前掲「華族女学校校長としての西村茂樹—その学校改革と女子教育論をめぐって—」六一頁、六六頁。学校改革の内容については、六〇—六一頁に詳しい。

(133) 前掲『西村茂樹研究　明治啓蒙思想と国民道徳論』一四五頁。

(134) 前掲「第二大学区巡視功程附録」四六—四八頁。

(135) 前掲「修身の教授法を論ず」七九—八〇頁。

(136) 前掲「貴女の教育」三八一頁。

(137) 西村茂樹「道徳談」一八八九年（前掲『西村茂樹全集』第二巻）二九六—二九八頁。

(138) 西村茂樹「榎本文部大臣へ建言」一八九〇年（「建言稿」下冊〔前掲『増補改訂西村茂樹全集』第四巻〕）三四五頁。

(139) 西村茂樹「修身教科書の説」一八九〇年（前掲『西村茂樹全集』第二巻）五四一頁。

(140) 西村茂樹「国学院開院の演説」一八九〇年（前掲『西村茂樹全集』第二巻）五七七頁。

(141) この頃の西村の思想の変化については、先行研究でしばしば指摘される（例えば、前掲『新訂版　日本近代教育の思想史研究—国際化の思想系譜—』、前掲『近代日本道徳思想史研究』）。ただし、儒教の利点の強調はレトリックでもあり、変化は見せていないとの解釈もある（前掲『西村茂樹研究　明治啓蒙思想と国民道徳論』第六章第一節）。

(142) 前掲『伊藤博文と明治国家形成—「宮中」の制度化と立憲制の導入—』二一八—二二一頁。

第三章　『婦女鑑』の下賜と普及

前章において、華族女学校における『婦女鑑』の扱い等に関しては編者西村茂樹との関係において考察したが、本章では華族女学校も含め、実際に『婦女鑑』がどの程度の範囲に下賜され、またどのように扱われ普及したのかについて検討する。これまで、『幼学綱要』の頒賜および普及状況に関しては、戸田浩曉の先行研究において、宮内庁所蔵の「幼学綱要録」所収の文書の検討を中心に、各種翻刻・解説書の調査なども加え詳細に明らかにされていたものの、(1)『婦女鑑』の下賜と普及については、『明治天皇紀』『女子学習院五十年史』などのごくわずかな記述が判明しているのみであった。

『明治天皇紀』には、

皇后、婦女鑑を親王・大臣以下に賜ふ、（中略）是の年六月成る、婦女鑑と称す、総て六巻、皇太后宮大夫子爵杉孫七郎をして序を撰せしむ、先づ天皇並びに皇太后に献じたまひ、又嘉仁親王に進む、是の日親王・内大臣・内閣総理大臣・宮内大臣・侍従長・宮内次官・皇太后宮大夫・皇后宮大夫及び宮中顧問官元田永孚其の他宮内諸官に各一部を頒賜したまふ、明年一月華族女学校生徒に各一部を下賜す、後普く之れを各女学校等に頒つ、幼学綱要と並び行はる、(2)

とある（明治二〇年一〇月一三日条）。『婦女鑑』は完成後、まず天皇と皇太后に献じられ、嘉仁親王（後の大正天皇）に渡され、のちに皇后が親王・大臣以下に下賜した、ということがわかる。また、翌年一月の記載には、皇后が華族女学校に行啓して生徒に一部ずつ下賜したことなどが記されている（後述）。

『女子学習院五十年史』には、「前の『幼学綱要』と同じく、絵入総振仮名付として印刷、畏くも御内命によりて之を全国小学校その他に頒布し、以て国民道徳教育の一大指針たらしめたり」(3)と記され、華族女学校への下賜については一八八八年一一月二六日に記載があるが、(4)後述するように他の史料類には同日の下賜の記載がなく、華族女学校には同年一月二六日に下賜されているため、一一月ではなく一月の誤りではないかと思われる。

先行研究において、『婦女鑑』の下賜や普及状況に関して検討しているものに、西谷成憲の研究がある。西谷は、『婦女鑑』の概要を論述している主な資料における下賜等の記載のされ方について、「婦女鑑の普及に関しては華族女学校の生徒に下賜したとする記述と全国の小学校などに頒布したとする記述の二様に分れ不明瞭な点がある」(5)と指摘している。小学校等に頒布したとする記述としては、西谷は、上述の『女子学習院五十年史』の記述の他、宮内省で西村茂樹とともに『婦女鑑』の編纂に当たった山田安栄の回想にある、「十九年には婦女鑑の勅撰を仰せ出され、会祖泊翁先生の監修に係りて成れり、此二書（『幼学綱要』と『婦女鑑』―引用者註）は帝室より全国の小学校其他に広く頒布」(6)した、という記述をあげ、「これが小学校等に頒布したとする最も古い記述と思われる」としている。(7)一方、西谷は、『明治天皇紀』の記載箇所に出典名として記されている宮内庁所蔵の「出版録」等の記載内容について、当時非公開であったことから宮内庁から電話聴取を行い、「「なみの上」一五〇部は皇族と大臣、六部は学習院教師に、「なみ」は二五〇部で華族女学校生徒二三一名及び教員一八名にそれぞれ下賜された」と記し、華族女学校に下賜された際の『官報』の記事（明治二一年一月二八日（下賜は二六日））をあげ、同時に、「各府県の諸学校への下賜については記録されていない。また全国の小学校に配布された事実も同様である」としている。また、全国の小学校等における使用状況については、「各都道府県教育関係資料等を調べてみても、現段階では東京府が口授書として使用した一例しか確認できていない」とし、書肆吉川半七が出した『教育報知』等への広告記事を紹介して「『婦女鑑』の普及はこの民間の書肆の力による方が大きかったのではないかと思われる」と指摘しているが、それ以上の普及状況等の詳細は明らかにされていない。また、これらの点と、『婦女鑑』編纂後に華族女学校校長となった西村茂樹の演説内容等（後述）から、『婦女鑑』は「それほど普及しなかった」とし、「『幼学綱要』と同様に全国の小学校等に下賜された事実は見当たらず、当時の小学校の修身教育においても華族女学校においても、女児の徳育の要となる書にはなりえなかったと思われる」と論じている。しかし、下賜と普及状況が詳細に明らかにされていない状態での論述であるため限界があり、西谷氏自身も、「さらに普及状況などを検証するとともに、後続の女子修身書に及ぼした影響など考察を加えていくことが課題といえよう」と述べている(8)。

この西谷の論述に対して、後述の尾崎るみは、「直接的な影響力はともかく、その後の修身教科書やその他の出版物に対して間接的にはかなりの影響力を及ぼしたのではないかと思われる(9)」とコメントしているが、これは筆者が二〇一一年に発表した論文(10)における『婦女鑑』の再版等に関する説明に依拠して述べており、また、尾崎の研究は、『婦女鑑』一二〇話中の「額黎咀林《グレイスダルリング》」という一話に関する軌跡を追ったものであるため、むろん『婦女鑑』の下賜と普及状況の全体的検討が行われた上で述べられているわけではない。

その他、『婦女鑑』に関する説明の記述において、特に華族女学校への下賜以外に関してどのように記載されているかを中心に見てみると、以下のようである。

西村茂樹研究では、『泊翁西村茂樹伝』で、「本書の出版成り、「幼学綱要」と同じく、総振仮名付の絵入本とするや、畏くも内命ありて帝室より、全国小学校其他に対して、広く頒賜せられたり(11)」と記しているが、これは、直前に前述の山田安栄の回想を引用していることから、「全国小学校其他に対して、広く頒賜」というのは、山田の回想を基に記述されたことが推測できる。高橋昌郎『西村茂樹』でも、「帝室から全国の小学校その他に対して、広く頒賜されたものである」[12]と記されているが、これはこの『泊翁西村茂樹伝』の記述に則っていると考えられる。

『婦女鑑』を収録した書における『婦女鑑』の解説・解題を見ると、『教育勅語渙発関係資料集』では、「皇后宮は直ちにこの書を華族女学校の教科書に充て賜うたのであるが、広く一般にも及ぼされ、婦女子の徳行を奨める書として御用ひになつたのである」[13]とあり、「広く一般にも及ぼ」したことだけが記されている。また、『増補改訂西村茂樹全集』では、「本書の刊行は、明治二十年六月、各地の小学校にも下賜された」[14]と記され、『明治神宮叢書』では、「二十年六月に本書が成ると、皇后は天皇・皇太后に献上され、嘉仁親王はじめ皇族、内閣総理大臣以下、諸官に頒賜された。さらに華族女学校の教科書に充てるため、翌年頭に同校生徒に下賜され、後には各女学校にも頒布された」[15]と記されている。前者の「各地の小学校に下賜」という記載は前述の『泊翁西村茂樹伝』の記載に、後者の「各女学校にも頒布」という記載は前述の『明治天皇紀』の記載に、それぞれ則っているものと考えられる。

その他、女子教育史や女性史、皇后研究等における説明では、例えば「華族女学校の教科書として使用されたほか、ひろく一般にも普及されることとなった」[16]「『婦女鑑』六巻が全国の学校に配付され」[17]た、「『婦女鑑』六巻を全国の学校に頒布した」[18]、「華族女学校に下賜されたのち、全国の小学校に配布された」[19]「『明治孝節録』『婦女鑑』をあまねく官署学校に下賜した」[20]「天皇、英照皇太后、皇太子嘉仁ほか、皇族や大臣、宮内省諸官らに配られ、さらに華族女学校をはじめとする各地の女学校へ配布された」[21]などと記載されており、根拠となる出典等は示されていない。

このように、華族女学校への下賜以外に関しては、全国の学校、あるいは小学校、または女学校等に、配布・頒布・頒賜・下賜された等、種々の記載のされ方が見られ、一定しない。なお、「明治二十年六月」に刊行されたという記述がしばしば見られるが、これは『明治天皇紀』の「是の年六月成る」という記述に則っているものと思われるが、刊本の奥付によると、『婦女鑑』の書物としての正式な版権届・出版の年月日は「明治二十年七月二十一日」である。

以上先行研究における『婦女鑑』の下賜と普及に関する記述を細かく見てきたが、その他にも、『幼学綱要』と『婦女鑑』を素材に「望まれる女性像」を検討した論考では、「『婦女鑑』がその後、どのような展開を見せていくのだろうか、具体的にどのようなかたちで普及していったのだろうか」「『婦女鑑』のこれ以後の動向の検討を欠くことはできない(22)」と課題が示されている。

このように、『婦女鑑』の刊行後の扱いや実際の普及状況についてはこれまで詳細には明らかになっておらず、その解明が課題となっているのが現状である。そこで本章では、まず、現在は公開されている宮内庁書陵部宮内公文書館所蔵の出版関係史料に基づき、下賜の状況および印刷発売の形態・印刷部数の推移について明らかにする。さらに、後続の教科書等への影響、再版・翻刻・解説書の状況などを検討し、後世への影響関係について明らかにすることとしたい。

第一節　下賜の状況

宮内庁書陵部宮内公文書館所蔵の「出版録」（内事課〔総務課〕自明治一七年至同四二年）明治二〇年第一号には『婦女鑑』の下賜に関する文書が収められている。この中の「婦女鑑出納簿」によると、「御料本」（一二部印刷）が、天皇・皇太后・皇后・明宮（後の大正天皇）に渡されている。天皇に二部（一八八七年七月一八日）、皇太后（日付なし）と皇后（同年一〇月一八日）に三部ずつ、明宮に一部（同年七月二六日）とあり、『明治天皇紀』の記載とおおむね合致する。残り三部は、しばらく調度局で保管された後、一八九三年二～三月に明治天皇の皇女三名に渡されている。

また、「婦女鑑出納簿」および一八八七（明治二〇）年一〇月七日付け文書によると、「並製本上」（下賜用に一五〇部印刷）が、同年一〇月一三日に、親王四名の他、内大臣・内閣総理大臣・宮内大臣・侍従長・宮内次官・皇太后宮大夫・皇后宮大夫・元田宮中顧問官・編纂者三名（西村宮中顧問官・非職元宮内六等属山田安栄・元侍従六等属加部厳夫）、編纂関係者九名（高崎式部次官・非職元宮内省四等出仕川田剛・侍従三等属伊東祐命・同六等属谷勤・元宮内省御用掛坂田伝蔵・調度局五等属田村清胤・宮内六等属深山広・画工松本楓湖・画工曽山幸彦）の、計二四名に二八部（西村茂樹のみ五部）下賜されている。これらは前述の『明治天皇紀』の記述におおむね合致する。山田と加部は、刊本の編纂者氏名において、それぞれ「校勘」「修文」と記されている人物、高崎と川田は、西村が編纂に当たることとなる以前の段階において関わっていた人物、伊東・谷・坂田は、編纂稿本において「校文」や「翻訳」に当たったという記載がある人物、田村・深山は事務担当官、松本・曽山は挿画を描いた画家である（第Ⅰ部第二章参照）。他に、「婦女鑑拝領願」二種にも宮内省関係者計一三名が記載され、同月一三・一六・二九日に下賜されている。それ以外の下賜先は内務省納本三部、女官に三〇部、華族女学校校長以下へ六部（一八八八年二月四日。後述）、東京盲唖学校に一部（一八八八年三月一七日）、その他宮内省官僚などで、一八九三年二月までの記録で総計九六部支出、残五四部とある。つまり、主な下賜は一八八七年一〇月（華族女学校を除く）に行われ、実際下賜されたのは計九六部（納本、備本、華族女学校校長以下への六部も含む）であったことがわかる。

また、『婦女鑑』は華族女学校（皇后の懿旨により創設。一八八五年開校。満六～一八歳の生徒で構成）の教科書に充てる目的をもって作成されたことが『婦女鑑』序文や『明治天皇紀』（明治二〇年一〇月一三日条）に記されている（第Ⅰ部第二章参照）。『明治天皇紀』の同日の記載には前述の通り「明年一月華族女学校生徒に各一部を下賜す、後普く之れを各女学校等に頒つ、幼学綱要と並び行はる」とあり、また、明治二一年一月二六日条には「皇后、華族女学校に行啓、各科肄業の状を覧たまひ、校長及び教授以下に物を賜ひ、生徒一同に婦女鑑一部宛を下賜せらる」(23)とあることから、一八八八年一月二六日に皇后が華族女学校に行啓し下賜したことがわかる。これは上記「婦女鑑出納簿」や同「出版録」(24)でも確認でき、同校下賜用に印刷された「並製」二五〇部と、「並製本上」六部の計二五六部が、同校・生徒・教員（教員は同年二月四日）に下賜されている。『華族女学校第三年報』（自明治二〇年八月至同二一年七月）、『官報』第一三七二号（明治二一年一月二八日）、学習院大学所蔵「式事録」（華族女学校、明治二一年第一号）、宮内庁書陵部宮内公文書館所蔵「日記」（皇后宮職、明治二一年）、同庁所蔵「学習院女学部沿革志稿抄録」三（「学習院女学部沿革志稿」三〔自明治一八年九月至同二二年七月〕の抄録。臨帝本、一九二七年）にも、同校への下賜に関するおおむね同内容の記載がある。(25)

『明治天皇紀』には「後普く之れを各女学校等に頒つ」とあるが、出版関係史料に下賜先として記録されている学校は、華族女学校と東京盲唖学校のみであり、女学校等への下賜の記録は見当たらない。つまり、『明治天皇紀』でも華族女学校には「下賜」、女学校等へは「頒つ」と表現を分けているように、他の女学校等に対しては「下賜」は行われていないのではないかと考えられる。先行研究における『婦女鑑』に関する記述において、全国の小学校その他に頒布・配布、といったような説明が見られる要因の一つは、前述の通り山田安栄の回想およびそれに則って記されたと思われる『泊翁西村茂樹伝』の記載によるものと思われるが、山田が『幼学綱要』と『婦女鑑』の二書をまとめて説明していることから、『幼学綱要』同様の下賜（以下を参照）が『婦女鑑』にも行われたと解釈されたのではないかと考えられる。

『婦女鑑』と同じく皇后の内意によって編纂された『明治孝節録』（一八七七年）では、下賜の合計部数は二三九部

（内訳は皇族一一、大臣参議九、宮内省中九九、勅任五五、府県三八、麝香間二七）で、宮内省内でも比較的幅広く、宮内省外でも、政府高官、関係各省、陸・海軍、各府県など、かなり広範囲に下賜している。(26)『幼学綱要』では、先行研究によると一八八二年一一月に親王や政府高官および編纂関係者に、同年一二月に地方長官に下賜された後は、宮内省への出願が原則とされ、出願者の増加に伴い、翌年下賜・下附の規則・細則などが定められた。(27)つまり当初の下賜先は限定的であったが、その後下賜・下附の部数が増え、一八八八年までの合計は下賜三万二七三七部、下附八六三一部となっている。(28)

これに比して見ると、『婦女鑑』の下賜先は、上述のように主に皇族・宮内省関係者・編纂関係者と華族女学校であり、狭い範囲に限られていたことがわかる。特に、『明治孝節録』も『幼学綱要』も各府県に下賜されているが『婦女鑑』では行われていない点が注目される。

第Ⅰ部第二章第一節でも見た通り、『明治孝節録』は、もともと皇后が新聞紙等から善行記事を抜粋収集させていたことに端を発し、一八七三年の皇居の火災でこれが焼失したものの、福羽美静（二等侍講）が皇后の内旨を受け「官府賞与の簿冊等」から記事を収集、近藤芳樹（文学御用掛）が整理作文して成立したもので（序文）、おおむね江戸期から明治初期の三五府県にわたる当代の庶民の話で構成されている。(29)同じ列伝形式をとっていても、古代からの和漢洋の女性の話で構成された『婦女鑑』とは性質が異なる。宮内省では『明治孝節録』の続編を企画し、刊行の約半年後の一八七八年五月に、「維新後之善行美蹟」を同年一〇月までに取り調べるよう各府県長官あてに内達し、(30)少なくとも二四府県から取調書が提出された。(31)勝又基も指摘するように、『明治孝節録』自体の編纂方式とは異なるものの、その刊行のわずか半年後に各府県から善人を書き上げさせる形式で続編が申し渡されたという「続編の編集方針は、言ってみれば『孝義録』と同じような方法（『官刻孝義録』〔一八〇一年〕編纂時に幕府の命により公式かつ大規模に説話が収集されたような方法―引用者註）に戻っている」[32]。つまり、『明治孝節録』が各府県に下賜されたことは、少なくとも下賜時には宮内省側が地方との関わりを強く意識していたことの表れであり、それが宮内省主導で事例を収集させた続編への取り組みにも見て取れるといえるであろう。

また、『幼学綱要』は、元田永孚が起草し一八七九年に「聖旨」として政府内で示された「教学大旨」「小学条目二件」の趣旨を具体化したものである。「教学大旨」では、近頃の「智識才芸」のみを尊ぶ傾向を批判し、祖宗の訓典に基づき「仁義忠孝」を明らかにすることを本として重視すべきことを示し、「小学条目二件」第一項では、このためには古今の忠臣・義士・孝子・節婦の画像・写真を掲げて概略を説明し、幼少時に脳髄に感覚的に覚えさせることが必要とした（第Ⅰ部第二章参照）。この趣旨を具体化した『幼学綱要』が「天皇の命により編纂された道徳の基本として、国民全体に示されることが何よりも大事と考えていた」元田は、「その効果的な下賜の方法にこだわ」り、「一八八二（明治一五）年一二月の地方長官会議に上京した地方長官参内の折に、下賜することになるのであった。児童教訓書を単に学校及び教育関係者に限定することなく、地方政治の実権を握る地方長官に下賜する方式は、元田等の教学思想に基づくことであった。国民の教化こそ政治の基本とする彼等の思想に裏付けられてのことであった」[33]とされる。

これらと比較すると、『婦女鑑』は各府県等に下賜する性質の書ではなかったということになる。女子用の書物ということもあろうが、それにしてもあくまで華族女学校の生徒向けに提示された書物であったと見ることができる。これには、当時の宮内省をめぐる状況も関係していると思われる。第Ⅰ部第二章および第Ⅱ部第二章でも述べたが、『婦女鑑』は、もともと『幼学綱要』編纂関係者が関わる形で一八八一年頃から企画が始まり、当初は漢学者川田剛が編纂の長となったものの、一八八四年一〇月には当時洋学者として宮内省に取り立てられていた西村茂樹に編纂が命じられた。[34]この当時は、同年三月に伊藤博文が宮内卿に就任して皇室・華族・宮内省に関係する各種改革を行い、[35]また翌年の華族女学校の開校に向けて校舎建築も始まり、[36]伊藤は、約一〇年間の留学経歴のある大山捨松に同校設立の準備委員を依頼している。[37][38]いわゆる鹿鳴館時代で、皇室の近代化・欧米化が目指されていたこのような状況の中で『婦女鑑』は編纂された。『婦女鑑』が内容的に和漢洋の、特に半数近くは西洋の女性を取り上げ、孝・貞（婦道）・母などに限らない、当時の女子用修身書としては多様な徳目を採用しているという特質は、[39]このような背景にも関係していると考えられる。ところが、『婦女鑑』が完成し（一八八七年七月版権届・出版）、上述の下賜（同年一〇月）および華族女学校への下賜（翌一八八八年一月）が行われた時期には、編纂時とは状況が微妙に異なっており、一八八七年九月の外務大臣井上馨の辞任等を契機に、欧化政策は下火へと向かい、伊藤も同月宮内大臣を辞任、欧化色はしだいに抑制され批判の鎮静化が図られた。[40]このような欧化主義批判の時代に向かう状況において、欧化政策推進の時代に華族女学校の生徒向けに編纂されたという成立事情を持つ『婦女鑑』は、各府県や全国の女学校等への大々的な下賜といった、華族女学校を越えての政策的な道具としては使用されなかったのではないかと考えられる。[41]

第二節　印刷発売の形態と部数

宮内庁書陵部宮内公文書館所蔵「婦女鑑　明治孝節録　出版録」（図書寮、自明治二〇年至同四四年）には、『婦女鑑』の印刷・出版・発売に関する一八八七（明治二〇）年一〇月から一九一一年二月までの文書が収められている。つまり、主な下賜（華族女学校を除く）が行われた一八八七年一〇月以降の状況を知る大きな手掛かりとなるものである。

まず、同年一〇月二九日付けで吉川半七（後の吉川弘文館）から宮内省調度局宛に、以下のような「御願書」が提出されている。

一御省御蔵板婦女鑑彫刻製本等之御用被仰付難有仕合ニ奉存候、就而者乍恐右御書ハ婦女子之宝鑑ト被存候ニ付、自然御発売御許可相成義モ有之候得バ、前年御許可相成候明治孝節録同様何卒私へ発売被仰付度、然ル上ハ御成規ハ勿論如何様之事タリ共遵守仕、聊不都合無之様可仕候間、此段偏ニ奉懇願候也[42]（読点筆者）

吉川半七は、一八七九年内閣書記官岡三橋の推挙により御用書肆となり[43]、以後宮内省蔵版のさまざまな書籍の印刷に関わり、『幼学綱要』の印刷も請け負っていた書肆である。『婦女鑑』についても、前述の御料本や下賜本の印刷はすでに吉川が行っていた。以前から『明治孝節録』の印刷発売は吉川に許可されていたが、これと同様に『婦女鑑』の印刷発売も許可願いたいと吉川が申し出たことがわかる。宮内省では、一八八七年一一月二日付けの省内文書（欄外には朱書で「宮内大臣ヨリ伺済」「十一月十四日」との記載あり）にて大臣決裁がなされ、これを許可している。このような早い段階での発売許可は、『幼学綱要』の場合とは対照的である。『幼学綱要』では、下賜・下附の手続きを宮内省が行い、各地から翻刻願や分版願などが出されてもこれを許可しなかった[44]。また、吉川が発売することも、かなり長期にわたって（少なくともほぼ明治期には）許可されていない（後述）。『婦女鑑』は『幼学綱要』の補遺ではあったが、宮内省としては扱いを『幼学綱要』と同一にせず、一般への自由な普及の手段を当初から妨げなかった。『明治孝節録』が発売許可されていたことを考慮すれば、三書の中ではむしろ『幼学綱要』の位置付けが別格であったと考えられる。

『婦女鑑』の初版本は和装六冊（木版印刷）で、発売許可を受けて吉川から宮内省に提出された「御請書」（一八八七年一一月一九日付け）によると、定価は一円、発売価は七五銭、吉川が宮内省に納める税は一部につき一〇銭（定価の一割）であった。『女学雑誌』第九七号（一八八八年二月一八日）には早くも『婦女鑑』に関する批評が載っており、二月にはすでに発売されていたことがわかる。なお、この批評では、「載する所ろの名女凡そ一百二十人之を和漢洋の三国より採り且つ之を孝女、烈女、貞婦、賢母、女丈夫、等に分ち撰択宜しきを得区分整然として調ひ文章質朴図画精密近刊の女学書類中第一の出来と存ずるが故に恐れ乍ら上み　皇后宮の御心に適ひ下も多くの女学生之によりて高意を奉体するの有がたきを得べきを祝し謹んで編者に其の能く命を尽されたることを謝す」として、近刊の女学書の中では第一の出来であると評している。ただし、批評の後半では「但し吾人もし此書をして更に弥よ金玉の書たらしめんが為に不肖を忘れて敢て考ふるところを直言せば」とした上で、三つの遺憾《うらみ》を述べている。第一は、最も有名な西洋の話が欠けており、不足であること、第二は、和漢洋の名女を集めた形式の書を作る時には、編者の評言を加えないのは不便であること、第三は、文章に生気がなく字が横寝していて、絵も豊満の気に乏しいこと、である。しかし最後では「然れども此書の如きを他に求むるに未だ一つをも得べからず多くの女学生宜しく一集を購つて聖意のある所を奉謝あるべき也」と結んでいる(45)。

吉川半七はこの時期、この『女学雑誌』（同年三～六月）の他、『時事新報』（同年三～四月）、『教育報知』（同年四～五月）にも『婦女鑑』の広告を盛んに掲載している。その文面には「既ニ本年一月　皇后宮ヨリ華族女学校ノ生徒ヘ御下賜相成リ実ニ婦人ノ課読又ハ修身口授用書トシテ其徳性ヲ涵養スルニ於テ最モ有益ノ書ナリ今般弊舗ニ於テ発売ノ御許可ヲ蒙リ候ニ付婦人ハ勿論苟モ婦女教育ニ志アル諸彦ハ必読アランコトヲ切望スル所ナリ」とあり、「課読」や「修身口授用書」としての使用が想定されていたことが窺える。

印刷発売の手続きにおいては、まず「御願書」や板木の「御預書」が吉川から宮内省に提出され、その後「御板税」（「印税」「検印料」）納付の際に納付書類が提出され、それが宮内省内で内蔵寮へ納入されて領収書類が発行される、ということが行われていた。これらの文書の内容を検討し、記載された印刷部数を集計することによって、『婦女鑑』がどのような形で、どの程度印刷発売されたのかがわかることになる。

このうち、巻別に発売する分として印刷されたもの（一八八八年の一〇〇部）があるのは、発売の形態として注目し得る。同年六月に吉川半七が巻別発売を願い出た「御願書」には、

一御蔵板婦女鑑発売之儀、先般御許可ヲ蒙リ難有奉存候、就テハ右御書全六冊一部ニテ発売仕居候処、学校生徒等ニテハ一時ニ全部ヲ購求候都合ニ相成兼候事情モ儘ニ有之、其ノ課程ニ応シ必要之部分ノミ購求致シ度希望之向追々御座候ニ付、別記之定価ニ割合一冊宛発売仕度、右御免許被下候得バ、購求者ノ便利ノミナラス随テ教育上一層之裨益ト奉存候間、何卒御聞済被成下度候、此段奉願上候也(46)（読点筆者）

とあり、巻別発売の理由として、学校生徒等が六冊を一度に購入しかねる事情もあって課程に応じて必要部分だけ購入したいという希望があるため、一冊ずつ発売できれば購入者に便利なだけでなく教育上の一層の助けになる、ということがあげられている。

また一九〇五年から縮刷（洋装一冊、菊判、活字印刷）が出されることとなったのも注目に値する。吉川半七(47)から宮内大臣宛に提出された「婦女鑑縮刷之儀ニ付願」（同年八月付け）には、

御省御蔵版婦女鑑私方へ製本発売仰付被下忝ク奉存候、従来御書ハ各府県下ノ諸学校ニ於テ女子修身ノ参考書トシテ備ヘ置カレ候、然ルニ今日女子教育ノ最モ盛大ニ相成リタル時ニ際シ、皇后陛下ノ懿旨ヲ奉戴仕婦女徳性ノ涵養ヲ奨励致スベキ事ハ最モ必要ト存候、就テハ文部省修身書中ニモ婦女鑑参考云々ノ事見エ申候如ク、御書ヲシテ普ク世ニ及ボシ女子修身ノ参考ニ供シ度存居処、近頃諸学校ニ於テ婦女鑑縮刷ノ上価額低廉ニシテ容易ク生徒等ニ購ヒ得ラルベキ様希望之由承リ及ビ候、因テ今般御書縮刷致シ世ニ普及ヲ計リ度存候間、先年万葉集古義

縮刷ノ例ニ傚ヒ特別ノ御詮議ヲ以テ御書縮刷ノ儀御許可被成下度、此段御願ニ及ヒ申候也[48]（読点筆者）

とある。この文面から、『婦女鑑』が従来諸学校において女子修身の参考書として備え置かれていたこと、当時女子教育が盛んになってきていたこと、文部省修身書中に『婦女鑑』の記載があること、最近学校から『婦女鑑』を縮刷して廉価にして生徒等が購入できるようにという要望があることなどがわかる。この「文部省修身書」とは、文部省『高等女学校用修身教科書』（文学社、一九〇一年）のことを指していると思われる。巻一の凡例には、「本書は実例を省きたれば教師は生徒の境遇年齢地方の風俗習慣等を斟酌して教訓の本旨を覚らしむべし」とあり、「左に実例を集めたる二三の書目を示さん教師は是等及び他の類似の書に就き適当なる実例を選択すべし」「一婦女鑑　宮内省蔵版」「一幼学綱要　同」「一明治孝節録　同」「一ひめ鑑　中村惕斎著」「一西国立志編　中村正直訳」「一彰善会誌[49]」と六書の記載があり、教師が実例をあげる場合に『婦女鑑』が用いられたことが考えられる。この教科書は、高等女学校用の「修身教科書がないという現実やこの（一九〇〇年の全国高等女学校長協議会—引用者註）建議を受けて、急遽編集されたものであった。おそらく、民間において修身教科書を執筆する際に、一つのモデルになるようにという意図で出されたものであろう」といわれ、以後も他の検定教科書と比べて広く使われたものである[50]。ここに書名が記載されたことは、影響力があったのであろうと思われる。この縮刷の願い出は、宮内省内文書「婦女鑑縮刷之儀ニ付伺」（図書寮立案、一九〇五年九月一二日付け）で大臣決裁され許可された。その文面にも、

本省蔵版婦女鑑之儀ハ従来製本並ニ発売トモ書肆吉川半七へ申付有之候処、近頃本書ハ諸学校ニ於テ女子修身科ノ参考書ニ供セラル、趣、依テ生徒等ノ需用追々増加ノ傾向ニ候処、右売価額ハ一般ノ教科書ニ比スレハ少シク高額ニ有之候ニ付、生徒ノ需用上容易ク購入相成兼候情態ニ有之候由相聞エ候処、此際吉川半七願出ノ如ク該書ヲ縮刷シ冊数ヲ減少シ売価モ低廉ニ致シ候ハヽ、頗ル購求者ノ便益ト為リ、将来益婦女徳性ノ涵養普及致シ

皇后陛下ノ懿旨ニ副ヒ奉ルヘクト被存候[51]（読点筆者）

とあり、ここからも、『婦女鑑』が当時、女子修身科の参考書となり生徒等の需要が増加の傾向にあったこと、一般の教科書に比べて少し高額で生徒が容易に購入できかねる状態でありそれを改善しようとしたことがわかる。吉川が提出した縮刷の「仕様書」には、「全壱冊　洋本製　惣クロース綴金文字入」「四号活字」「定価金五拾銭トス」とあり[52]、定価がそれまでの半額となるように企画されたことがわかる[53]。「女子教育ノ最モ盛大ニ相成リタル時」でしかも「文部省修身書」に記載された影響があったであろう時期に、廉価にして普及を図ろうとしたことが窺われる。さ

表6　『婦女鑑』年次別印刷部数（下賜分を除く）

年	部数	備考
1887	1,000	
1888	1,100	1冊ずつ(巻別)発売分100部を含む
1889	0	
1890	0	
1891	200	別に巻一・二各150冊印刷あり
1892	100	
1893	100	別に巻一・二各100冊印刷あり
1894	100	
1895	0	
1896	0	
1897	50	別に巻三50冊印刷あり
1898	0	
1899	0	
1900	0	
1901	60	
1902	0	
1903	0	
1904	200	
1905	1,000	縮刷
1906	1,500	縮刷
1907	109	和装縮刷
1908	200	縮刷
1909	700	縮刷
1910	200	縮刷
1911	200	縮刷・2月まで
計	6,819	

註　1906年まで（1888・1905年を除く）は原則として願書または検印願，以後は検印料納付書類記載の年次ごとに集計．

らに和装の縮刷（一冊に二巻分を収めた和装三冊、活字印刷）も出された。一九〇七年の検印料納付書類に「和装縮刷」とあり、一部当たりの税額が八銭五厘であることから、[54]定価は八五銭であったようである。

このように、『婦女鑑』ははじめ全六冊の和装本として発売されたが、その後学校生徒が購入しやすいように、巻別発売が行われたり洋装や和装の縮刷が出される等、その発売の形態も変化していったことがわかる。

また、印刷部数を年次別に集計して概観すると（表6）、発売当初は一〇〇〇部単位で印刷されたが、以後しばらくは年一〇〇部程度および巻別発売分が補充される程度で推移したこと、一八九五年から一〇年弱の間にはほとんど新たに印刷されないような状況が続いたことが読み取れる。これは、当時の女子教育の動向とも連動していると考えられる。「明治十年代から二七、八年頃までは女学校を設置しては数年で廃止したり、女子師範と合併するような例が各地で見られ[55]」「明治二〇年代半ばになっても、女子教育は低迷し続けていた。（中略）明治二〇年前後の鹿鳴館時代に一時的に女子教育に関心がもたれたものの、総体としていえば、一部の熱心な女子教育家を除いて、女子中等教育は教育世論上も教育政策上も、ほとんど無視されていたといえるだろう[56]」と評されるような状況であった。その後、日清戦争後から一九〇〇年頃に「小学校の女子就学率が飛躍的に上昇し始め」、「この女子就学率上昇に連動して、中等教育希望者も増加してゆくことになる。この時代的雰囲気の中で、明治三二年、高等女学校令が公布され[57]」、全国に公立の高等女学校が次々と設立されていった。このような状況の下、上述のように、一九〇〇年の全国高等女学校長協議会での建議を受けて、急遽文部省の『高等女学校用修身教科書』が編集され、その凡例に『婦女鑑』の書名が掲載されたのである。『婦女鑑』の印刷部数の推移を見ると、一九〇五年に縮刷が出されて以降は、それまでに比べて印刷部数が増加している傾向が見受けられる。これは、このような流れの下に発行された文部省の修身教科書に『婦女鑑』の書名が記載されたこと、そして先に見た通り、これに付随して廉価になって購入しやすくなったことなどの影響が大いにあったのではないかと考えられる。

なお、一九一一年二月以後の印刷部数は現在のところ不明であるが、[58] それまでに印刷された下賜以外の部数を合計すると、六八一九部となる。刊本の初版および後の版の発行年月日（一八八七年七月二二日版権届・出版、一九〇五年一二月一五日二版、一九〇六年五月一五日三版、一九一二年六月二〇日四版〔五版の記載による〕）と照合すると、これは三版の途中までの分ということになる。さらに前述の御料本と下賜本を加えると、一九一一年二月までの印刷部数総合計は七四八一部となる（表7）。

表7　『婦女鑑』印刷部数総合計（1887〜1911年2月）

御料本		12
下賜用	並製本上	150
	並製本	250
下賜以外	六冊揃，縮刷，和装縮刷	6,819
	巻別印刷分における巻一印刷数	250
合　計		7,481

註　巻別印刷分については，巻一印刷数のみを部数に計上した．

このように、『婦女鑑』では、吉川半七からの発売をすぐに宮内省が許可する方針をとったため、当初の下賜後は早い段階からもっぱら吉川半七経由で普及が図られていった。これは、下賜・下附の手続きを宮内省が行い長期にわたって発売が許可されなかった『幼学綱要』とは対照的である。従来、先行研究においては、主に後世（昭和期）の『幼学綱要』の奥付の記載を基に、『幼学綱要』は一八八七年七月から吉川によって発売されるようになったと考えられていたが、[59]『幼学綱要』の発売（以下に示すような、同書の経語部分の解説のみを掲載した著書を除く）はほぼ明治期にわたって許可されていなかったようであることは、[60] 以下の複数の宮内省文書によってわかる。まず、『幼学綱要便蒙』[61] という著書の出版願が秋田県知事経由で出された際の、一連の宮内省内文書（図書寮立案、一八九四年四月一六日付け、同五月一日付け等[62]）である。そこでは、「右幼学綱要之儀ハ、当省蔵版中本版ニ限リ特ニ下賜セラル、ノ分普通発売ハ許可セラレサルモノニ付、一層注意ヲ要スヘキモノ」

とし、単に経語の解釈に止まれば差支えないだろうが編纂の体裁が『幼学綱要』と類似すれば版権を侵害し不都合、とのことで、原稿を提出させて検閲、その結果、「編纂之主義全ク経語ノ解釈ニ止マリ」、障碍がないことが認められるということで、許可している（同年五月八日付け）。『幼学綱要』のほとんどを占める例話部分の掲載がなく、各徳目冒頭に列挙された経語の解説のみで構成された著書のため、例外的に許可されたようであるが、当時『幼学綱要』自体は一般発売が許可されていなかったことが上に引用した文面からわかる。

次に、吉川半七から宮内省に『幼学綱要』発売の願出書が出された際の、宮内省内文書「幼学綱要発売許可之儀伺」（図書寮立案、一九〇一年一〇月付け）[63]である。

本省蔵版幼学綱要ノ儀ハ去ル明治十四年ノ出版ニシテ本書ハ当時　思召ヲ以全国一般ノ小学校へ下賜セラレ蔵中此書ニ限リ非売品ニ有之、然ルニ其已来今日ニ至リ候テハ稀ニハ新設ノ小学校又ハ中学校ヨリ参考書トシテ拝戴ノ儀願出其時々書へ命シ製本ノ上下賜セラレ候手続ニ有之候処、今般書肆吉川半七ヨリ別紙ノ通発売願出、右ハ当省蔵版中ノ内本書ト稍同様ナル婦女鑑ノ如キモ先年来既ニ発売被差許候ニ付、本書ニ於ケルモ婦女鑑ト同シク同人へ発売被差許候ハヽ、国民拝読ノ希望モ容易ニ相達シ且ツハ教育普及ノ趣旨ニ相適ヒ可申候間、此際願之趣聞届候方却テ得策ニ可有之ト被存候、依テ指令案ヲ具シ此段相伺候也（読点筆者）

とあり、その指令案としては「願之趣聞届ク」と立案され、さらには『婦女鑑』で「板料」（売価の一割）が宮内省に納められているのを『幼学綱要』で免除すれば「其金額ハ売価ノ内ヨリ減少セシメ購読者ノ便宜ヲ得セシムル事ニ可相成」ということで、参考のために「板料」免除の有無を比較した価格表を書肆に提出させている[64]。しかし、結局「不裁可、廃案」となり[65]、吉川の願出書は一二月八日（翌年と思われる）に吉川に返却されている。つまり、吉川の願出の通り『婦女鑑』の例に倣って発売を許可する起案がなされたが、上層部において不可になったものと思われる。この文書からは、さまざまなことがわかる。すなわち、一九〇一（明治三四）年の時点でもまだ『幼学綱要』は「非売品」であったこと。稀には新設の小・中学校から願出があり時々吉川に製本させ下賜していたこと。さらに、『婦女鑑』と同様に吉川に『幼学綱要』の発売を許可すれば「国民拝読ノ希望」が容易に達せられ「教育普及ノ趣旨」にかなう、と記されていることから鑑みると、逆にこの時点では『婦女鑑』は『幼学綱要』に比べて、吉川に発売許可がなされていることによって「国民拝読ノ希望」が容易に達せられ、「教育普及ノ趣旨」にかなっていた状態にあった、とも考えられるということである。この時点での『幼学綱要』の発売不可の理由は不明であるが、[66]とにかく当初の下賜から二〇年経った時点でも『幼学綱要』の発売は宮内省が簡単には許可できない性質のものであったことが読み取れる。

もう一つは、宮内省内で、大臣官房総務課からの照会を受けて図書寮が「宮内省蔵版書目」を調べて総務課宛に回答した際の文書「宮内省蔵板書目之義総務課へ回答按」（一九一〇年五月九日立案、決裁日の記載なしだが同日付け文書に契印あり）[67]である。「宮内省蔵版書目」が列挙された後に「備考」として、原版が図書寮に収蔵されている一四種中、「書肆ニ出版発売ヲ許可シタル書目ハ左記三種ニシテ其検印料ハ定価ノ一割ヲ徴収シ来レリ」とし、「明治孝節録」「万葉集古義」「婦女鑑（縮刷）」[68]の三書をあげている。つまり、一九一〇年五月の時点でも『幼学綱要』は書肆に発売が許可されていなかったということがわかる。

このようにほぼ明治期を通じて一般発売が許可されなかった『幼学綱要』は、扱いが別格であったと考えられる。これに比べ、『婦女鑑』の場合は、第Ⅱ部第二章で述べたように、限定された範囲の子女を対象に示されたものであったため、華族女学校への下賜で、その目的を達していた。そのため、広く下賜は行わず、しかも『幼学綱要』のように願出による下賜・下附だけに限る状態にしておく必要性も特になかったと思われ、吉川半七の求めに応じて、宮内省は、同じく皇后の内意により編纂された『明治孝節録』の前例と同様に販売を許可したと思われる。結果として『婦女鑑』は、当初から吉川半七を通じた販売がなされたことによって、逆に自由な形態と流通の下に普及が図られることとなった。これによって『婦女鑑』は、華族女学校への下賜品という範囲には止まらず、学校等からの実際の要望に応えて形態を変えて販売されていくことが可能となった。印刷部数のうち学校・生徒に販売された割合は不明であるが、上述の通り、学校関係者や生徒が吉川から購入していたようであったことは窺える。(69)ほとんど印刷されなかったような時期もあったが、後の文部省修身教科書への記載の影響や、その背後にある女子教育の隆盛の傾向とも相まって、これらに対応する形で廉価な縮刷が発売され、再び印刷部数が増加するという展開となったのである。

第三節　後続の教科書等への影響

1　修身教科書等への影響

『婦女鑑』自体が修身科の教科書または参考書として使用された記録としては、東京府が一八八八（明治二一）年七月二一日に定めた「小学校教員参考用図書」（東京府達第三八号）の「尋常小学科　高等小学科　修身科ノ部」に書名の記載がある。(70)『時事新報』（同月二四日）や『教育報知』第一二九号（同月二八日）には、吉川半七が『婦女鑑』を含めた五種の採用教科書を「東京府小学校教科用書広告」として掲載している。茨城県内各郡市小学校で使用の修身科用図書類（茨城県学務課、一八九一年調査）にも書名がある。(71)また「公私立高等女学校教科用図書取調表」（一八九三年一二月現在、女子高等師範学校、一八九四年一一月発行）に掲載の一八校のうち四校（京都府高等女学校・福井県高等女学校・鳥取高等女学校・私立尚絅女学校〔熊本〕で『婦女鑑』を採用している。加えて、「各地尋常師範学校女子部教科用図書取調略」（女子高等師範学校調査。『女学雑誌』第四〇七号〔一八九五年二月二五日〕）に掲載の一一校のうち、栃木県尋常師範学校女子部で『婦女鑑』を採用している。

一方、『婦女鑑』の華族女学校における実際の使用状況は不明である。ただし、第Ⅱ部第二章でも述べた通り、一八八八年七月から同校校長となった西村茂樹は、翌年に華族同方会で華族女学校教授上のことについて演説した「貴女の教育」の中で、「往きに　皇后宮の御命を蒙り婦女鑑と云へるを取調たることあり、即ち各国婦女の言行等を本邦女児に照し見たるに、古来本邦の女児は余程善良なる所あり、（中略）其徳性を有し居ることは少なからず、然れば今や其固有の徳性を堕さざることに注意すれば可なり、別に又他邦を学ぶに及ばんや」と述べている。つまり西村は、『婦女鑑』編纂の過程で、日本の女児の徳性は外国にも劣らないということを思うに至ったのである。そしてその徳性を保守するための経典としては「四書を基本として其他の儒書中より選抜せんと欲す」と考え、「川田文学博士と議り、先づ四書摘の一書を出版し、之を中学科の教科書に用ふることと定めたり」と述べている(72)。『四書摘』〔華族女学校蔵版、一八八九年〕の内容は論語・孟子・大学・中庸からの抜粋で、これを華族女学校の中学科〔現在の中学・高校段階に相当〕の教科書に用いることにしたというのである。西村は一八七七年に文部大書記官として第二大学区を学事巡視した時代から、修身を口授のみで済ますのは不適当とし、四書の効用も述べていた(73)。川田博士とは、太政官修史館を経て、宮内省文学御用掛・宮中顧問官等を務めた漢学者川田剛のことで、華族女学校には一八八九年から一八九五年まで「御用掛」や「修身科授業嘱託」として在職した。さらに、西村の後任の校長細川潤次郎〔一八九三〜一九〇六年在職〕は、就任の翌年『女四書』〔女誡・女論語・内訓・女範〔または女孝経〕を集めたもの〕について一八八九年の講話を行い、「女四書は女子修身の為には好書なり」と述べている(74)。この細川校長時代にも、華族女学校では『小学摘』(小学からの抜粋。一八九四年)および『訓蒙経語』(十三経からの抜粋。川田剛編、一八九五年)をそれぞれ編集・発行し、修身教科書として使用していた。また川田退職後は、同じく太政官修史館に勤めた経歴がある漢学者、四屋恒之が「修身科及漢文科授業嘱託」として在職した(一八九六〜一九〇六年)。なお、学習院と併合後の一九一一年には、『教学聖訓』(学習院や華族女学校等への勅諭・令旨・御歌、国民一般向けの勅語・詔書等を集めたもの)が学習院女学部でも編纂され、毎日必携で修身の教材としても使用され、「訓育の根底をなすもの」とされていた。[75] これらを総合すると、華族女学校における修身教授の中心は経書や詔勅類などであったのではないかと推察される。前述の西谷成憲も、同様に西村の演説内容を取り上げて、『婦女鑑』は「華族女学校においても、女児の徳育の要となる書にはなりえなかったと思われる」と推測し、その理由として、西村の論語を基礎とした修身教授観に加えて、洋服着用から和服着用可への服装規定の改変や教育課程の改正(一八九一年)等に見られる「欧化主義的な様相から旧来の日本婦人の美風重視の方向性」[76] へという同校の教育方針の変化をあげている。[77] これらの点も含めた、西村の思想や華族女学校校長としての教育方針と『婦女鑑』との関係については、第Ⅱ部第二章で論じたのでここでは詳述しないが、西村は、上述した以前からの修身教授観に加え、『婦女鑑』編纂を通じて抱いた、日本の女児の徳性は外国に劣らないという感慨、および欧化主義的風潮の極まりを目の当たりにしての自身の思想の力点の変化や、本章第一節でも述べたような欧化主義批判の時代状況にも沿う形で、華族女学校においては日本の美風重視へという方向の改革を行い、経書類中心の修身教授の方針をとろうとしたと考えられる。

なお、華族女学校の学監を長年務めた下田歌子が、『婦女鑑』の話を比較的多数掲載した、教訓読物(『外国少女鑑』一九〇二年)および国語教科書(『新撰女子国文教科書』同年)を著している(後述)。これが華族女学校や他の女学校等(下田は一八九九年に実践女学校を創設している)において使用または生徒等によって読書された、という可能性を考えると、『婦女鑑』そのものではないが、華族女学校への同書の下賜が、間接的に後に影響を及ぼした例として指摘することができると思われる。

次に、後続の修身教科書等への影響としては、列伝形式の書物を研究した徳田進が、「『婦女鑑』は、後次の女子修身書や女子教訓読物に大きく影響した」と指摘している。これは、女子用修身教科書や女子教訓読物の中に、和漢洋の例話で構成され『婦女鑑』と同じ人物を扱った例話も比較的多く掲載されている書が出たことや、「婦女鑑出現以前の女子伝記物と比べると、鑑の銘を附すものが多く」なったことなどを指している。[78] 書名から女子用修身書の傾向を年代別に類型化した片山清一も、『婦女鑑』ほか後述の『女子修身鑑』『日本女鑑』『帝国女子修身鑑』『女徳宝鑑』等をあげて一八八七〜一八九四（明治二〇〜二七）年を「鑑型」と分類している。[79] ただし徳田によると、「一度は婦女鑑によって総合された新旧の二潮流も」、日清・日露戦争という時運を背景として、近世以来の伝統的路線を延長して日本主義を打ち出したものと、欧米の女性を紹介したものの「二分派」に以後は分かれていったという。[80]

『婦女鑑』の影響が先行研究で指摘されているものには、まず山井道子編述『女子修身鑑　訂正高等教科用書』（山井道子、一八九三年〔一八九一年出版の書を改編したもの〕）がある。『婦女鑑』の「影響物としては、これほど思想と編集の態度において近いものはない」と徳田進が指摘する通り、和漢洋の例話で構成され、『婦女鑑』と同じ人物を扱った例話を四二話掲載、『婦女鑑』と類似した挿絵があるなど、明らかに『婦女鑑』の影響を多大に受けているものである。また、風当朔朗編『日本女鑑』（文学社、一八九三年訂正）は、日本の例話のみの構成であるが、「修身諸徳」として日本弘道会要領の内容が掲載されるなど、西村の影響が認められる書である。「明治皇后陛下の美蹟」の文中に『婦女鑑』の書名の記載があり、『婦女鑑』と類似する挿絵も認められ、前述の徳田も「婦女鑑の影響下に成立したものと言える」と指摘している。[81]

一般に修身教科書では例話の出典名が記載されていないことが多いため、明らかな特徴がある場合以外は出典を特定するのは難しい。また『婦女鑑』の例話自体、さまざまな著書から採用されている(82)。そのため、『婦女鑑』の直接的影響を確認することは難しい。ここではおおよその傾向把握のため、『婦女鑑』を構成する例話のうちどのような例話が後世の教科書にも掲載されているのかを参考に見ておく（以下、例話名は『婦女鑑』、徳目名は刊本に記載がないので編纂稿本による）。

まず、当時高等小学校・（高等）女学校・師範学校女子部などで使用された一八九〇年代の女子用修身教科書七書(83)を見ると、「稲生恒軒妻波留子」（婦道）、「鐘尾ふで女姉妹」「二村清助妻衛女」（以上勤倹）、「楠正行母」（母道）、「紫式部」（才学）の話が六書に、「福依売」（孝行）、「瀧長愷妻」「佐璵女」「三宅重固妻田代氏」（以上婦道）、「鈴木宇右衛門妻」（慈善）、「成田喜起母福島氏」（母道）の話が五書に、「富女」（友愛）の話が四書にある。これらの教科書においては、上述の山井道子本を除き、主に日本の例話が採用された。これは、基本的には高等小学校の女生徒用に作成されていたことから、一八九一年一二月に出された「小学校修身教科用図書検定標準」で例話はなるべく本邦人の事蹟にするようにとされたこととも関係していると考えられる。『婦女鑑』と同じ人物を扱った例話としては、「婦道」「勤倹」「母道」等に関する日本の例話が多く掲載されていることがわかる。

当初（高等）女学校では、以上のような女子用修身教科書や、論語・小学・孝経といった経書、教育勅語の衍義書等が修身教科書として使用されていたが、一八九五年からは、高等女学校の修身教科書として作成されるものは検定制となった。最初の検定合格教科書である井上円了『中等女子修身書』（集英堂、一九〇一年訂正再版）では全五巻のうち巻一・二の各課に例話が配されていた。しかし、例話を省いた前述の文部省『高等女学校用修身教科書』（一九〇一年）が出、また一九〇三年に規定された「高等女学校教授要目」の「教授上の注意」では「格言例話ヲ引用スルニハ必シモ其ノ多キヲ求メス努メテ現代ノ時勢ト生徒ノ境遇トニ適切ナルモノヲ選フヘシ詭激ナル例話ハ成ルヘク之ヲ避クヘシ」と、必ずしも多くの例話は必要なく、現代の時勢と生徒の境遇に適切なものを選び、過激な例話は避けるよう指示された。つまり、文部省教科書の形式が模範になり、さらに教授要目の注意事項にも沿う形で以後の教科書が追随したと見られ、昭和期まで、基本的には例話が少ない形式が中心であった。教授要目制定後は基本的にその内容（例えば一九〇三年の教授要目では、生徒心得、衛生・修学・朋友・起居動作・物品・家庭・国家・社会・修徳についての心得〔第一・二学年〕、自己・家族・社会・国家・人類に対する責務〔第三・四学年〕）が盛り込まれた解説中心の内容で、人物名の列記や例示等があっても、必ずしも女性でなく男性名も多くあげられている。各女学校沿革史を見ると、実際の修身の授業では、教育勅語や戊申詔書の暗記、教科書の内容の解説と嘉言善行の教示、校長独自の話などが行われていた。前述の通り『婦女鑑』は、当時最も使用されていた文部省教科書で実例をあげる際の書として示されたため、口授用書または副読本的扱いで使用されたと考えられるが、この文部省教科書が一九〇七年に修正増補された際には『婦女鑑』の記載は削除されている(84)。

次に高等小学校女子用修身教科書についても参考に見ると、一九〇〇年からは小学校令施行規則に準拠した出版社編のものが出るようになっていた。六教科書(85)を見ると、「稲生恒軒妻波留子」（婦道）、「紫式部」（才学）の話が五書に、「小出大助妻恵知子」「鄒孟軻母」（孟子の母。中国の例話）（以上母道）の話が四書に、「瀧長愷妻」（婦道）、「湯浅元禎母」（母道）の話が三書にある。一人で複数の徳を備えて家の中を全てよく治めた女性の例話が多く採用されており、当時の修身教科書における人物主義の傾向に即した形で数課にわたって掲載されている。

教訓読物においては、谷口政徳『家庭教育　女学校』（「通俗教育全書」全六巻の第四編。博文館、一八九〇年）で、『婦女鑑』と同じ人物を扱った和漢洋の七話が掲載されている。この書は列伝形式ではなく、巻末にある全書の「発兌規定」によると、「此の全書を通読せば仮令学校に入らずとも其課程を卒業せしに同じかるべく」、また学校在学の生徒にも便利で、女性も読めば子どもを教えられる、という趣旨で編集されている。そのため、この書の中には読書科・家政科・音楽科など九つの科に関する内容が掲載されており、その中の「修身科」の中に、教訓や女性の話が掲載されているもので、数は少ないものの、『婦女鑑』に特徴的な西洋の例話（「新約克《ニユーヨーク》の孝女」「路古勒西馬利大闢遜《ルクレシヤマリアダヴツドソン》」「達渉夫人《ダツチエス》」）が掲載されているなど、『婦女鑑』の影響が察せられる。また、瀬川さわ子『名女伝』（東洋堂支店、一八九八年）や開拓社『東西名婦の面影』（開拓社、一九〇〇年）では、和漢洋の例話を取り上げ、『婦女鑑』と同じ人物を扱った例話をそれぞれ二八話、二七話と比較的多く掲載していることが認められる。下田歌子『外国少女鑑』（下田著の「少女文庫」全六編の第四編。博文館、一九〇二年）は、「『婦女鑑』で扱われていた外国人を中心に（中略）一〇のカテゴリーにわたって三六話を掲載したもの(86)」と尾崎るみが指摘するように、三六話中一四話（うち中国四・西洋一〇）が『婦女鑑』と同じ人物を扱った話で、特に西洋の話は、『婦女鑑』の編纂稿本の徳目で「友愛」「慈善」「忠誠」「愛国」等に当たる同書に特徴的な例話を採用しており、『婦女鑑』の影響を色濃く見ることができる。下田歌子は、華族女学校設立のための準備委員となって以来、開校当初から同校の幹事兼教授に就任、一八八六年からは学監を兼任し(87)、『外国少女鑑』発刊当時も学監を務めていた、いわば華族女学校の中心的人物であり、以前同校に下賜された『婦女鑑』を題材として利用したものと考えられる。なお、この「少女文庫」の第三編『内国少女鑑』は日本の話を掲載したものであるが、『婦女鑑』と同じ人物を扱った話は四二話中三話しか掲載されていない。ここから考えると、下田は『婦女鑑』の和漢洋の例話を参照し利用したが、特に西洋の例話を多く取り上げたことがわかる。他には、若桑みどりが、横山順『幼年教育　婦女鑑』（明昇堂、一八九四年）をあげて、「欧米、キリスト教関係の挿話をすべて抜き去ったバージョン」の「幼年教育用に改竄された『婦女鑑』」で「初版の近代的部分を抜き去り、否定した」[88]としているが、『幼年教育　婦女鑑』の一四話のうち、『婦女鑑』と同じ人物を扱った話は四話のみで、書名には「婦女鑑」とあるが、『婦女鑑』の初版を改竄したバージョンというわけではなく、『婦女鑑』とは別の書籍と見るべきである。

以上のように、和漢洋の例話で構成された『婦女鑑』の影響をそのまま受けたものとしては山井の『女子修身鑑訂正高等教科用書』および女子教訓読物数種が認められる。他の修身教科書においては、当時の教科書政策の影響も関係して、日本の例話が主に掲載されていった。

編纂稿本によると『婦女鑑』は一二の徳目に関する例話から成り立っている。第Ⅰ部第四章で、各徳目の例話内容を分析した上で『幼学綱要』および同時代の同類書の傾向と比較考察し、『婦女鑑』の特質は和漢洋の多数の女性を取り上げて多様な徳行を女性に期待していることである、ということを述べた。すなわち、孝・貞・母といった徳目のみに女性の徳行の範囲が限定されているわけでない、ということである。特に、西洋の女性を模範に「慈善」「愛国」といった徳目に該当する例話を採用しているのは、当時としては注目すべき特徴であり、『婦女鑑』はこのような徳目を扱った先駆的存在と考えられる。ただし、これらの例話自体は以後の修身教科書にはあまり継承されておらず、この影響を受けた書としては、前述した教訓読物の『外国少女鑑』が認められる程度である。もちろん教育勅語以後は、慈善・博愛・公益・忠誠・愛国等の徳目に関する例話が女子用教科書でも採用されているが、そこでは例えば「慈善」等としては、ナイチンゲールの話を除けば「鈴木宇右衛門の妻」(『婦女鑑』の「慈善」で唯一日本の例話)「淳名皇后」「和気広蟲」「瓜生岩子」(以上『婦女鑑』に掲載なし)といった日本の例話がやはり多く採用されている。また、『婦女鑑』の「忠誠」「愛国」に該当する西洋の例話とは異なり、夫や子を通した間接的な忠君の例話(「楠正行の母」(『婦女鑑』では「母道」)「瓜生保の母」等)が多く採用されている。[89]『婦女鑑』と同じ人物を扱った例話で多く掲載されているのは、上で見たように、特に、夫に奉仕し、舅姑を世話し、子をよく教え、あるいは男性の助けを失っても家を保った等の、家の中のことをよく治めた女性の話、すなわち『婦女鑑』の「婦道」「勤倹」「母道」に該当する例話のうちの一部分ということができる。

2　国語教科書への影響

『婦女鑑』の例話は、高等女学校の国語科の「講読」用教科書である「読本《とくほん》」の中にも掲載された。一九〇三年の教授要目では、「講読ノ材料」として「修身、歴史、地理、理科、家事、実業、美術、社交等ニ関スル事項ヲ記シタル」ものがあげられ、また一九一一年の教授要目の中には「古今東西ノ美徳善行アル女子ノ事蹟」で修養に資すべきもの、という例示もあり、修身的内容や女性の伝記的内容が所々に採用されていた。

国語教科書では出典名が明示されている場合が多いため、『婦女鑑』の個々の話がどの程度教科書に使用されたのかという直接的影響が確認できる。『旧制中等教育国語科教科書内容索引』(90)を用いて、まず教科書別に見ると、(高等)女学校の国語科講読用教科書において、『婦女鑑』を出典名としたものが、明治期(一八九五年以降)三七書中二一書(出典名を西村茂樹としている書があるため実際は二二書)、大正期三〇書中八書、昭和期三五書中三書に掲載されている。このうち最も多く『婦女鑑』の例話が掲載されているのは、下田歌子編『新撰女子国文教科書』(大日本図書、一九〇二年)の一一話、次いで落合直文編『女子国語読本』(明治書院・吉川書房、一九〇一年)の七話である。明治後期の高等女学校国語教材の研究では、高等女学校用教科書に出典として多く採用されていた書の一つとして『婦女鑑』があげられている(91)。前述の教訓読物に続いて、国語教科書でも下田の書があがるのは、下田が華族女学校の学監を長年務めたことから考えて、単なる偶然とはいえず、同校への『婦女鑑』下賜の影響の一つといえるだろう。

次に例話別に見ると、『婦女鑑』全一二〇話中の三四話が、『婦女鑑』を出典名として国語教科書に掲載されている。多数の国語教科書で採用されていった筆頭は「仁恵婦女社の看護人」であり、明治期一一書、大正期五書で登場する。忍耐して兵士を看護した西洋の話で、『婦女鑑』の編纂稿本の分類では「雑徳」の中の一話、つまり大きな徳目には属さない例話であったが、「柔よく剛に克つ」「汝は神の使いか」「看護婦」などと題名が変更されて使用され、前後に病人看護の心得や赤十字社の説明などが続く構成となっている場合もしばしば見られた。次に多いのが、修身教科書にも多く登場した、家のことを全てよく治めた話「稲生恒軒妻波留子」（婦道）で、明治期七書、大正期三書で採用されている。続いて多いのが、灯台守の父とともに嵐の海に出て難破船の人命救助を行った西洋の話「額黎咀《グレイスダル》林《リング》」（慈善）で、明治期に七書で掲載されている。尾崎るみは、この話がイギリスの有名な話で、イギリス・アメリカの教科書を経て日本でも明治初期にいわゆる「翻訳修身教科書」に複数登場[92]、以後もさまざまな教科書や読み物等に掲載されたことを詳細に分析しているが[93]、その中で『婦女鑑』の「額黎咀林《グレイスダルリング》」についても、後に小学校や高等女学校向けの国語教科書や前述の『外国少女鑑』に掲載されたことを指摘している。

以上の三話は、他の三一話の掲載数がそれぞれ一〜三書であるのに比べ、圧倒的に掲載数が多い。前述の通り、「稲生恒軒妻波留子」は良妻賢母の徳に通じ修身教科書にも多く採用された話、「額黎咀林《グレイスダルリング》」もさまざまなルートで後世の教科書・読み物等に掲載された話であり、両者が多用されたのはうなずける。また、突出して採用数の多い「仁恵婦女社の看護人」は、自暴自棄な態度で服薬しない負傷兵に女性の看護人が根気よく何度も薬を勧めて最終的に服薬に至る過程が描かれ、「柔よく剛に克つとは。かゝる婦人をやいふべからん」と締めくくられる話である。『婦女鑑』のこの話の出典は、「翻訳修身教科書」の一つである『修身鑑』[94]であることが編纂稿本「婦女鑑原稿」により判明しているが、『修身鑑』の原文に当たってみると、この最後の一文に当たる内容はないため、これは『婦女鑑』

の編纂の際に付加されたであろう文言である。この「柔よく剛に克つ」という言葉が、後の国語教科書に掲載された際のタイトルにもなっている場合があることを考えると、「柔能制剛（柔よく剛を制す）」という言葉を体現する話として、国語教材としての観点からも面白い内容と考えられたのではないかと思われる。その意味では『婦女鑑』独自の国語教科書への影響として注目に値する。加えて、負傷兵士の看護という、時代の要請に伴い女性に期待された役割にも合致し、多く使用されたのではないかとも考えられる。

なお、昭和期には『婦女鑑』からの採用数自体が少なくなっているが、その中では「楠正行母」（母道）が最も多く三書で採用されている。

全体を通じて見ると、初期こそ下田歌子本に『婦女鑑』の西洋の話が五話採用されるなど、多少幅のある採用傾向も見られるが、下田本を除けば、『婦女鑑』の中国の例話はほとんど使用されず、西洋のものも特定の数話に限られ、上述した通り使用される話は固定化していったということができる。

3　再版、翻刻、解説書の状況

『婦女鑑』の出版版権届は、一八八七年七月二一日付けで内務大臣宛に出された[95]。『官報』（第一二二六号、一八八七年七月三〇日）の「版権所有届並免許書目」欄にも、「婦女鑑　中本六冊　編修出版　宮内省」「右七月二十一日版権所有届出」と記載されている。初版本の奥付には、「明治二十年七月二十一日版権届」「同年同月出版」と記されている。

この初版本以下、筆者が調査した再版の状況をまとめたものが表8である。『婦女鑑』は昭和期まで版を重ねた。吉川弘文館または郁文舎発行のものを合わせ、前述の四版以降は、和装三冊（上・中・下）の形が中心で、一九一五

表 8　『婦女鑑』再版の状況

	発行年月日	装丁	冊　　数	備　　考
初版	1887(明治20). 7.21	和装	6 冊(一～六)	奥付裏に書肆名の記載のないもの,「御用書林吉川半七」の記載のあるもの, 吉川の住所まで記載のあるもの, の 3 種がある
2 版	1905(明治38).12.15	洋装	1 冊	
〃	〃	和装	3 冊(上･中･下巻)	
3 版	1906(明治39). 5.15	洋装	1 冊	
4 版	1912(明治45). 6.20	−	−	未見(発行年月日は 5 版の奥付による)
5 版	1915(大正 4). 3.15	和装	3 冊(上･中･下巻)	『幼学綱要』(上･中･下巻 3 冊)『幼学綱要漢文解』(1 冊)との 7 冊揃あり
6 版	1916(大正 5). 4. 1	和装	3 冊(上･中･下巻)	『幼学綱要』(上･中･下巻 3 冊)『幼学綱要漢文解』(1 冊)との 7 冊揃あり
7 版	1926(大正15). 8. 5	和装	3 冊(上･中･下巻)	『幼学綱要』(上･中･下巻 3 冊)『幼学綱要漢文解』(1 冊)との 7 冊揃あり. 郁文舎発行あり
〃	〃	洋装	1 冊	郁文舎発行
10版	1928(昭和 3). 3.20	和装	3 冊(上･中･下巻)	郁文舎発行
〃	1935(昭和10). 3.10	和装	3 冊(上･中･下巻)	
15版	1935(昭和10). 2.25	和装	3 冊(上･中･下巻)	15版という記載で, 10版の発行日と前後するものがある

註　特に記載のないものは, 全て吉川弘文館（吉川半七）発行のものである. 4・8・9・11～14版は未見である.

年に五版、一九一六年に六版、一九二六年に七版（洋装本もあり）、一九二八年と一九三五年に一〇版、同じく一九三五年に一五版の記載があるものが存在する。大正期以降、『幼学綱要』の一般発売も許可されるようになったと見られ、『婦女鑑』（三冊）は『幼学綱要』（三冊）『幼学綱要漢文解』（一冊）との和装七冊セットでの販売もなされるようになった。

他に、彩色絵入り小型本の『婦女鑑』（和装二冊、吉川弘文館、一九二〇年、翌年訂正）や、文庫本サイズの『縮刷婦女鑑』（洋装一冊、郁文舎、一九二三年、および図書出版学用品販売株式会社、一九三〇年）も出版され、『縮刷婦女鑑』は『縮刷幼学綱要』とセット販売もされていた。

また、昭和期には『幼学綱要』の解説書類が多数刊行された(96)が、これと対をなすような企画で、以下のような『婦女鑑』の抄本・現代語訳・解説書が出版された。吉川弘文館編輯部註『婦女鑑抄』（和装二冊、吉川弘文館、一九三四年）は、「高等女学校の教授要目に準拠して、国文科用の抄本とした」（凡例）もので、同編輯部註・

発行『幼学綱要経語鈔』（中学校の教授要目に準拠、国語漢文科用）と同年に出版されている。凡例には、「啻に国文の学習のみならず、常に修身教課の上にも　昭憲皇太后の　懿訓を服膺し、婦徳の涵養と、情操の修養とに資せられんことを望」むとあり、『婦女鑑』については、「曩に　明治天皇の　勅旨を奉じて編撰された「幼学綱要」を継承し、女子教育の本義を紹示されたもの」と説明され、巻頭には「昭憲皇太后御尊影」が掲げられている。学習に役立つよう頭注が付されている他、西洋の例話が全て削除されていることが大きな特徴である。古口正雄編『現代語全訳婦女鑑読本』（皇道顕揚会、一九三五年）は、同『現代語全訳幼学綱要読本』（同年）の姉妹編で、巻頭には文部大臣松田源治による「忠孝」の題字が掲げられている。岡村利平『謹解幼学綱要婦女鑑』（春陽堂、一九三九年）では、『幼学綱要』と『婦女鑑』が、字句の解説等が付され一冊にまとめられている。また、松村友作鈔解『幼学綱要鈔』（螢雪書院、一九四一年）と同月に、東京高等師範学校教授を務めた亘理章三郎の『婦女鑑学ぐさ』が同書院から出版されている。同書では、脚注の他、女性としての心構えや教育勅語の文言等に関連させた解説が「述義」として例話ごとに付され、所々に明治天皇・皇后の短歌、各巻末には「女子の修養」「女子の忠愛」「皇国の女性」といった独自の文章が付加されている。

このように、これらの解説書類では、『幼学綱要』や昭憲皇后と関係する書物、という面が強調されて『婦女鑑』の活用が図られた。上述の『現代語全訳婦女鑑読本』巻頭に「忠孝」という題字を寄せた松田文部大臣は、国体明徴の訓令（一九三五年四月）を発し、教学刷新評議会（同年設置）の会長を務めた人物である。これにも象徴されるように、この時期、いわゆる天皇機関説問題を受け国体明徴声明（同年八・一〇月）が出され、「国体」と「日本精神」の闡明が強調される方向で教学の刷新振興が図られていった。このような状況の下、明治天皇・皇后に関係する書物として『幼学綱要』とともに『婦女鑑』も注目され、活用が試みられたものと思われる。

ところが、第Ⅰ部第二章・第四章等でも指摘した通り、『婦女鑑』は、一八八〇年代の欧化主義政策の舞台の一つともなった創立期の華族女学校の生徒向けに作成された、という成り立ちを一方で有し、内容的にも西洋の例話が全体の半数近くを占め、多様な徳行が取り上げられているため、必ずしも「日本精神」の強調にふさわしい内容のみで構成されているというわけではない。高等女学校用国語教科書における『婦女鑑』の例話の採用数が昭和期に少ない（前述）のも、これに関係するものと思われる。そのため解説書類においても、上述の通り西洋の例話が全て削除されたり、教育勅語等の文言に引きつけて、あるいは独自の解説が加えられるなどの工夫が施された。一例をあげれば、『婦女鑑学ぐさ』では、学者などの妻が夫の仕事の助力者となる西洋の「婦道」の例話群について、「かういふことは特別の場合でありまして、妻の常の道としては、よく家を斉へ子供を育て、、夫が家事について少しも心配なく研究や業務に精進出来るやうにすることが肝要であります(97)」と、「特別な場合」であると説明するなど、その精神を強調することで苦肉の解釈が図られている。このように『婦女鑑』は、内容の特質とは矛盾を有しつつも、『幼学綱要』や昭憲皇后と関係する書物という、成立事情のうちの一面のみが注目される形で、昭和期まで使用された。

以上、『婦女鑑』の下賜および普及状況等をさまざまな面から明らかにしてきた。『婦女鑑』は『幼学綱要』の補遺という成立事情を有していたが、主に皇族・宮内省関係者・編纂関係者・華族女学校という限られた範囲に下賜され、下賜の方式も『幼学綱要』と同じ対応はとられず、『明治孝節録』と『幼学綱要』で行われた各府県への下賜も行われなかった。このような状況から考えると、『婦女鑑』は、あくまで華族女学校向けの書であったと見ることができる。これは、皇室の近代化・欧米化が目指された時代に創立期の華族女学校の生徒向けに編纂されたという成立事情を『婦女鑑』が一方で有していたものの、その下賜時には時代状況が微妙に異なっていたこととも関係があるものと考えられる。

そしてこのような下賜状況を補うことになったのが、吉川半七経由での発売であった。ほぼ明治期を通じて一般発売が許可されなかった『幼学綱要』に比べ、『婦女鑑』では下賜後の早い段階から一般発売が許可された結果、学校等からの要望に応じた、巻別発売や縮刷の出版といった発売形態の変更にも比較的早くから対応可能となった。特に文部省教科書に『婦女鑑』の書名が記載されたことも影響して、女子教育の隆盛とも相まって、印刷部数が増加した時期も見られた。

ただし、下賜先の華族女学校では儒教の経典や詔勅類が重視され、高等女学校等においても、教育勅語の発布、教授要目の制定等を経て、教科書の形式が整えられ教授内容が規定されていく中で、列伝形式をとる『婦女鑑』の利用は、口授用書か副読本的扱いが中心であったと考えられる。また、教訓読物の系譜の中では、和漢洋の話で構成された著作が一時期見られるが、以後は日本ものと西洋ものの「二分派」に再び分かれたとされる。例話レベルで見ると、後続の修身教科書においては、当時の教科書政策の影響もあって主に日本の例話が掲載され、また、高等女学校の国語教科書において『婦女鑑』を出典名とした話が掲載されたが、そこでは特定の例話が集中して使用されていった。つまり、和漢洋にわたる話を盛り込んだ総合的な列伝形式女子用修身書の登場といえる『婦女鑑』の特質を包括的に受け継いだものは、一部に限られている。その背景としては、前述のように『婦女鑑』が一般向けというより、創立期の華族女学校向けに作成された面が大きかったことと関係していると思われ、さらにそれは第Ⅰ部第二・五章、第Ⅱ部第二章でも明らかにした通り、西村茂樹の編纂への関わりや例話の出典構成等と密接に関係している。このような成立事情の一面に由来する性格を持ち、『幼学綱要』とは別の、独自の下賜と普及の流れをたどった『婦女鑑』であったが、大正・昭和期には、『幼学綱要』と対をなして販売や解説書類の出版が行われるようになった。特に解説書類では、西洋の例話の削除や解説の付加といった工夫が施されて活用が図られた。つまり、上述した成立事情の一面に由来する内容の特質とは矛盾を有しながらも、最終的には、「国体」と「日本精神」の強調が叫ばれる時代状況の下で、昭憲皇后ゆかりの書物という、成立事情の一方の面のみが注目される形で、昭和期まで使用されるという展開をたどったのである。

註

（1）戸田浩曉『幼学綱要奉体の研究』（『大倉精神文化研究所紀要』第五冊）躬行会、一九四四年。
（2）宮内庁『明治天皇紀』第六、吉川弘文館、一九七一年、八二四頁。
（3）女子学習院編『女子学習院五十年史』女子学習院、一九三五年、二四七頁。
（4）「同年（一八八八年―引用者註）十一月二十六日午後、皇后陛下華族女学校に行啓、生徒の唱歌・洋琴・箏等を聞召さる。この時生徒一同に「婦女鑑」を賜ふ」とある（同上、一四頁）。
（5）西谷成憲「『婦女鑑』に関する研究　草稿本の検討を中心にして」（『多摩美術大学研究紀要』第九号、一九九五年）八七頁。
（6）山田安栄「忍ぶ草」（『弘道』第二三三号、日本弘道会、一九一一年八月）一一二―一一三頁。
（7）前掲「『婦女鑑』に関する研究　草稿本の検討を中心にして」一〇五頁。
（8）同上、一〇五―一〇七頁。
（9）尾崎るみ「『婦女鑑』の「額黎咀林《グレイスダルリング》」をめぐって―明治の少女向け読み物の軌跡（八）」（『論叢　児童文化』第四八号、くさむら社、二〇一二年八月）六五頁。
（10）拙稿「『婦女鑑』の研究―徳目構成と例話内容の分析を通して―」（『人間文化創成科学論叢』第一三巻、お茶の水女子大学大学院人間文化創成科学研究科、二〇一一年）。
（11）西村先生伝記編纂会編『泊翁西村茂樹伝』上巻、日本弘道会、一九三三年、五六二頁。
（12）高橋昌郎『西村茂樹』吉川弘文館、一九八七年、一二七頁。
（13）国民精神文化研究所『教育勅語渙発関係資料集』第一巻（国民精神文化研究所、一九三八年〔復刻版、コンパニオン出版、一九八五年)) における、海後宗臣による「教育勅語渙発関係資料集第一巻解説」一四頁。
(14) 日本弘道会編『増補改訂西村茂樹全集』第三巻(思文閣、二〇〇五年)における、多田健次による『婦女鑑』の「解題」八二〇頁。
(15) 明治神宮編『明治神宮叢書』第一〇巻徳育編(国書刊行会、二〇〇五年)における、中西正幸による『婦女鑑』の「解題」六頁。
(16) 片山清一「明治一〇年代の女子教育論―男女同等観から男女差別観への道―」(『目白学園女子短期大学研究紀要』第七号、一九七一年)一三頁。
(17) 宮城栄昌・大井ミノブ編著『新稿日本女性史』吉川弘文館、一九七四年、二四〇頁、福地重孝執筆部分。
(18) 志賀匡『日本女子教育史』玉川大学出版部、一九六〇年、三五二頁。
(19) 湯沢雍彦編『日本婦人問題資料集成』第五巻、ドメス出版、一九七六年、三三頁。
(20) 若桑みどり『皇后の肖像　昭憲皇太后の表象と女性の国民化』筑摩書房、二〇〇一年、七九頁。
(21) 小田部雄次『昭憲皇太后・貞明皇后―一筋に誠をもちて仕へなば―』ミネルヴァ書房、二〇一〇年、一〇八頁。
(22) 菅野則子「望まれる女性像―『幼学綱要』・『婦女鑑』を中心に―」(『帝京史学』第二六号、二〇一一年)一六一頁。
(23) 宮内庁『明治天皇紀』第七、吉川弘文館、一九七二年、一四頁。
(24) 宮内庁書陵部宮内公文書館所蔵「出版録」(内事課〔総務課〕自明治一七年至同四二年)明治二一年第一号。
(25) なお、前述の通り、前掲『女子学習院五十年史』一四頁には、一八八八年一一月二六日に『婦女鑑』下賜の記載があるが、上述の史料類には同年月日の下賜の記録はない。
(26) 宮内庁書陵部宮内公文書館所蔵「出版録」(庶務課、自明治一〇年至明治一六年)明治一〇年第二号。
(27) 前掲『幼学綱要奉体の研究』三一―三三頁。矢治祐起「『幼学綱要』に関する研究―明治前期徳育政策史上における意味の検討―」(『日本の教育史学』第三三集、一九九〇年)四一―四三頁。
(28) 戸田浩暁前掲書の集計による。矢治祐起前掲論文の集計では、下賜三万一七七部、下附八一三三部である。
(29) 西谷成憲「『明治孝節録』に関する研究　明治初期孝子節婦等褒賞との関連において」(『多摩美術大学研究紀要』第一一号、一九九七年)一〇八―一〇九頁参照。
(30) 前掲「出版録」(庶務課、自明治一〇年至明治一六年)明治一三年第二号。

(31) 前掲「『明治孝節録』に関する研究　明治初期孝子節婦等褒賞との関連において」一一二頁。続編は結局刊行に至らなかった。
(32) 勝又基「善人伝のゆくえ―『明治孝節録』と新聞」(『文学』第五巻第一号、岩波書店、二〇〇四年)七四頁。
(33) 森川輝紀『教育勅語への道　教育の政治史』三元社、一九九〇年、一一〇頁。
(34) 宮内庁書陵部宮内公文書館所蔵「婦女鑑　明治孝節録　出版録」(図書寮、自明治二〇年至同四四年)追加第二八号。西村茂樹『往事録』(日本弘道会編『西村茂樹全集』第三巻、思文閣、一九七六年)六四四頁。
(35) 坂本一登『伊藤博文と明治国家形成―「宮中」の制度化と立憲制の導入』吉川弘文館、一九九一年、一〇五―一四三頁。
(36) 前掲『女子学習院五十年史』二一二―二一四頁。
(37) 二名のうち他の一名は宮内省御用掛下田歌子。下田は後に同校学監に就任した。
(38) 久野明子『鹿鳴館の貴婦人　大山捨松―日本初の女子留学生』中央公論社、一九八八年、一八二―一八六頁。
(39) 第Ⅰ部第四章参照。
(40) 前掲『伊藤博文と明治国家形成―「宮中」の制度化と立憲制の導入』二一八―二二一頁。
(41) 西谷成憲は、『婦女鑑』がそれほど普及しなかった(全国の学校等に下賜されなかったことなどを指す)背景の一つとして、『幼学綱要』が「殆ど実効を上げなかった」(矢治祐起の前掲「『幼学綱要』に関する研究―明治前期徳育政策史上における意味の検討―」四九頁を引用)ということと深い関連があると思われるとしているが(前掲「『婦女鑑』に関する研究　草稿本の検討を中心として」一〇七頁)、後述の通り、『幼学綱要』は宮内省の意向でほぼ明治期を通じて一般発売が許可されていなかったのであり、むしろ『幼学綱要』と『婦女鑑』は下賜および発売の方式において全く別の扱いがなされた結果、下賜と普及状況も別の展開をたどったものと考える。
(42) 前掲「婦女鑑　明治孝節録　出版録」第一号。
(43) 「吉川弘文館創業一五〇年の歩み」(『本郷』第六九号、吉川弘文館、二〇〇七年)巻末。
(44) 一八八二～一八八五年の間に一〇件の翻刻・分版願が出されたがいずれも許可されなかった(前掲『幼学綱要奉体の研究』九七―一〇〇頁)。
(45) 「批評　婦女鑑」(『女学雑誌』第九七号、女学雑誌社、一八八八年二月一八日)一四五―一四六頁。
(46) 前掲「婦女鑑　明治孝節録　出版録」第二号。

(47)「合資会社吉川弘文館社長　吉川半七」とある。一九〇四年に合資会社吉川弘文館が設立された。当時の吉川半七は二代目（前掲「吉川弘文館創業一五〇年の歩み」）。
(48)前掲「婦女鑑　明治孝節録　出版録」第一五号。
(49)『彰善会誌』は、一八九七年創立の彰善会（会長は高崎正風〈宮内省御歌所長〉）の機関誌（翌年創刊）で、「雑誌形態で善人伝を編集して毎月刊行していたもの」で、「当時の事例のみならず、忠節を尽くした人々の歴史的事績や位階追陞のこと等をも」紹介し、褒賞条例による表彰者だけでなく、善行者の行為を広く紹介していた（宮本誉士『御歌所と国学者』弘文堂、二〇一〇年、二九二頁、二九八―二九九頁）。
(50)小山静子『良妻賢母という規範』勁草書房、一九九一年、二〇一―二〇二頁。文部省『中学校・高等女学校現在使用教科図書表明治四〇年度』（復刻版、芳文閣、一九九二年）、および同『師範学校・中学校・高等女学校使用教科図書表　明治四三年度』（復刻版、芳文閣、一九九二年）、参照。
(51)前掲「婦女鑑　明治孝節録　出版録」第一五号。
(52)同上、第一五号。
(53)実際に発売された際には、物価高騰という理由から定価は六〇銭で発売された（前掲「婦女鑑　明治孝節録　出版録」第一六号）。
(54)前掲「婦女鑑　明治孝節録　出版録」第一九号。
(55)桑原三二『高等女学校の成立　高等女学校小史―明治編』高山本店、一九八二年、一七八頁。
(56)前掲『良妻賢母という規範』四一頁。
(57)同上、四二頁。
(58)「婦女鑑　明治孝節録　出版録」所収の文書が一九一一年二月で終わっているのは、宮内省蔵版の書籍の印刷等に係る担当部署が変更になったためである（前掲「婦女鑑　明治孝節録　出版録」第二三号）。以後の関係文書の所在は現在のところ不明である。
(59)前掲『幼学綱要奉体の研究』八一頁。前掲「『幼学綱要』に関する研究―明治前期徳育政策史上における意味の検討―」四七頁。先行研究が依っている、後世の、吉川弘文館発行の『幼学綱要』（例えば昭和一〇年三月一〇日発行の「十版」と記載されているもの）の奥付に記されている、出版の日付と版数（「明治二十年七月廿一日　出版」「大正十五年八月五日　七版」「昭和十年三月

十日　十版」）は、『婦女鑑』の版権届・出版日、七版発行日、一〇版発行日と全く同一である。つまり、大正・昭和期に『婦女鑑』とセットで販売されるようになった際（詳しくは後述）、『幼学綱要』には奥付がない場合もあったが、上述の場合は『婦女鑑』の出版年月日・版数が『幼学綱要』の奥付にも記載されるようになってしまったのではないかと考えられる。

(60)　ただし、宮内省側の「御用」による「御用本」（下賜用と思われる）の印刷は引き続き吉川が請け負っていた。一八九六年と一八九八年にそれぞれ一五〇部ずつ吉川が御用により印刷製本している（宮内庁書陵部宮内公文書館所蔵「出版録」〔図書寮、自明治二〇年至同四三年〕第一二号、第一五号）。

(61)　山方泰治『幼学綱要便蒙』鮮進堂、一八九四年（一八九八年の三版を確認）。

(62)　前掲「出版録」（図書寮、自明治二〇年至同四三年）第一〇号。

(63)　同上、第一九号。

(64)　願出書が吉川に返却された際にこの価格表も返却されたと思われ、願出書および価格表自体は残っていない。

(65)　決裁は「同年」（月日の記載なし）。図書寮の他、内事課・内蔵寮・調度局が回覧。次官と大臣の決裁印あり。欄外には、「御裁可」がなく「廃案」と記されている。

(66)　なお、『幼学綱要』の下賜当初は、教員がこれに服膺しないことを恐れて宮内省が必ずしも同書の普及に積極的でなかったことが先行研究で指摘されている（佐藤秀夫『教育の文化史1　学校の構造』阿吽社、二〇〇四年〔初出論文は一九七六年〕一四六頁。前掲「『幼学綱要』に関する研究―明治前期徳育政策史上における意味の検討―」四六頁）。

(67)　前掲「出版録」（図書寮、自明治二〇年至同四三年）第三一号。

(68)　前述の通り、この当時は縮刷を発売している。

(69)　吉川弘文館には『婦女鑑』に関する資料が残っていないため（二〇一〇年一月聴取）、販売先などは不明である。

(70)　東京都公文書館所蔵「明治二十一年　東京府法令　達」。

(71)　茨城県教育会編・発行『茨城県教育史』上巻、一九五八年、七四九―七五一頁。

(72)　西村茂樹「貴女の教育」一八八九年（日本弘道会編『西村茂樹全集』第二巻、思文閣、一九七六年）三八〇―三八一頁。

(73)　「第二大学区巡視功程附録」一八七七年（『文部省第四年報』第一冊〔復刻版、宣文堂書店、一九六五年〕）四六―四八頁。西村茂樹「修身の教授法を論ず」一八八〇年（前掲『西村茂樹全集』第二巻）七六―八〇頁。

(74)「女四書に就て」一八九四年（『女教一斑』華族女学校、一八九六年）一七—二〇頁。

(75)前掲『女子学習院五十年史』四八—五一頁、三八九頁。学習院では一八九二年に『教学聖訓』が編纂された。学習院百年史編纂委員会編『学習院百年史』第一編、学習院、一九八一年、五四二—五四三頁。

(76)在校時間は必ず洋服着用（一八八七年五月）との定めが、病気の際に和服可（一八八八年一〇月）、式日以外は和服可（一八八九年七月）、式日でも和服可（一八九〇年六月）となった。

(77)前掲「『婦女鑑』に関する研究　草稿本の検討を中心にして」一〇六—一〇七頁。

(78)徳田進『孝子説話集の研究　近代篇（明治期）—二十四孝を中心に—』井上書房、一九六四年、二四六頁、二五七頁。

(79)片山清一『近代日本の女子教育』建帛社、一九八四年、二四〇—二四一頁。

(80)前掲『孝子説話集の研究　近代篇（明治期）—二十四孝を中心に—』二五六—二五七頁。

(81)同上、二四六頁、二五一頁。

(82)『婦女鑑』の各例話の出典名は、宮内庁書陵部宮内公文書館所蔵の編纂稿本に記載がある（第Ⅰ部第五章参照）。

(83)上述の『女子修身鑑』『日本女鑑』の他、西田敬止『帝国女子修身鑑』博文館、一八九三年再版。末松謙澄『修身女訓　生徒用』八尾書店、一八九三年訂正再版（巻四は申請本を使用）。日下部三之介編『日本女子修身訓』八尾書店、一八九四年訂正三版（西村茂樹が校閲）。安積五郎・田中登作編『女徳宝鑑　生徒用』普及舎、一八九四年訂正再版。高田芳太郎『日本女訓』金港堂、一八九四年訂正再版（巻二は一八九三年初版）。国立教育政策研究所教育図書館、東書文庫で閲覧可能なものを取り上げた。

(84)宮内省蔵版『幼学綱要』、宮内省蔵版『明治孝節録』、杉本勝一郎編『明治忠孝節義録』、干河岸貫一『日本女子立志篇』、蒲生重章『近世偉人伝』、中村正直訳『西国立志篇』、徳富健次郎『世界古今名婦鑑』、松本万年標註『劉向列女伝』の八書があげられている。

(85)育英舎『高等小学修身教本　女子用』一九〇一年訂正。右文館『高等小学実践女子修身訓』一九〇一年訂正再版。普及舎『新編修身教典　高等小学校女子用』一九〇一年訂正再版。学海指針社『小学女子修身訓　高等科』集英堂、一九〇一年訂正再版。帝国書籍『新編修身教本　高等小学女児用』一九〇二年訂正再版。文学社『高等日本修身書　女児用』一九〇二年訂正再版。国立教育政策研究所教育図書館、東書文庫で閲覧可能な全巻揃いのものを取り上げた。

(86)尾崎るみ「国定国語教科書にグレース・ダーリングが登場するまで—明治の少女向け読み物の軌跡(九)—」（『論叢　児童文化』第

四九号、くさむら社、二〇一二年一一月）六一頁。

(87) 前掲『女子学習院五十年史』二一六—二一七頁。

(88) 前掲『皇后の肖像　昭憲皇太后の表象と女性の国民化』一六五—一六六頁。

(89) 『婦女鑑』以後の女子用修身教科書に関しては、第Ⅱ部第一章第二節参照。

(90) 田坂文穂編『旧制中等教育国語科教科書内容索引』教科書研究センター、一九八四年。

(91) 浮田真弓「明治後期高等女学校の国語教材に関する一考察」（『桜花学園大学研究紀要』三、二〇〇一年）八五頁。

(92) 『婦女鑑』の「額黎咀林《グレイスダルリング》」の出典も、「翻訳修身教科書」の一つである福沢諭吉訳『童蒙教草』である（第Ⅰ部第五章参照）。

(93) 尾崎るみ「「烈女グレース、ダーリングの伝」をめぐって—明治の少女向け読み物の軌跡(七)」（『論叢　児童文化』第四七号、くさむら社、二〇一二年五月）、同「教科書から絵本へ、グレース・ダーリングの幅広い受容—明治の少女向け読み物の軌跡（一〇）」（同五〇号、二〇一三年二月）、前掲「『婦女鑑』の「額黎咀林《グレイスダルリング》」をめぐって—明治の少女向け読み物の軌跡(八)」、前掲「国定国語教科書にグレース・ダーリングが登場するまで—明治の少女向け読み物の軌跡(九)」。

(94) 中川元訳述『修身鑑』普及舎、一八七八年。第Ⅰ部第五章参照。

(95) 前掲「出版録」（内事課〈総務課〉自明治一七年至同四二年）明治二〇年第一号。

(96) 杉江京子「『幼学綱要』挿画成立事情考—松本楓湖・五姓田芳雄・月岡芳年との関わりをめぐって—」（『美術史研究』第四九冊、二〇一一年）一一〇頁の表1、および前掲『幼学綱要奉体の研究』一一〇—一一四頁参照。

(97) 亘理章三郎『婦女鑑学ぐさ』蛍雪書院、一九四一年、九二頁。

小括

第Ⅱ部では、『婦女鑑』の性格を、良妻賢母思想の変遷や女子用修身教科書史の中での位置、編者の思想等との関係、下賜や普及の状況等を考察することにより、歴史的に明らかにした。

良妻賢母思想の変遷および女子用修身教科書における良妻賢母像の変遷に照らすと、『婦女鑑』は江戸期や明治啓蒙期の要素も受け継いでおり、また、後に成立する良妻賢母思想の一部や、高等女学校用修身教科書に現れてくる特徴の一部が先取りされて入っている所もあるが、女性の果たす家庭内役割について国家的視点を強調しているわけではなく、社会・国家的徳目の例話では夫や子を通じてというより女性の直接的行動を扱っていて趣が異なり、扱われている内容も部分的である。このように見ると、儒教的女性観と良妻賢母思想の中間的位置にあるもの、良妻賢母思想確立への過渡期の産物と位置付けることができる。また、女子用修身教科書関係の流れに照らすと、『婦女鑑』のもつ特質は、それ以前や以後とも異なる傾向を有している。

次に、西村茂樹が『婦女鑑』の編纂前に文部省で自ら選録した『小学修身訓』の女性向け嘉言を見ると、『婦女鑑』の編纂稿本に記載された徳目の説明文と全く同一の文章が見られるなど、『婦女鑑』の徳目との類似性が認められ、西村が当時から女性に重要と考えていた徳目をもって『婦女鑑』の徳目等を構成したことが理解できる。また、『婦女鑑』が和漢洋の例話で構成されるという方針は、後の欧化政策の舞台の一つとなっていった華族女学校に下賜される書物という役割が編纂時に付与された時点で生じ、西村はその方針に沿って編纂したと考えられるが、例話の和漢洋のバランスや、例話の採用、徳目構成などについては、西村の思想にも依っているものと思われる。西村の『婦女鑑』編纂前から刊行に至る時期の言説等や、『婦女鑑』刊行後に主に発表される女子教育論・女性論によって見ると、西村は自らの西洋書の翻訳や『小学修身訓』編纂時の経験を踏まえつつ、東西の説を参考に、当時の華族階級の女性に応じた徳目内容を考慮して『婦女鑑』を編纂した。それゆえ『婦女鑑』は慈善や愛国等を含んだ、当時としては多様な徳目構成の列伝形式女子用修身書となったと考えられる。ただし、西村個人の思想のみに帰することはできず、伊藤博文が推進した華族制度改革、「宮中」改革の時代に開校準備が進められた創立期の華族女学校向けに作成されたという要素が、『婦女鑑』の性格に深く関わっていると考えられる。それゆえに、結果として『婦女鑑』は、列伝形式女子用修身書史上では総合性を帯びた形ともなったといえるのである。一方、『婦女鑑』完成後に華族女学校の校長となった西村は、『婦女鑑』編纂を通じて得た日本女性の美質の認識および欧化主義的風潮の極まりとその影響を目の当たりにしての感慨、さらには欧化主義批判の時代状況にも沿う形で、日本の美風重視の方向の学校改革を行ったと考えられる。

さらに、『婦女鑑』の下賜と普及の状況を見ると、『婦女鑑』は主に皇族・宮内省関係者・編纂関係者・華族女学校という限られた範囲に下賜され、下賜の方式も『幼学綱要』と同じ方式はとられず、各府県への下賜も行われず、あくまで華族女学校向けの書であったと見ることができる。そしてこのような下賜の状況を補うことになったのが吉川半七による発売であり、ほぼ明治期を通じて一般発売が許可されなかった『幼学綱要』に比べ、『婦女鑑』では早い段階から吉川に一般発売が許可された結果、学校等からの要望に応じた発売形態の変更にも対応可能となり、文部省教科書に書名が掲載されたことも影響し、印刷部数が増加した時期も見られた。ただし、教育勅語発布、教授要目の制定等を経て、教科書の形式が整えられ教授内容が規定されていく中で、列伝形式をとる『婦女鑑』の使用は、口授用書か副読本的扱いが中心であったと考えられる。また、例話レベルで見ると、高等女学校の国語教科書等で『婦女鑑』の特定の話が掲載されていく傾向が見られた。和漢洋の話を盛り込んだ総合的な列伝形式女子用修身書の登場といえる『婦女鑑』の特質を包括的に受け継いだものは、一部の書に限られた。大正・昭和期には、『幼学綱要』と対をなしての販売や解説書類の出版が行われた。内容の特質とは矛盾を有しながらも、昭憲皇后ゆかりの書物という、成立事情の一方の面のみが注目される形で、昭和期まで使用されるという展開をたどったのであった。

終章　研究の結果と意義

第一節　各章のまとめ

本書では、女性の徳行の話を集めた列伝形式女子用修身書である『婦女鑑』について、多面的に考察を加えてきた。各章ごとの検討結果を以下に整理する。

まず第Ⅰ部では、『婦女鑑』そのものの性格を、『婦女鑑』の成立に至る過程や内容、例話の出典等を検討することにより明らかにした。

第一章では、『婦女鑑』の前史として、近世および明治前期の列伝形式女子用修身書の刊行状況とその特徴等について概観した。近世の女訓書における一つの類型として存在する、女性の話を集めた列伝形式の女訓書は、中国の劉向『列女伝』の影響を受けて、主に一六〇〇年代後半から代表的な著作が生み出され、これらの一部は明治期においても学校の教科書・口授用書として使用された。そしてこの系譜を受け継ぎ、明治期においても列伝形式の女子用修身書が出版され、教訓的読み物として読まれると同時に、一部は教科書・口授用書としても使用され、また、例話を相当数入れた教科書も作成されていった。明治前期の列伝形式女子用修身書の特徴としては、書名に「列女伝」を付したものが多いこと、日本の女性のみを取り上げた書が多いこと、徳目で区分された書の掲載徳目を見ると、孝・貞

（婦道）・母に関する徳目か、それに加えて才芸・節義をあげたものが多いこと、があげられる。『婦女鑑』はこのような列伝形式の女訓書・女子用修身書刊行の流れの中で成立したのである。

第二章では、『婦女鑑』が宮内省蔵版の書であることに注目し、『婦女鑑』に先行する宮内省蔵版の書である『明治孝節録』および『幼学綱要』の成立事情を見た上で、『婦女鑑』の成立に至る事情を明らかにした。『明治孝節録』は昭憲皇后が一八七三（明治六）年以前から行っていた庶民の徳行の記事収集に端を発し、皇居の火災による稿本焼失にも拘わらず、再び福羽美静によって記事が収集され、近藤芳樹が作文して一八七七年に成立に至った。これには皇后の内意とともに、地方への下賜や続編の企画などにも見られる、地方を意識した宮内省の意図が関係したことも窺われる。歌道や国学の範囲に止まらない書籍編纂事業が宮内省文学御用掛において行われるようになったことは、『幼学綱要』成立の背景の一つともなったものと考えられる。また、列伝形式の書物刊行への皇后の内意は、後の『婦女鑑』刊行への伏線となったと考えられるとともに、皇后が編纂させた宮内省蔵版の書物が一般に発売され教科書として使用されたことは、前例として後の『婦女鑑』の一般発売と教科書使用につながることとなった。

『幼学綱要』は、明治天皇の内意により、一八七九年頃から元田永孚が中心となって編纂したもので、「教学大旨」「小学条目二件」を具体化し、彝倫道徳を教育の主本として本末を明らかにして教学の要を立て、幼少のうちに仁義忠孝の道を教える、という精神で編纂された。一八八一年の夏に一旦完成したが、途中、文部卿からの要請により西洋の例話と復讐譚を削除することとなったため完成は延期され、一八八二年一二月に地方長官に下賜され、以後、願出により学校や一般に下賜・下附が行われた。二〇の徳目の最初の五つは儒教の五倫に対応し、徳目の説明文に続いて経書の経語が列記されているなど、儒教主義の姿勢が打ち出されていることが読み取れる。例話は和漢のみで、女性の例話は少なく、多くが「和順」と「貞操」の徳目に集中している。皇后はこれを補うことを命じ、編纂されたのが『婦女鑑』であった。『婦女鑑』の評価でこれが儒教主義の書とされることがあるのも、編纂姿勢として儒教主義の傾向が強かった『幼学綱要』の補遺として成立したことに深く依っているのである。

『婦女鑑』は、皇后の内意により、宮内省文学御用掛（刊行時は宮中顧問官）の西村茂樹によって編纂され、一八八七年に出版されたもので、華族女学校の教科書に充てさせる目的をもった書物でもあった。従来、西村が文学御用掛に任命されてから『婦女鑑』の編纂が始まったと考えられてきたが、宮内庁所蔵史料を見ると、『婦女鑑』の編纂は、『幼学綱要』の実質的な編纂作業が一段落したと思われる一八八一年頃から、『幼学綱要』の編纂関係者などによる編纂が企画され、「篇目」が考案されるなどが行われており、一八八二年一月に川田剛が編纂の長となった記録が見られた後、一八八四年一〇月に西村が編纂の長となった記載が登場する。この時点で川田に代わって改めて西村に『婦女鑑』の編纂が命じられた理由としては、西村が宮内省で取り立てられていた立場が洋学者としてであった、ということに深い関係があると考えられる。元田が盛んに儒教道徳を広めようとしていた一八八一年頃と異なり、西村が編纂を命じられた頃は、伊藤博文が宮内卿に就任して各種改革を行い、華族女学校の設立準備も行われ、鹿鳴館時代とも重なり、皇室の近代化・欧米化が目指されていた時代であり、『婦女鑑』の編纂に際しても「特異な洋学者」である西村が適当とされたのではないかと考えられる。また、編纂作業に関しては、宮内庁所蔵史料の検討により、「女範」から「婦女善行録」を経て『婦女鑑』という名称になったことや、松本楓湖・曽山幸彦の他複数の画家が挿画作成に携わっていたが、それが不揃いという沙汰があり「改写」が行われたため出版までに時間を要したこと等が明らかになった。

第三章では、『婦女鑑』の実際の内容について、徳目構成に注目して検討した。ただし、刊本では例話の徳目分類の記述が本文には書かれていないため、主に宮内庁所蔵の編纂稿本によってこれを検討した。編纂稿本を使用していない先行研究では、『婦女鑑』の内容として「孝行」「貞節」「母道」「慈善」という四つの徳目があげられることが多いなどの傾向があり、主に『婦女鑑』の凡例と序の記述を基にして記述がなされていることが指摘できる。『婦女鑑』の編纂稿本の一つである「婦女鑑西洋篇草稿」に挿まれて綴じられている、徳目の説明文の草稿、および「婦女鑑原稿」によって見ると、『婦女鑑』の編纂段階では一四の徳目が候補にあがり、一二の徳目（孝行・友愛・婦道・勤倹・慈善・母道・忠誠・愛国・識見・才学・処変・雑徳）が数段階を経て決定されたことがわかる。これらの徳目名は、刊本に近い「婦女鑑草稿」の段階において全て削除されて刊本に至っている。続いて、編纂稿本にのみ記されている、徳目名および徳目の説明文について検討すると、孝行・友愛・婦道・勤倹・母道と、「家」に関する徳目が揃っており、いずれも配列の前半に含まれていることから、重視されていると考えられる。しかしこれら以外にも、社会・国家・個人に関する徳目が採用され、徳目の説明文の草稿には西洋の訓言が引用されている部分や西洋の女性を模範としている部分があること等、必ずしも儒教主義という評価とは合致しない点も多い。また、徳目の説明文の草稿において検討されている文章を見ると、男性に隷従するのではなく、むしろ男性に勝る徳行をする女性を模範と考えていることも理解できる。このように、『婦女鑑』の編纂稿本にある徳目名および徳目の説明文を見ると、「家」に関する徳目に限らず、社会や国家に関する徳目を含んだ多数の徳目内容が、東西の訓言を引用しながら検討されていることが特徴的であることがわかる。

第四章では、『婦女鑑』の例話内容を、編纂稿本に記された徳目別に検討し、その上で『幼学綱要』および明治前期列伝形式女子用修身書の傾向と比較し、『婦女鑑』の特質について考察した。例話内容を見ると、『婦女鑑』では、親への孝行、夫への奉仕、治家、子への教育といった役割が重視されつつも、単に従順な女性が望まれているわけではないことがわかる。『婦女鑑』は『幼学綱要』の補遺として作成されたが、『幼学綱要』の「仁義忠孝」重視の側面や「天皇尊崇」の精神の感化といった面は引き継いでいない。また明治前期の列伝形式の女子用修身書と比べ、『婦女鑑』は和漢洋にわたる例話を盛り込んだ総合的な列伝形式女子用修身書の登場と見ることができ、しかも多くの徳目内容を女性に期待し、特に「慈善」や「愛国」などの徳目を取り入れた先駆的存在であったと考えられる。

第五章では、『婦女鑑』の例話の出典について、出典の構成の特徴と、出典となった書物の中からの例話の選択等について検討を加え、『婦女鑑』の特質等とどのような関連があるのかについて検討した。『婦女鑑』では、日本の伝記・歴史書、中国の列女伝類、洋書や「翻訳修身教科書」といった、和漢洋にわたる多様な書物が出典として使用されており、この多様さが『婦女鑑』の特質を形作っている一つの要因といえる。『幼学綱要』で使用されたことが使用理由として考えられる出典もあるが、特に西洋の出典に関しては、編者西村茂樹の影響も窺われる。例話選択の特徴を見ると、日本の例話の場合、婦道全般をよく治めた妻・母の話が抽出されている傾向が見られ、中国・西洋の例話の場合、孝・貞・母と同類のものだけを採用しようとしたのではなく、それ以外のさまざまな徳目の例話や特徴的な例話群も採用したことがわかる。これにより、出典の書物の多様な徳目構成と特徴的な例話が『婦女鑑』に反映され、『婦女鑑』の特質につながったということができる。

第Ⅱ部では、『婦女鑑』の性格を歴史的に明らかにした。

第一章では、良妻賢母思想の展開や女子用修身教科書史に照らした場合、『婦女鑑』がどのように位置付くのかを検討した。まず、良妻賢母思想の変遷および女子用修身教科書における良妻賢母像の変遷に照らし、特に母・妻に関する徳目と、『婦女鑑』の特質を形成する要因の一つである社会・国家に関する徳目について注目して見ると、『婦女鑑』は江戸期や明治啓蒙期の要素も受け継ぎ、また、後に成立する良妻賢母思想の一部、後々の高等女学校用修身教科書に至って現れてくる特徴の一部も先取りされて入っているところがある。しかし、女性の果たす家庭内役割について国家的視点を強調しているわけではなく、社会・国家的徳目の例話では夫や子を通じてというより女性の直接的行動を扱っていて趣が異なり、扱われている内容も部分的である。このように見ると、儒教的女性観と良妻賢母思想の中間的位置にあるもの、良妻賢母思想確立への過渡期の産物であったと位置付けることができる。また、女子用修身教科書関係の流れに照らすと、『婦女鑑』のもつ特質は、それ以前とも以後とも異なる傾向を有していることが明らかとなった。

第二章では、編者西村茂樹の思想や西村が置かれた当時の宮内省をめぐる状況との関係、華族女学校における教育方針との関係を考察した。『婦女鑑』が和漢洋の例話で構成されるという方針は、後の欧化政策の舞台の一つとなっていった華族女学校に下賜される書物という役割が編纂時に付与された時点で生じ、西村はその方針に沿って編纂したと考えられるが、和漢洋のバランスや、例話の採用、徳目構成などについては、西村の思想にも依っていると考えられる。西村は、自らの西洋書の翻訳や『小学修身訓』編纂時の経験を踏まえつつ、東西の説を参考に、当時の華族階級の女性に応じた徳目内容を考慮し、『婦女鑑』を編纂した。そのため、慈善や愛国等を含んだ、当時としては多様な徳目構成の列伝形式女子用修身書となったと考えられる。ただし、西村個人の思想のみに帰することはできず、伊藤博文が推進した華族制度改革、「宮中」改革の時代に開校準備が進められた創立期の華族女学校向けに作成されたという要素が、『婦女鑑』の性格に深く関わっていると考えられる。それゆえに、結果として列伝形式女子用修身書史上で見れば、総合性を帯びたものとなったのである。一方、『婦女鑑』完成後に華族女学校の校長となった西村は、『婦女鑑』編纂を通じて得た日本女性の美質の認識および欧化主義的風潮の極まりとその影響を目の当たりにしての感慨、さらには欧化主義批判の時代状況にも沿う形で、日本の美風重視の方向の学校改革を行ったと考えられる。

第三章では、『婦女鑑』がどの程度の範囲に下賜され、どのように扱われ普及したのかについて明らかにした。『婦女鑑』は主に皇族・宮内省関係者・編纂関係者・華族女学校という限られた範囲に下賜され、下賜の方式も『幼学綱要』と同じ方式はとられず、各府県への下賜も行われなかった。あくまで華族女学校向けの書であったと見ることができる。そしてこのような下賜状況を補うことになったのが吉川半七による発売であった。ほぼ明治期を通じて一般発売が許可されなかった『幼学綱要』に比べ、『婦女鑑』では早い段階から吉川に一般発売が許可された結果、学校等からの要望に応じた発売形態の変更にも対応可能となった。特に文部省教科書に書名が掲載されたことも影響し、女子教育の隆盛とも相まって、印刷部数が増加した時期も見られた。ただし、教育勅語発布、教授要目の制定等を経て、教科書の形式が整えられ教授内容が規定されていく中で、列伝形式をとる『婦女鑑』の使用は、口授用書か副読本的扱いが中心であったと考えられる。また、例話レベルで見ると、高等女学校の国語教科書に『婦女鑑』を出典とした話が掲載されたが特定の話が集中して使用されるなど、和漢洋の話を盛り込んだ総合的な列伝形式女子用修身書の登場といえる『婦女鑑』の特質を包括的に受け継いだものは、一部に限られていた。大正・昭和期には、『幼学綱要』と対をなしての販売や解説書類の出版が行われた。内容の特質とは矛盾を有しながらも、昭憲皇后ゆかりの書物という、成立事情の一方の面のみが注目される形で、昭和期まで使用される展開をたどったことが明らかになった。

第二節　本研究の意義

本書では『婦女鑑』に関して、序章の「課題と方法」の第二点目に示した通り、さまざまな角度から多面的に検討し、その全体像を明らかにした。この結果は前節でまとめた通りである。

これを序章の「課題と方法」の第一点目、すなわち列伝形式の書物の系譜の中で教育史の視点から『婦女鑑』を捉える、ということに即して述べると、以下のようになる。明治前期の列伝形式女子用修身書は、近世における、人物本位の女訓書の系譜を受け継いだスタイルで、教訓的な読み物として存在したと同時に、新たに発足した学校教育にも役立つように出版されたものもあり、明治初期には、日本の例話のみで構成されたものの他にも、西洋のみや和漢洋の例話で成り立っている書、『列女伝』に注を付したものなども存在した。これは教材の模索期にあったためと考えられるが、しだいに「小学校教則綱領」（一八八一〈明治一四〉年）等の教科書政策も関係し、日本の例話のみまたは和漢の例話で構成された書が中心となっていき、全体として見ると日本の例話のみで構成された書が主流で、内容的にも孝・貞〈婦道〉・母に加え才芸・節義といった徳目内容中心であった。

つまり、明治前期の列伝形式女子用修身書は、江戸期に出版された列伝形式の女訓書自体もまだ使用されるなど、近世の影響も残存した時代の、そして学校の教材がまだ確立途上で、女子の教育もまだそれほど発展していなかった近代初頭の女子教育における教材の一つの範疇として存在していた。

このような中で生まれた『婦女鑑』は、創立期の華族女学校向けの書という特殊な事情を有したために独特な徳目や例話を含むものとなり、それが結果的には列伝形式女子用修身書の系譜で見れば総合性を帯びたものとして位置付くことになった。しかしこれ以後、列伝形式の書物の系譜は主に読み物中心として存続していく展開となった。徳田進は、『幼学綱要』の伝記読物としての後世への影響を、次のように述べている。

伝記読物としては、婦女鑑と通ずる点が多いが、小学校での修身教科書としての位置を、民間出版修身書や国定物に譲って行った後は、むしろその面が強い。これは、民間自由出版の教科書続出時代が続いたのと、幼学綱要各章の教師の教授に際して口授教材に使用される向きが、言わば取捨選択のきく説話であるのに反し、修身教科書が手近かで、教材配当に留意していたこと、それらが教育勅語との連絡を密に持って教えやすくなって来たことは、難より易につきやすい道理で、修身教科書を採用し、ことに国定修身教科書が出るに及んでは、修養上の伝記物としての位置に立つ傾きを濃くさせてしまった。こうなると本書は、日中史譚集として、説話的領域を持つ方面のものと限られて行った。(1)

徳田は『婦女鑑』と通じる点が多いと述べているが、『婦女鑑』に限らず、列伝形式の女子用修身書全般についてもこの説明が当てはまると考えられる。すなわち、教育勅語の徳目内容と関連付けた民間の修身教科書や国定修身教科書が出版され、教科書制度や教授内容がしだいに整備・確立されていくに従い、列伝形式の書は主に教訓的読み物を中心として存在していったのである。そして『婦女鑑』に関していえば、昭憲皇后ゆかりの宮内省蔵版の書物という一方の成立事情が強調される形で、大正・昭和期に至っても『幼学綱要』とともに再び教訓的読み物および学校教育の教材として活用が試みられるという展開をたどったのである。

このような明治前期の列伝形式女子用修身書の歴史的意義と、その中での『婦女鑑』の位置付けを提示することができたのは、本研究の一つの意義であると考える。

次に、序章の「課題と方法」の第三点目、すなわち『婦女鑑』を儒教主義、あるいは「教育勅語」成立の過程、あるいは良妻賢母と同類として、それぞれ捉えることが適当か、ということに即して考えると、以下のようになる。

まず、『婦女鑑』が儒教主義の書といえるのか、という点であるが、これはこれまでの検討結果を見れば明らかな通り、儒教主義と一括りにしてしまうことはできないといえる。『婦女鑑』は編纂姿勢として儒教主義の傾向の強かった『幼学綱要』の補遺として成立しているが、『婦女鑑』自体の成立の背景にはむしろ欧化主義の時代背景が関係しているといえる。また内容的にも、編纂稿本を見ると孝・貞(婦道)・母といった「家」に関する徳目以外の社会・国家に関する徳目等も含むことがわかり、例話内容も、男性に隷従する役割に該当しない話も含まれている。

『婦女鑑』の例話の出典の構成や、例話の選択のされ方、西村の思想との関係を見ても、儒教主義的側面のみに帰結させることはできないと考えられる。これらを、若桑みどりのように、性別役割を超えないという理由で「あたらしい衣をきた儒教」と、儒教と同類のものとして一括りに捉えてしまうことには無理があると考える。

次に、「教育勅語」成立の過程として捉えることについてであるが、『婦女鑑』は、創立期の華族女学校向けに作成された書で、成立後の扱いも『幼学綱要』とは異なっており、内容的にも、「仁義忠孝」を重視し、「天皇尊崇」の精神を感化しようとする姿勢が示されている『幼学綱要』とは異なっている。このような点から、少なくとも『婦女鑑』については、『幼学綱要』と並んで「教育勅語」成立の過程として捉えるのは適当でないと考えられる。

続いて、良妻賢母と同趣旨の書として把握することについてであるが、『婦女鑑』では孝行・友愛・婦道・勤倹・母道といった「家」に関する徳目に関する例話が前半にあり重視されていると考えられるが、後に確立する良妻賢母思想の一部が先取りされて入っている部分もあるものの女性の家庭内役割に国家的視点が強調されているというわけではなく、また、社会・国家的徳目に関する例話が先駆的にあるが、夫や子を通してというより女性の直接的行動を扱っていて趣が異なり、扱われている内容も部分的であるなどの点が指摘できる。したがって、後に確立する良妻賢母思想と同趣旨とは捉えられないと考えられる。

このように、本研究を通して、従来の先行研究で全体的な検討がなされないまま説明されてきた『婦女鑑』の性格に関して、一面的な捉え方を修正することができた。

これに際しては特に、宮内庁所蔵史料等を用いて『婦女鑑』の成立事情等を西村茂樹との関わりを見る中で考察することや、華族改革等が行われていた当時の宮内省をめぐる状況を併せて考察することができたことが、『婦女鑑』の性格の解明につながった。『婦女鑑』編纂関係史料等の検討によって、『婦女鑑』の編纂が最初から西村に命じられたのではなかったことや、当時の文学御用掛の状況等がわかることとなり、漢学者の川田剛から、洋学者として宮内省に関わりを有していた西村に編者が交代したことの意味などを推察することができた。そもそも華族女学校の成立自体が、伊藤博文が推進する皇室の近代化・欧米化を目指した「宮中」改革の一環から派生しているもので、『婦女鑑』はそこに下賜される書物としての性格を持っていたのである。『婦女鑑』の編者の交代もこの文脈で捉えることができる。これは、『明治孝節録』や『幼学綱要』との関わりだけではなく、『婦女鑑』自体の成立事情を、宮内庁所蔵史料を用いて詳しく検討してこそ得られた成果である。これにより、『明治孝節録』や『幼学綱要』との、成立段階における性格の違いもより一層把握できることとなり、付随的には、『婦女鑑』が『幼学綱要』の補遺でありながら『幼学綱要』から五年弱もの歳月を経て成立した理由（編者の交代、挿画の「改写」の実施）等も明らかにすることができた。

このように、『婦女鑑』の性格は創立期の華族女学校向けの書物であったということに由来する面が大きいと考えられる。『婦女鑑』では、前述したように、「家」に関する徳目に限らず、慈善や愛国といった社会・国家に関する徳目を含んだ多数の徳目内容が扱われ、さらに、西洋の例話が半数近くを占め、例話内容では、西洋の女性を模範とした特徴的な例話群も盛り込まれている。これらの意味も、このような『婦女鑑』成立の背景に照らして理解できる。編者西村茂樹との関係でいえば、『婦女鑑』は、西村が自らの西洋書の翻訳や『小学修身訓』編纂の経験を踏まえ、東西の説を参考に編纂したものとしてその影響が窺われるが、ただし西村の思想のみに帰結されるべきではなく、その前提として、当時の宮内省の方針に従って、創立期の華族女学校向けに『婦女鑑』を編纂した、という背景があったと考えられるのである。さらに、出典の構成が和漢洋にわたる多様な書物であることや、その中での例話の選択でさまざまな徳目の例話や特徴的な例話群も採用していること等も、前述のような宮内省の方針を前提に西村が編纂したということが、その背景になっていると考えられるのである。また、『婦女鑑』は華族女学校向けの書物であったことで、下賜の範囲は限られ、『幼学綱要』とは異なる扱いがとられたが、結果として、ほぼ明治期を通じて発売許可されなかった『幼学綱要』に比して早い段階から吉川半七による発売や、縮刷等の発売形態変更などが許可されるなど、逆に一般への普及が行われる展開となったのである。そして、良妻賢母思想の変遷や女子用修身教科書史上で見た場合、『婦女鑑』がそれ以前・以後のものと異なる特徴を有していることも、西村の思想の影響とともに、上述したような『婦女鑑』の成立事情の特殊性に深く関連するものとして考えることができ、それゆえ歴史上の位置も特殊なものとして存在していることになるのである。上述のような、『婦女鑑』には必ずしも儒教的でない部分が存在し、儒教主義の書とは一括りにはできないこと、教育勅語への線上に捉えるのは適当でないこと、良妻賢母と同様の趣旨とは異なる面があること等も、この背景に照らして理解することができる。

以上のように、内容はもちろん成立事情や編者との関係などさまざまな面から『婦女鑑』を検討したところ、『婦女鑑』は、伊藤博文が宮内卿時代に推進した華族制度改革等の各種改革に伴い新たな役割が華族に期待されるようになっていく時代状況を背景に、孝・貞・母といったような徳目のみでなく、西洋をモデルとした皇族・華族の女性の新しい役割をも理解できることが華族の女性に対して理想とされ始める中で、これに関係するような徳目や例話内容も盛り込まれ、華族女学校生徒という限定された対象に向けて示されたものであった。それゆえ同校への下賜時には皇族・華族の子女向けという意義を有したが、その後一般への普及に際しては、皇后や『幼学綱要』との関係の方が注目されることとなり、これによるイメージや評価等が増幅されたと見ることができるのである。

以上述べてきたことは、『婦女鑑』の例話内容を見るだけではわからないことであり、宮内庁所蔵史料等を用い、さらにさまざまな側面からの検討を加えて初めて明らかとなる『婦女鑑』の包括的理解に基づいた解釈であり、先行研究においては明らかにされてこなかった位置付けである。これを明らかにできたことは本研究の意義であると考える。

第三節　今後の課題

本書では、『婦女鑑』を取り上げて、さまざまな角度から検討を加え、『婦女鑑』の全体像の解明にも一定の成果をもたらした。しかし、編纂稿本に途中の段階まで記されていた徳目名と徳目の説明文が、なぜ最終的に除かれて出版されたのか、という点については明らかにすることができなかった。これは『幼学綱要』との形態上の大きな違いでもあるため、これを解明することが『婦女鑑』の研究において残された課題である。

また、本研究では『婦女鑑』を取り上げて検討したため、『婦女鑑』以外の列伝形式女子用修身書については、本研究で『婦女鑑』を対象として行ったような個々の書物の成立事情、著者の思想や出典等も含めた詳しい検討までには至っていない。このような作業を積み重ね、丹念にこの系譜の書物を追っていくことで、列伝形式女子用修身書の研究をさらに進展させることができると考える。また、列伝形式女子用修身書以外の系統の修身書・教科書についての研究と関係させてより広い視点で検討を加えていくことも必要な作業であると思われる。これらについては今後の課題としたい。

さらに、成り立ちは異なるが、女性の模範像を扱っているという観点では同類のものとして、各府県や各学校単位での個別の取り組みも検討すべき対象の一つと考えられる。すでに出版された書物を使用していくのではなく、学校現場の、特に校長の独自の方針などにより、善行をした女性の例話集を作成して配布するなどの例も存在する。(2)このようなことがどの程度行われていたのかは不明であるが、そこで作成された例話集などについて検討を加えていくといくということも一つの方法であると考えられる。これについても今後の課題としたい。

註

（1）徳田進『孝子説話集の研究　近代篇（明治期）―二十四孝を中心に―』井上書房、一九六四年、一四二―一四三頁。

（2）愛知県第一高等女学校史編集委員会編『愛知県第一高等女学校史』愛知県第一高等女学校史刊行会、一九八八年、四七―四八頁。眞有澄香『孝子・毒婦・烈女の力　近代日本の女子教育』双文社出版、二〇一四年、三八―四三頁。

あとがき

本書は、二〇一五年三月にお茶の水女子大学大学院に提出した博士学位請求論文「『婦女鑑』の研究」に加筆・修正を行ったものである。本書の以下の部分は、既発表論文および口頭発表資料をもとに加筆・修正して構成しており、初出は次の通りである。

第Ⅰ部第二章第一〜二節、第Ⅰ部第三章
（浅川（旧姓）純子）「『婦女鑑』の成立事情と徳目構成―編纂稿本と刊本の検討を中心に―」（『お茶の水女子大学人文科学紀要』第四六巻、一九九三年三月）
＊論説資料保存会『教育学論説資料』第一三号（一九九三年分）第一分冊に再録。

第Ⅰ部第四章、第Ⅱ部第二章第一節
「『婦女鑑』の研究―徳目構成と例話内容の分析を通して―」（『人間文化創成科学論叢』第一三巻、お茶の水女子大学大学院人間文化創成科学研究科、二〇一一年三月）

第Ⅰ部第五章
「『婦女鑑』の例話の出典」（『人間文化創成科学論叢』第一五巻、お茶の水女子大学大学院人間文化創成科学研究科、二〇一二年三月）

第Ⅰ部第二章第三節、第Ⅱ部第二章第二～四節

〔研究ノート〕「『婦女鑑』編纂における西村茂樹の関わり」（『日本教育史研究』第三一号、日本教育史研究会、二〇一二年八月）

第Ⅱ部第三章

「『婦女鑑』の下賜と普及」（教育史学会第五四回大会〔二〇一〇年一〇月〕発表配布資料および『発表要綱集録』）

本書において『婦女鑑』を取り上げることになったきっかけは、お茶の水女子大学附属図書館の書庫の中で、『幼学綱要』と並んで保管されていた帙入りの和装本『婦女鑑』を見つけたことに始まっている。書庫には比較的古い文献が並んでいたので、時々入って閲覧をしていた。卒業論文では劉向の『列女伝』および江戸期の列伝形式の女訓書を取り上げており、この分野に多大な関心を持っていた筆者にとって、『婦女鑑』の存在は大きな驚きであった。なぜなら、列伝形式の女訓書の系譜が明治期になっても続いており、しかも西洋の例話までも採用した書がある、ということを知ったからである。『婦女鑑』とはどのような書物なのか。そして、『婦女鑑』も含めた、明治期以降の列伝形式の女子用修身書では、どのような女性を取り上げ、どのような徳目を女性に期待したのであろうか。この問題意識が常に根底にあった。

『婦女鑑』を、時間軸として単に現代の方向から眺めただけであったら、その存在を特に気に留めなかったかもしれない。『婦女鑑』以前からの視点も併せた両方向から眺めたことによって、『婦女鑑』の存在に注目することに至ったように感じている。本書において、列伝形式の修身書の系譜の中で『婦女鑑』を捉えるという視点をもって考察しようとしているのも、このようなことと関係している。

以上のような発端から始まり、ようやくここに本書をまとめるに至ったが、その間に関係諸分野の研究が進展したり、中でも、史料の公開が進んで利用が可能になったり、閲覧の手続きその他が簡易になったりした面があることなどについては、研究を進める上で幸いなことであったと思う。

序章でも述べたが、列伝形式の書物は、その時代に求められた女性の模範像が具体的に示されているという点で、研究対象として興味深い素材である。しかし、教訓を直接的に述べるタイプの書に比べて注目度は低く、系統立った研究が少なかった分野でもある。今回取り上げた『婦女鑑』は、数ある女子用修身書の中で、列伝形式をとるカテゴリーに属するものの中の、そのまた一つに過ぎない。本書は『婦女鑑』に焦点を当てて研究を行ったものであるが、『婦女鑑』に限らず、これらの書物群には広く注目していきたいと考える次第である。

本書をまとめるまでには、実に多くの方々にお世話になった。今日まで研究を進めてくることができたのも、これを支えてくださった方々の存在があってのことである。この場をお借りしてお礼を申し上げたい。

まず、本書のもとになった博士学位論文の主査をしてくださった、指導教官であるお茶の水女子大学の米田俊彦先生に、心から感謝申し上げたい。本研究への取り組みを温かく受け入れてくださり、いつも大変丁寧なご指導と貴重なご助言をいただいた。ご多忙中にもかかわらず多数の質問にもいつも細やかに懇切にこたえてくださり、また、温かい励ましを賜り、常に執筆の大きな励みとさせていただいた。米田先生の存在なくしては本書の完成はあり得なかった。

同論文の審査委員をしてくださった、池田全之先生、冨士原紀絵先生、小風秀雅先生、小玉亮子先生からは、多数の貴重なご意見・ご指導を賜り、気付かなかった数々の事柄をご教示いただき、さまざまな角度からさらに考察を深めさせていただくことができた。深く感謝申し上げたい。

なお、本書の研究テーマは修士論文以来引き続いているものであり、学部・修士課程時代の指導教官であった上野浩道先生にも、改めて感謝申し上げたい。

学会および研究会においては、多数の皆様から貴重なご意見を賜り、多くの示唆をいただくことができた。特に、教育と歴史研究会においては、湯川嘉津美先生、高橋陽一先生をはじめ皆様から貴重なご意見を頂戴する機会を多く得ることができ、発表や議論の場を通じてさまざまなことを学ばせていただいた。心から感謝申し上げたい。

研究室の皆様からは、ゼミでの発表や討論を通じて数々の貴重なご意見を賜り、多くの示唆や刺激をいただいた。また、常日頃からいろいろなお話をさせていただく中で、さまざまなアドバイスや励ましをいただくことができ、いつも支えられていた。心よりお礼を申し上げたい。

史料の調査・閲覧に当たって、宮内庁書陵部宮内公文書館にお世話になった。手書きの原本や文書に直接触れることにより、編者などの細かい作業過程の一端を窺い知ることができ、また、当時の関係者の様子などを垣間見ることができたような思いになった。このほか、国立国会図書館・国立教育政策研究所教育図書館・東書文庫・学習院大学・実践女子大学・東京大学・旧開智学校をはじめとするさまざまな機関で、貴重な史料を調査・閲覧させていただいた。改めてお礼申し上げたい。

本書の出版に当たっては、吉川弘文館の若山嘉秀氏、並木隆氏をはじめ、関係の皆様方に大変お世話になった。『婦女鑑』の印刷発売に当たられていたのが、創業者の吉川半七氏以来の吉川弘文館ということで、本研究の内容と関係が深く、吉川半七氏のお名前の入った宮内庁所蔵の関連する文書や、関係の出版物を、本書の中でも研究対象として多く使用させていただいている。

そのほか、ここに書ききれない多数の方々のお世話になった。お力添えをくださった全ての皆様に、心より感謝申し上げたい。
最後に、励ましと見守りを続けてくれた両親と兄、家族にも、感謝の意を表したい。

二〇一六年八月

越後純子

主要参考文献・参考資料一覧

主要参考文献（編著者五十音順）

青木章二「御真影勅語謄本「奉安」の実相—山形県の事例—」（『山形県立博物館研究報告』第二五号、二〇〇六年）
青山忠一「仮名草子女訓物について」（『国文学研究』第三八号、早稲田大学国文学会、一九六八年）
青山忠一「「本朝女鑑」論」（『二松学舎大学論集』一九七一年）
朝倉治彦「『野史』解題」（飯田忠彦著、杉山博監修『大日本野史　戦国の群雄（東国編）』新人物往来社、一九七一年）
家永三郎『近代日本思想史研究』東京大学出版会、一九五三年
石川松太郎「解説・解題」（石川松太郎編『日本教科書体系　往来編』第一五巻　女子用、講談社、一九七三年）
伊藤明子「啓蒙家にみられる女子教育観—福沢諭吉と西村茂樹」（日本女子大学女子教育研究所編『明治の女子教育』国土社、一九六七年）
稲田正次『教育勅語成立過程の研究』講談社、一九七一年
浮田真弓「明治後期高等女学校の国語教材に関する一考察」（『桜花学園大学研究紀要』三、二〇〇一年）
氏原陽子「明治期における理想的女性像—小学校女子用修身教科書のジェンダー論的分析—」（『名古屋大学教育学部紀要（教育学科）』第四二巻第一号、一九九五年）
氏原陽子「良妻賢母をめぐる女性像—明治期小学校修身教科書の分析から—」（『名古屋大学教育学部紀要（教育学科）』第四三巻第一号、一九九六年）
海原　徹「明治のモラリスト—西村茂樹の場合」（『社会福祉評論』第三二号、大阪女子大学社会福祉学科、一九六七年）
海原　徹「西村茂樹の女子教育論」（『社会福祉評論』第三三・三四号、大阪女子大学社会福祉学科、一九六八年）
大森　正「明治一三年の文部省地方学務局による教科書調査に関する考察」（『教育学研究集録』第一一集、東京教育大学大学院教育学

研究科、一九七二年）
沖田行司『新訂版　日本近代教育の思想史研究―国際化の思想系譜―』（学術出版会、二〇〇七年）
刑部芳則「鹿鳴館時代の女子華族と洋装化」（『風俗史学』三七号、日本風俗史学会、二〇〇七年）
尾崎るみ「「烈女グレース、ダーリングの伝」をめぐって―明治の少女向け読み物の軌跡（七）」（『論叢　児童文化』第四七号、くさむら社、二〇一二年五月）
尾崎るみ「『婦女鑑』の「額黎咀林《グレイスダルリング》」をめぐって―明治の少女向け読み物の軌跡（八）」（『論叢　児童文化』第四八号、くさむら社、二〇一二年八月）
尾崎るみ「国定国語教科書にグレース・ダーリングが登場するまで―明治の少女向け読み物の軌跡（九）」（『論叢　児童文化』第四九号、くさむら社、二〇一二年一一月）
尾崎るみ「教科書から絵本へ、グレース・ダーリングの幅広い受容―明治の少女向け読み物の軌跡（一〇）」（『論叢　児童文化』第五〇号、くさむら社、二〇一三年二月）
小平美香『昭憲皇太后からたどる近代』ぺりかん社、二〇一四年
小田部雄次『四代の天皇と女性たち』文芸春秋（文春新書）、二〇〇二年
小田部雄次『華族　近代日本貴族の虚像と実像』中央公論新社（中公新書）、二〇〇六年
小田部雄次『昭憲皇太后・貞明皇后―一筋に誠をもちて仕へなば―』ミネルヴァ書房、二〇一〇年
海後宗臣「教育勅語渙発関係資料集第一巻解説」（国民精神文化研究所編『教育勅語渙発関係資料集』第一巻、国民精神文化研究所、一九三八年〔復刻版、コンパニオン出版、一九八五年〕）
海後宗臣「解説」（教学局編『教育に関する勅語渙発五十年記念資料展覧図録』内閣印刷局、一九四一年）
「修身教科書総解説」（海後宗臣編『日本教科書体系　近代編』第三巻　修身(三)、講談社、一九六二年）
海後宗臣『教育勅語成立史の研究』私家版、一九六五年
海後宗臣「伝記と人間像」（『海後宗臣著作集』第六巻　社会科・道徳教育、東京書籍、一九八一年）
学習院女子中等科女子高等科編集・発行『学習院女子中等科女子高等科一二五年史』二〇一〇年
筧　久美子「中国の女訓と日本の女訓」（女性史総合研究会編『日本女性史』三　近世、東京大学出版会、一九八二年）

片野真佐子「近代皇后像の形成」（富坂キリスト教センター編『近代天皇制の形成とキリスト教』新教出版社、一九九六年）
片野真佐子「昭憲皇太后は着せ替え人形か―若桑みどり『皇后の肖像』を批判する」（『論座』二〇〇二年三月号、朝日新聞社）
片野真佐子『皇后の近代』講談社（講談社選書メチエ）、二〇〇三年
片山清一『近代日本の女子教育』建帛社、一九八四年
片山清一「西村泊翁の女子教育論―日本女性の美点を損う教育は不可―」（『弘道』第九二八号、日本弘道会、一九八七年六月）
勝又基「『比売鑑』の写本と刊本」（『近世文芸』七〇、日本近世文学会、一九九九年）
勝又基「善人伝のゆくえ―『明治孝節録』と新聞」（『文学』第五巻第一号、岩波書店、二〇〇四年）
金子一夫『近代日本美術教育の研究―明治・大正時代―』中央公論美術出版、一九九九年
姜華「修身教科書に見る良妻賢母教育の実際とその特質―明治後期を中心として―」（早稲田大学教育総合研究所『早稲田教育評論』第二五巻第一号、二〇一一年）
姜華「明治初期における良妻賢母思想の形成に関する一考察～中村正直・森有礼の思想を中心に～」（『早稲田大学教育学会紀要』第一二号、二〇一一年）
唐沢富太郎『日本の女子学生』講談社、一九五八年
唐沢富太郎『図説近代百年の教育』（国土社、一九六七年〔復刻版、日本図書センター、二〇一一年〕）
唐沢富太郎『図説明治百年の児童史』上、講談社、一九六八年
久保正明「華族制度の創出と華族」（『政治経済史学』第五四二号、政治経済史学会、二〇一一年）
久保正明「華族令制定後の伊藤博文と華族―いわゆる「九条建議」問題の検討を通じて―」（日本歴史学会編『日本歴史』第七八三号、吉川弘文館、二〇一三年八月）
蔵澄裕子「近代女子道徳教育の歴史―良妻賢母と女子特性論という二つの位相―」（『東京大学大学院教育学研究科教育学研究室　研究室紀要』第三四号、二〇〇八年）
黒沢文貴「岩倉具視、伊藤博文と赤十字との出会い」（日本歴史学会編『日本歴史』第七六八号、吉川弘文館、二〇一二年五月）
桑原三二『高等女学校の成立　高等女学校小史―明治編』高山本店、一九八二年
小山静子『良妻賢母という規範』勁草書房、一九九一年

坂本一登『伊藤博文と明治国家形成—「宮中」の制度化と立憲制の導入』吉川弘文館、一九九一年
佐藤秀夫「解説」（佐藤秀夫『続・現代史資料8　教育　御真影と教育勅語1』みすず書房、一九九四年）
佐藤秀夫『教育の文化史1　学校の構造』阿吽社、二〇〇四年
志賀　匡『日本女子教育史』玉川大学出版部、一九六〇年
渋川久子「女訓書と女子教育—近世女子教育への一考察」（『お茶の水女子大学人文科学紀要』第一四集、一九六一年）
下見隆雄『劉向『列女伝』の研究』東海大学出版会、一九八九年
菅野則子「望まれる維所（ママ）期の女性像」（『歴史の理論と教育』第一二九号、二〇〇九年）
菅野則子「望まれる女性像—『幼学綱要』・『婦女鑑』を中心に—」（『帝京史学』第二六号、二〇一一年）。
杉江京子「『幼学綱要』挿画成立事情考—松本楓湖・五姓田芳雄・月岡芳年との関わりをめぐって—」（『美術史研究』第四九冊、早稲田大学美術史学会、二〇一一年）
高橋昌郎『西村茂樹』吉川弘文館、一九八七年
武田勝蔵『勤王志士野史編者贈従四位飯田忠彦小伝』武田勝蔵、一九三五年
多田健次「解題」（『婦女鑑』部分。日本弘道会編『増補改訂西村茂樹全集』第三巻、思文閣、二〇〇五年）
多田建次「美子《はるこ》皇后と『婦女鑑』の世界—文明開化・立身出世・良妻賢母—」（『弘道』第一〇三四号、日本弘道会、二〇〇五年二月）
多田建次「美子《はるこ》皇后と『婦女鑑』の世界—フランクリン・元田永孚・和魂洋才—」（『弘道』第一〇三六号、日本弘道会、二〇〇五年六月）
多田建次「美子《はるこ》皇后と『婦女鑑』の世界—中村正直・青山千世・女子師範学校—」（『弘道』第一〇三七号、日本弘道会、二〇〇五年八月）
多田建次「美子《はるこ》皇后と『婦女鑑』の世界—ピューリタニズム・『西国立志編』・『思出の記』—」（『弘道』第一〇三九号、日本弘道会、二〇〇五年一二月）
多田建次「美子《はるこ》皇后と『婦女鑑』の世界—『西洋品行論』・美濃部伊織の妻・橘曙覧—」（『弘道』第一〇四〇号、日本弘道会、二〇〇六年二月）
田中　彰『近代天皇制への道程』吉川弘文館、二〇〇七年復刊

徳田　進『孝子説話集の研究　近代篇（明治期）―二十四孝を中心に―』井上書房、一九六四年
戸田浩暁『幼学綱要奉体の研究』（『大倉精神文化研究所紀要』第五冊）躬行会、一九四四年
中島みどり訳注『列女伝』一～三、平凡社（東洋文庫）、二〇〇一年
中西正幸「解題」（『婦女鑑』部分。明治神宮編『明治神宮叢書』第一〇巻徳育編、国書刊行会、二〇〇五年）
中野目　徹「洋学者と明治天皇―加藤弘之・西村茂樹の「立憲君主」像をめぐって―」（沼田哲編『明治天皇と政治家群像　近代国家形成の推進者たち』吉川弘文館、二〇〇二年）
中村紀久二「解題」（内閣文庫所蔵『調査済教科書表』〔文部省地方学務局・普通学務局、自明治一三年一〇月至明治一八年二月〕復刻版、芳文閣、一九八五年）
西川　誠『明治天皇の大日本帝国』講談社、二〇一一年
西谷成憲「『婦女鑑』に関する研究　草稿本の検討を中心にして」（『多摩美術大学研究紀要』第九号、一九九五年）
西谷成憲「『明治孝節録』に関する研究　明治初期孝子節婦褒賞との関連において」（『多摩美術大学研究紀要』第一一号、一九九七年）
西村絢子「大正期高等女学校用修身教科書にあらわれた「在るべき女性像」の変容について」（『人間発達研究』第八号、お茶の水女子大学心理・教育研究会、一九八三年）
西村先生伝記編纂会編『泊翁西村茂樹伝』上巻、日本弘道会、一九三三年
橋本紀子「明治期高等女学校に於ける期待される女性像の変遷―修身教科書の分析を中心に―」（『東京大学教育学部教育史・教育哲学研究室　研究室紀要』第二号、一九七五年）
久木幸男「明治儒教と教育―一八八〇年代を中心に―」（『横浜国立大学教育紀要』第二八集、一九八八年）
久野明子『鹿鳴館の貴婦人　大山捨松―日本初の女子留学生』中央公論社、一九八八年
深谷昌志『良妻賢母主義の教育』黎明書房、一九六六年
吹浦忠正「昭憲皇太后の事績と今日的意義―昭憲皇太后基金を中心に―」（『明治聖徳記念学会紀要』復刊第五〇号、二〇一三年）
福地重孝『近代日本女性史』雪華社、一九六三年
古垣光一「明治十年代の西村茂樹の道徳学について」（『比較文化史研究』第一〇号、二〇〇九年）
眞有澄香『孝子・毒婦・烈女の力　近代日本の女子教育』双文社出版、二〇一四年

真辺将之『西村茂樹研究　明治啓蒙思想と国民道徳論』思文閣、二〇〇九年
真辺美佐「昭憲皇太后と華族女学校—設立及び改革に果たした皇太后の役割を中心に—」（『書陵部紀要』第五八号、二〇〇七年）
真辺美佐「華族女学校校長としての西村茂樹—その学校改革と女子教育論をめぐって—」（『弘道』第一〇五三号、日本弘道会、二〇〇八年三・四月）
真辺美佐「昭憲皇太后の教育奨励に関する再検討」（『明治聖徳記念学会紀要』復刊第五〇号、二〇一三年）
三栖隆介「女訓物仮名草子における『列女伝』受容」（和漢比較文学会編『江戸草子と漢文学』〔和漢比較文学叢書第一七巻〕汲古書院、一九九三年）
水野真知子『高等女学校の研究(上)—女子教育改革史の視座から—』野間教育研究所、二〇〇九年
宮城栄昌・大井ミノブ編著『新稿日本女性史』吉川弘文館、一九七四年
宮本誉士『御歌所と国学者』（久伊豆神社小教院叢書九）弘文堂、二〇一〇年
室伏　武「サミュエル・スマイルズと『西洋品行論』」（『東と西』第一三号、亜細亜大学言語文化研究所、一九九五年）
本山幸彦『明治思想の形成』福村出版、一九六九年
森川輝紀『教育勅語への道　教育の政治史』三元社、一九九〇年
矢治佑起「『幼学綱要』に関する研究—明治前期徳育政策史上における意味の検討—」（『日本の教育史学』第三三集、教育史学会、一九九〇年）
山内正博「『旧唐書』の「烈女伝」と『宋史』の「列女伝」—現代語訳—」（『宮崎大学教育学部紀要』第二九号、一九七一年）
山崎純一「両唐書列女伝と唐代小説の女性たち—顕彰と勧誡の女性群像—」（石川忠久編『中国文学の女性像』汲古書院、一九八二年）
山崎純一「近世中・日両国の『列女伝』と「烈女」の意味—汪憲『烈女伝』と安積信『烈婦伝』を中心に—」（江森一郎監修『江戸時代女性生活研究』大空社、一九九四年）
山崎純一『列女伝』上・中・下、明治書院、一九九六～一九九七年
山田　洸『近代日本道徳思想史研究』未来社、一九七二年
吉川龍子「明治期の赤十字看護教育」（『明治聖徳記念学会紀要』復刊第五〇号、二〇一三年）
四方一㳫『「中学校教則大綱」の基礎的研究』梓出版社、二〇〇四年

若桑みどり『皇后の肖像　昭憲皇太后の表象と女性の国民化』筑摩書房、二〇〇一年
若桑みどり「昭憲皇太后は国策の「協力者」　片野真佐子氏の批判に答えて」（『論座』二〇〇二年四月号、朝日新聞社）
若林　力『近古史談全注釈』大修館書店、二〇〇一年
渡辺幾治郎『明治天皇と教育』千倉書房、一九三八年

主要参考資料

1　宮内庁書陵部宮内公文書館所蔵史料

【『婦女鑑』編纂稿本・校正刷】

「婦女鑑原稿」
「婦女鑑西洋篇草稿」
「婦女鑑草稿」
「婦女鑑校正刷」

【その他】（五十音順）

「御歌所日記」（御歌所、自明治八年至明治一一年）
「御歌所日記」（御歌所、自明治一二年至明治一四年）
「御歌所日記」（御歌所、明治一五年）
「御歌所日記」（御歌所、自明治一六年至明治一九年）
「侍講日記」（侍講局、明治九年から明治一九年までの年次別）
「出版録」（庶務課、自明治一〇年至明治一六年）
「出版録」（内事課〔総務課〕、自明治一七年至同四二年）
「出版録」（図書寮、自明治二〇年至同四三年）
「図書出版録」（調度課、自明治一一年至同一五年）
「図書出版録」（調度課、自明治一六年至同一九年）

「日記」（皇后宮職、明治二一年）
「婦女鑑　明治孝節録　出版録」（図書寮、自明治二〇年至同四四年）
「編輯録」（侍講局、自明治一二年至明治一七年）

2　教訓書・教科書（出典関係書籍を除く。年代順）

【国立国会図書館】

堀　重修編『新撰列女伝』初編、大竹英治、一八七五年
匹田尚昌編『挿画本朝列女伝』文昌堂、一八七五年
小島玄寿編『日本列女伝』山中八郎、一八七八年
松本万年標註『標註劉向列女伝』別所平七、一八七八年
阿部弘国編『女子修身訓』金港堂、一八七八年
白川　幸編『本朝彤史列女伝』初編、大谷仁兵衛・杉本勘助、一八七九年
匹田尚昌編・斎藤実頴増補『校訂増補本朝列女伝』一八七九年
内田尚長編『小学口授女子孝節談』塩治芳兵衛、一八七九年
松平直温編『小学勧善本朝列女伝』渡辺貞吉、一八八〇年
日柳政愬編『本朝女鑑』浪華文会、一八八四年
今　川　粛『賢女修身事蹟』中近堂、一八八六年
山方泰治『幼学綱要便蒙』鮮進堂、一八九八年三版（初版一八九四年）
吉川弘文館編輯部註『婦女鑑抄』吉川弘文館、一九三四年
古口正雄編『現代語全訳婦女鑑読本』皇道顕揚会、一九三五年

【国立教育政策研究所教育図書館】

干河岸貫一編『小学必携女子修身訓蒙』吉岡平助、一八八〇年
河野　善編『小学修身女訓』畠林専二郎・小川儀平、一八八二年

岡本行敏（賢蔵）編次『修身女訓』辻謙之介・北畠茂兵衛・阪上半七、一八八二年
松永木長・古谷和貴編『小学女子中等修身言行録』石田治兵衛、一八八五年
日下部三之介編『日本女子修身訓』八尾書店、一八九四年訂正三版
安積五郎・田中登作編『女徳宝鑑　生徒用』普及舎、一八九四年訂正再版
育　英　舎『高等小学修身教本　女子用』一九〇一年訂正
右　文　館『高等小学実践女子修身訓』一九〇一年訂正再版
帝国書籍『新編修身教本　高等小学女児用』一九〇二年訂正再版
文　学　社『高等日本修身書　女児用』一九〇二年訂正再版

【東書文庫】

山井道子編述『女子修身鑑　訂正高等教科用書』山井道子、一八九三年訂正
風当朔朗編『日本女鑑』文学社、一八九三年訂正
西田敬止編『帝国女子修身鑑』博文館、一八九三年再版
末松謙澄『修身女訓　生徒用』八尾書店、一八九三年訂正再版（巻四は国立教育政策研究所教育図書館所蔵の申請本を使用）
高田芳太郎『日本女訓』金港堂、一八九四年訂正再版（巻二は一八九三年初版）
学海指針社『小学女子修身訓　高等科』集英堂、一九〇一年訂正再版
普　及　舎『新編修身教典　高等小学校女子用』一九〇一年訂正再版

【東京大学総合図書館】

「幼学綱要」（活字本一三冊）
「幼学綱要」（三条実憲寄贈本　巻一～三）
文　部　省『高等女学校用修身教科書』文学社、一九〇一年（巻五は一九〇三年）

【実践女子大学　下田歌子関係資料】

『四書摘』華族女学校蔵版、一八八九年（一八九一年再版）
華族女学校編『小学摘』一八九四年

川田　剛編『訓蒙経語』華族女学校、一八九五年

【その他】

近藤芳樹編『明治孝節録』宮内省、一八七七年（国民精神文化研究所編『教育勅語渙発関係資料集』第一巻、国民精神文化研究所、一九三八年〔復刻版、コンパニオン出版、一九八五年〕）

西村茂樹選録『小学修身訓』文部省編輯局印行、一八八〇年（宮田丈夫編『道徳教育資料集成』一、第一法規出版、一九五九年）

『幼学綱要』宮内省（前掲『教育勅語渙発関係資料集』第一巻）

西村茂樹編纂・山田安栄校勘・加部厳夫修文『婦女鑑』宮内省、一八八七年

井上哲次郎『訂正女子修身教科書』金港堂、一九〇七年訂正五版（高等女学校研究会編『高等女学校資料集成』第一〇巻、修身教科書編、大空社、一九八九年）

沢柳政太郎『新訂女子修身訓』同文館、一九一八年修正五版（前掲『高等女学校資料集成』第一〇巻）

下田次郎『女子新修身書改定版』東京開成館、一九二五年修正三版（高等女学校研究会編『高等女学校資料集成』第一一巻、修身教科書編、大空社、一九八九年）

小西重直『改訂昭和女子修身訓』永沢金港堂、一九三五年訂正再版（前掲『高等女学校資料集成』第一一巻）

岡村利平『謹解幼学綱要婦女鑑』春陽堂、一九三九年

亘理章三郎『婦女鑑学ぐさ』蛍雪書院、一九四一年

文部省『中等修身』一九四四〜一九四五年（前掲『高等女学校資料集成』第一一巻）

3　出典関係（小項目内編著者五十音順〔洋書はアルファベット順〕）

【国立国会図書館】

Elizabeth Starling, *Noble Deeds of Woman: Or, Examples of Female Courage and Virtue*, 7 th ed., London: Henry G. Bohn, 1864.

M. F. Cowdery, *Elementary Moral Lessons, for Schools and Families*, Cowperthwait & Co., 1867.

Sarah Josepha Buell Hale, *Woman's Record; Or, Sketches of All Distinguished Women, from the Creation to A.D. 1868. Arranged in Four Eras. With Selections from Authoresses of Each Era*, 3 rd ed., rev., New York: Harper & Brothers, 1870.

Th. H. Barrau, *Livre de morale pratique, ou choix de préceptes et de beaux exemples, destiné a la lecture courante dans les école et dans les familles*, Nouv. éd, Paris: Hachette et Cie, 1872.
飯田忠彦修、飯田文彦訓点、竹中邦香校『野史』国文社、一八八一～一八八二年
源忠彦（飯田忠彦）修『野史』（別名『大日本野史』）一八五一（嘉永四）年序、写本
エリッサベス・スターリング著、宮崎嘉国訳、片山淳吉閲『西洋列女伝』錦森堂、一八七九年
大田南畝『一話一言』一七七五（安永四）年頃～一八二二（文政五）年頃執筆（集成館、一八八三～一八八六年）
コウドレイ編、宮崎駿児訳『修身教訓』文部省、一八七七年
近藤武群編『夜鶴集』一八二八（文政一一）年序、写本
蔣廷錫等撰『閨媛典』写本
チャンブル著、福沢諭吉訳『童蒙教草』福沢諭吉、一八八〇年再版（初版は『童蒙をしへ草』尚古堂、一八七二年）
ドラパルム著、和田順吉訳、石橋好一訂『訓蒙勧懲雑話』文部省、一八七五年
中村惕斎著『比売鑑』紀行篇、須原茂兵衛、一七一二（正徳二）年
伴　蒿蹊『近世畸人伝』加賀屋善蔵他、一七九〇（寛政二）年序
本阿弥長識鈔『空中斎草鈔』吉川半七、一八八四年
『劉向列女伝』（内題『新刻古列女伝』〔劉向『列女伝』および撰者不明「続列女伝」〕および内題『新続列女伝』）伊丹屋善兵衛他、一六五三～一六五四（承応二～三）年

【国立教育政策研究所教育図書館】
上野理一編纂兼出版人、干河岸貫一・関徳校閲『皇朝女子立志編』一八八三年
スマイルス（斯邁爾斯）著・中村正直訳『西洋品行論』珊瑚閣、一八七八～一八八〇年

【旧開智学校】
中川元訳述、中村正直閲、中島雄校正『修身鑑』普及舍、一八七八年

4　その他（雑誌・都道府県教育史・学校沿革史を含む。五十音順）

伊藤博文編、金子堅太郎・栗野慎一郎・尾佐竹猛・平塚篤校訂『秘書類纂　帝室制度資料』下巻、秘書類纂刊行会、一九三六年
茨城県教育会編・発行『茨城県教育史』上巻、一九五八年
オットマール・フォン・モール著、金森誠也訳『ドイツ貴族の明治宮廷記』講談社（講談社学術文庫）、二〇一一年
学習院百年史編纂委員会編『学習院百年史』第一編、学習院、一九八一年
「各地尋常師範学校女子部教科用図書取調略」女子高等師範学校調査（『女学雑誌』第四〇七号、一八九五年二月二五日）
「華族女学校第二年報」（自明治一九年八月至同二〇年七月）国立国会図書館所蔵
「華族女学校第三年報」（自明治二〇年八月至同二一年七月）国立国会図書館所蔵
「華族女学校第四年報」（自明治二一年八月至同二二年七月）国立国会図書館所蔵
「華族女学校第五年報」（自明治二二年八月至同二三年八月）国立国会図書館所蔵
教育史編纂会『明治以降教育制度発達史』第二巻、龍吟社、一九三八年
教学局編『教育に関する勅語渙発五十年記念資料展覧図録』内閣印刷局、一九四一年
宮内庁『明治天皇紀』第三、吉川弘文館、一九六九年
宮内庁『明治天皇紀』第五、吉川弘文館、一九七一年
宮内庁『明治天皇紀』第六、吉川弘文館、一九七一年
宮内庁『明治天皇紀』第七、吉川弘文館、一九七二年
「公私立高等女学校教科用図書取調表」（一八九三年一二月現在、女子高等師範学校、一八九四年一一月）国立国会図書館所蔵
高等女学校研究会編『高等女学校資料集成』第一〇・一一巻　修身教科書編（大空社、一九八九年）
国民精神文化研究所編『教育勅語渙発関係資料集』第一巻、国民精神文化研究所、一九三八年（復刻版、コンパニオン出版、一九八五年）
「式事録」（華族女学校、一八八八年）学習院大学所蔵
実践女子学園史編纂委員会編『実践女子学園八十年史』実践女子学園、一九八一年
「修身教科書総目録」（海後宗臣編『日本教科書体系　近代編』第三巻　修身(三)、講談社、一九六二年）

女子学習院編『女子学習院五十年史』女子学習院、一九三五年
田坂文穂編『旧制中等教育国語科教科書内容索引』教科書研究センター、一九八四年
「東京女子師範学校規則」(一八八三年八月改定) お茶の水女子大学所蔵
「東京女子師範学校附属高等女学校規則」(一八八三年八月創定) お茶の水女子大学所蔵
「東京女子師範学校附属女児小学校規則」(一八八三年八月改定) お茶の水女子大学所蔵
同文館編輯局(黒川真道)編『日本教育文庫　孝義篇』下、一九一〇年(復刻版、日本図書センター、一九七七年)
内　務　省『版権書目』第一号、自明治八年一〇月至明治九年五月(明治文化資料叢書刊行会編『明治文化資料叢書』第七巻　書目編、風間書房、一九七二年)
日本弘道会編『西村茂樹全集』第一~三巻、思文閣、一九七六年
日本弘道会編『増補改訂西村茂樹全集』第一巻、思文閣、二〇〇四年
日本弘道会編『増補改訂西村茂樹全集』第三巻、思文閣、二〇〇五年
日本弘道会編『増補改訂西村茂樹全集』第四巻、思文閣、二〇〇六年
日本弘道会編『増補改訂西村茂樹全集』第一〇巻、思文閣、二〇一〇年
日本弘道会編『増補改訂西村茂樹全集』第一二巻、思文閣、二〇一三年
沼田哲・元田竹彦編『元田永孚関係文書』山川出版社、一九八五年
「批評　婦女鑑」(『女学雑誌』第九七号、女学雑誌社、一八八八年二月一八日)
福　岡　孝　弟「余の文部卿当時」(『教育時論』第九八二号、一九一二年七月)
『婦人文庫　第七回刊行書　伝記』婦人文庫刊行会、一九一四年(復刻版、芳賀登他編『日本人物情報体系』第一巻、皓星社、一九九九年)
細川潤次郎「女四書に就て」一八九四年(『女教一斑』華族女学校、一八九六年)国立国会図書館所蔵
「明治二十一年　東京府法令　達」東京都公文書館所蔵
元田竹彦・海後宗臣編『元田永孚文書』第一巻、元田文書研究会、一九六九年
「元田永孚関係文書補遺」(『青山史学』第一〇号、一九八八年)

文　部　省『師範学校・中学校・高等女学校使用教科図書表　明治四三年度』（復刻版、芳文閣、一九九二年）
『文部省第四年報』第一冊（復刻版、宣文堂書店、一九六五年）
『文部省第十五年報』（復刻版、宣文堂書店、一九六七年）
文部省地方学務局・文部省普通学務局『調査済教科書表』自明治一三年一〇月至明治一八年二月、内閣文庫所蔵（復刻版、芳文閣、一九八五年）
文　部　省『中学校・高等女学校現在使用教科図書表　明治四〇年度』（復刻版、芳文閣、一九九二年）
山田安栄「忍ぶ草」（『弘道』第二三三号、日本弘道会、一九一一年八月）
「吉川弘文館創業一五〇年の歩み」（『本郷』第六九号、吉川弘文館、二〇〇七年）

索　　引

あ　行

か　行

さ 行

た　行

な　行

は　行

ま 行

や 行

ら 行

わ 行

欧　文

著者略歴
一九六八年　東京都に生まれる
二〇一五年　お茶の水女子大学大学院人間文化創成科学研究科博士後期課程修了
現在　お茶の水女子大学基幹研究院研究員・博士（社会科学）
〔主要論文〕
（浅川〔旧姓〕純子）「『婦女鑑』の成立事情と徳目構成―編纂稿本と刊本の検討を中心に―」（『お茶の水女子大学人文科学紀要』第四六巻、一九九三年）
「『婦女鑑』の研究―徳目構成と例話内容の分析を通して―」（『人間文化創成科学論叢』第一三巻、二〇一一年）
〈研究ノート〉「『婦女鑑』編纂における西村茂樹の関わり」（『日本教育史研究』第三一号、二〇一二年）

近代教育と『婦女鑑』の研究

二〇一六年（平成二十八）十一月十日　第一刷発行

著　者　越《えち》後《ご》純《じゅん》子《こ》

発行者　吉川道郎

発行所　株式会社　吉川弘文館
郵便番号一一三―〇〇三三
東京都文京区本郷七丁目二番八号
電話〇三―三八一三―九一五一〈代〉
振替口座〇〇一〇〇―五―二四四番
http://www.yoshikawa-k.co.jp/

印刷＝藤原印刷株式会社
製本＝株式会社 ブックアート
装幀＝山崎　登

ISBN978-4-642-03859-1